高职高专"十三五"规划教材

应用写作

叶蓉　冯玫　主编

第二版

化学工业出版社

·北京·

本书紧扣高等职业教育高素质技能型人才培养目标，遵循必须够用、学以致用等原则，精选了职场和生活中常见的应用文种，涵盖日用文书、礼仪文书、公务文书、事务文书、科技文书、经济文书和法律文书等八个模块。在体例设计上，每一个模块通过情境导入、任务驱动、范文赏析、知识聚焦、写作实训等板块，较为完整地介绍了常见应用文书的写作知识和技巧，符合学生的认识和学习规律，能够激发学习兴趣，具有较强的创新性、实用性、科学性。

本次修订在原教材的基础上，每个模块都增加了二维码微课资源，推进教材建设的立体化；同时，更新了原教材相对陈旧的范文、案例和练习。

本书适合高职所有专业的学生选用，也可作为社会相关人员学习应用文写作的参考书。

图书在版编目（CIP）数据

应用写作/叶蓉，冯玫主编. —2版. —北京：化学工业出版社，2020.1（2025.7重印）
ISBN 978-7-122-36026-7

Ⅰ.①应⋯ Ⅱ.①叶⋯ ②冯⋯ Ⅲ.①汉语-应用文-写作-高等职业教育-教材 Ⅳ.①H152.3

中国版本图书馆CIP数据核字（2019）第300776号

责任编辑：蔡洪伟 洪 强 甘九林　　　　　装帧设计：王晓宇
责任校对：张雨彤

出版发行：化学工业出版社（北京市东城区青年湖南街13号　邮政编码100011）
印　　装：河北延风印务有限公司
787mm×1092mm　1/16　印张14¾　字数385千字　2025年7月北京第2版第8次印刷

购书咨询：010-64518888　　　　　　　　　　　售后服务：010-64518899
网　　址：http://www.cip.com.cn
凡购买本书，如有缺损质量问题，本社销售中心负责调换。

定　价：45.00元　　　　　　　　　　　　　　　　　　　　　　版权所有　违者必究

编写人员名单

主　编　叶　蓉　冯　玫

副主编　邹　莉　刘效军

参　编　马　蜂　朱德琳　孙　博　陈爱武

　　　　　山顺章　雷祖兵　朱红甫　袁　勇

前言

2013 年，叶蓉主编的《应用写作》教材，精选职场和生活中常见的 41 个文种，涵盖"日用文书、礼仪文书、公务文书、事务文书、宣传文书、科技文书、经济文书和法律文书"等八大模块。教材突出案例教学和写作思维训练，编写体例新颖，适应任务驱动和项目导向的教学，自出版以来得到同行和读者们的肯定。

此次修订，紧扣高等职业教育高素质技能型人才培养目标，并融合武汉软件工程职业学院"应用写作"精品在线开放课程建设成果，匹配了丰富的数字化教学资源。其中，配备的相关微课视频以二维码形式呈现在书中，读者可利用智能移动终端边扫边学。丰富的数字信息资源覆盖教材每一个知识模块，打造线上线上相融合的教学环境，同时也使教材内容更丰富、更生动、更直观，更符合当代大学生的学习心理和认知规律。此外，根据时代变化，更换了一批范文，很多案例来源于最新的时事和热点问题。

本次修订工作主要由叶蓉、邹莉、冯玫、刘效军、朱德琳、陈爱武和孙博等老师负责完成。由于编者水平有限，本书疏漏之处在所难免，敬请广大专家和读者批评指正。

编者

2019 年 10 月

第一版前言
PREFACE

　　应用写作渗透于现代社会生活的各个层面,是沟通社会各行各业的桥梁,是高素质职业人必须掌握的核心技能。"应用写作"(或"大学语文")是职业院校广泛开设的一门公共文化基础课,也是一门职业核心能力训练课。为了贡献一本颇有创意与特色的教材,我们紧扣高素质技能型人才培养目标,秉承校企合作、工学结合、任务驱动、能力本位等高职教育理念,遵循必需够用、学以致用等原则开发了这本教材,力求凸显三个特点。

　　第一,体例求新。每个模块分别由情境导入、任务驱动、范文赏析、知识聚焦、写作实训等部分构成。情境都来源于职场,能让学习者感知职场应用写作的广泛性和重要性,激发其学习兴趣。而驱动每一文种学习的任务则贴近学生当下生活,能够激发其写作欲望,同一模块多个任务相互关联,适合作为课内外训练项目。可以说,这是一本任务驱动、情境化、项目化的教材,契合了高职教育的新理念,适合开展基于行动导向的项目化教学。

　　第二,案例求精。全文引用了大量贴近时代、贴近职场、贴近学生的典型案例,其中不乏集人文性与艺术性于一体的经典之作,既能发挥应用写作的示范作用,又能给读者审美享受和人文熏陶。

　　第三,重点求明。全书每一模块不求文种的全面、知识的完备,而是精选职场或生活中较为常见的应用文种重点解析,每一文种既有理论知识的必要阐述,又偏重写作方法和技巧的传授,且精心设计学生有话可写、难度层级递进的写作实训任务,学练结合,理实一体,满足学生适应职场、适应生活的需要。

　　总之,本书内容与形式贴近职场、贴近生活、贴近学生,凸显了实用性、实践性、综合性特征。

　　本书由武汉软件工程职业学院叶蓉、邹莉担任主编,设计全书风格体例,制定编写大纲。全书包括模块综述和八个模块,模块综述"总揽应用文"由叶蓉编写,模块一"日用文书"由冯玫编写,模块二"礼仪文书"由刘效军编写,模块三"公务文书"由邹莉编写,模块四"事务文书"由叶蓉编写,模块五"宣传文书"由马蜂编写,模块六"科技文书"由朱德琳编写,模块七"经济文书"由山顺章编写,模块八"法律文书"由叶蓉编写。最后由叶蓉统稿审校。

　　本书是政、企、校合作的结晶,有三位来自政府或行业企业的专家参与了相关模块的编写指导和审稿:雷祖兵,中共武汉市委宣传部网络新闻管理处处长、原《长江日报》主任记者、中国新闻奖获得者,指导、审修了模块五"宣传文书";朱红甫,中国电信湖北公司政企客户事业部高级主管、高级经济师,指导、审修了模块七"经济文书";袁勇,湖北忠三律师事务所主任律师,指导、审修了模块八"法律文书"。在编写过程中,得到了化学工业出版社各位同仁的精心指导和大力支持,在此一并表达诚挚的谢意!

　　为了提升本书质量,我们参考了国内近期出版的有关教材、著作、论文等,吸收借鉴了相关作者的研究成果和学术精华；此外，搜索了人民网、百度、搜狐、新浪、网易、凤凰网等网站上的大量文献，引用了其中的数据、资料，在此表示诚挚的谢意！

由于编写此书是一项开创性工作，加之成书仓促、经验不足、水平有限，难免存在疏漏和不当之处，敬请专家、读者批评指正，以利今后修改完善。

编者
2013 年 4 月

目录

模块综述　总揽应用文

任务一　认识应用文　　/ 1
任务二　学写应用文　　/ 4

模块一　日用文书

任务一　求职文书　　/ 13
任务二　演讲稿　　/ 19
任务三　启事　　/ 24
任务四　条据　　/ 28
任务五　申请书　　/ 31

模块二　礼仪文书

任务一　邀请函与请柬　　/ 37
任务二　欢迎词与欢送词　　/ 41
任务三　开幕词与闭幕词　　/ 46
任务四　感谢信与答谢词　　/ 51
任务五　祝贺词　　/ 56
任务六　讣告与悼词　　/ 59

模块三　公务文书

公文概述　　/ 66
任务一　通知　　/ 72
任务二　通报　　/ 76
任务三　通告　　/ 79
任务四　报告　　/ 82

任务五　请示　/ 87
任务六　批复　/ 90
任务七　函　/ 93
任务八　纪要　/ 96

模块四　事务文书

任务一　计划　/ 101
任务二　总结　/ 107
任务三　述职报告　/ 113
任务四　调查报告　/ 117
任务五　规章制度　/ 123

模块五　宣传文书

任务一　消息　/ 131
任务二　通讯　/ 135
任务三　简报　/ 141
任务四　解说词　/ 146

模块六　科技文书

任务一　实验报告　/ 153
任务二　实习报告　/ 156
任务三　毕业设计报告　/ 160
任务四　毕业论文　/ 165

模块七　经济文书

任务一　说明书　/ 173
任务二　可行性研究报告　/ 176
任务三　招投标文书　/ 180
任务四　合同　/ 187

模块八　法律文书

任务一　起诉状　/ 194
任务二　答辩状　/ 198
任务三　上诉状　/ 201
任务四　申诉状　/ 205

附录一　党政机关公文处理工作条例

附录二　公文常用特定用语简表

附录三　公文常用词语汇释表

附录四　文章编辑修改符号

参考文献

模块综述

总揽应用文

情境导入

秦汉文是武汉某职业学院2018届软件技术专业的毕业生,毕业后进入光谷软件园一公司从事软件开发工作。秦汉文大学期间曾在校报担任编辑、记者近三年,锻炼了良好的沟通能力与写作能力,在职场上,这种优势很快凸显,也让他在人才济济的公司崭露头角。工作一年后,他被选调到公司培训部部长助理岗位,其岗位职责之一是起草培训部的众多应用文。虽然大学时学习过"应用写作"课程,掌握了一些常用应用文种的写作要领,但在工作中运用时,需要结合实际认真思考,根据写作目的选取材料、谋篇布局。为了很好地完成各种文书撰写任务,秦汉文勤于思考,勤奋工作,注重积累写作素材,捡起大学的《应用写作》教材重新钻研,也虚心向领导同事们请教,高质量地完成写作任务,赢得了部长的信任和同事们的赞誉。

任务一 认识应用文

任务驱动

杜向礼是武汉某职业学院2016级的学生。大二上学期学校开设了"应用写作"公共必修课。教材开篇就强调,应用文是人们传递信息、处理事务、交流感情的重要工具,在社会生活中尤其是职场上使用极为广泛,应用写作是"经国之大业,不朽之盛事"。但杜向礼从小学到高中,只学习过书信、请假条、新闻等为数甚少的应用文种,究竟什么是应用文,应用文到底包括哪些种类,它的写作特点是什么,自己一概不知,更不知道如何写作。她想,必须好好学习,掌握应用写作这一职业核心技能。

【知识聚焦】

著名教育家叶圣陶先生说过:"大学毕业生不一定要能写小说、诗歌,但一定要能写工作和生活中实用的文章，而且非写得既通顺又扎实不可。"这种实用的文章就是应用文。

应用文已经存在并为人类社会利用了几千年，在社会生活中无处不在。大至党政机关处理政治、经济、军事、外交等各方面国家事务，小至寻常百姓处理日常工作、学习、生活的各项事务，均离不开应用写作。

大学毕业生步入社会，无论从事哪方面的工作，无论是处理工作事宜还是个人私务，均不可避免地写作应用文。沟通表达能力被公认为职场核心能力，应用文是一种书面沟通表达的工具和载体，能否得心应手地写作应用文，已经成为衡量工作能力高低的重要标准之一。

视频 1-1 认识应用文

一、应用文的含义

应用文是党政机关、企事业单位、社会团体和个人，在日常工作、学习和生活中，用以处理公私事务、传递交流信息、解决实际问题时所使用的具有直接实用价值和惯用格式的文体。

二、应用文的分类

应用文浩如烟海，现已发展到 2000 多种。从其使用范围来划分，可以将之分为两大类。

（一）通用文书

通用文书是指通行于国家机关、社会团体、企业事业单位或个人处理事务时的应用文书，主要包括：

1. 公务文书

公务文书简称公文，有广义和狭义之分。广义的公文是党政机关、社会团体、企事业单位以及其他社会组织为处理公务而形成的文字材料，有别于用于处理个人事务的私务文书。狭义的公文则特指中共中央办公厅、国务院办公厅制定，自 2012 年 7 月 1 日起施行的《党政机关公文处理工作条例》中规定的应用文，主要包括 15 种，即决议、决定、命令（令）、公报、公告、通告、意见、通知、通报、报告、请示、批复、议案、函、纪要，也称法定公文。本书所指的公务文书都是狭义的公文概念。

2. 事务文书

事务文书有广义和狭义之分。广义的事务文书是指党政机关、企事业单位、社会团体以及个人，在日常工作、学习和生活中经常使用的各类文书；狭义的事务文书是指法定公文、日用文书、礼仪文书、宣传文书和专用文书之外的公务活动文书，是党政机关、企事业单位、社会团体在处理日常工作事务时用来沟通信息、安排工作、总结得失、研究问题、指导工作、规范行为的实用文体，主要包括计划、总结、述职报告、规章制度、调查报告、会议材料等。本书所指的事务文书是指狭义的事务文书。这类文书处理的事务亦为公务，属于广义的公文范畴，它与狭义公务文书的区别主要包括：一是无统一规定的文本格式；二是无公务文书那样严格的办文程序、行政法规性和执行的强制性；三是不能单独作为文件发文，需要时只能作为公文的附件行文；四是必要时它可公开面向社会，如经验性总结、调查报告等可以通过大众媒介予以宣传。

3. 日用文书

日用文书是指人们在处理日常事务时所经常使用、写法相对灵活的各种文书，既可为党政机关、企事业单位、社会团体所使用，也可为个人所使用，既可用于处理公务，也可用于处理私务。它包括的文种非常丰富，主要可分为三大类：一是书信类文书，包括自荐信、求职信、介绍信、证明信、申请书、倡议书、贺信、慰问信、感谢信等；二是条据类文书，即人们在处理日常事务时写作的简便书面凭据，又分为凭证式和说明式两种，凭证式条据有借条、发条、欠条、收条、领条等；说明式条据有请假条、留言条、便条等；三是告启类文书，这种文书是为达到一定目的而把特定内容公之于众的文书，包括启事、声明、讣告、海报等。此外，求职简历、演讲稿等也可划归日用文书范畴。

4. 礼仪文书

"礼仪"即礼节、仪式的总称。礼仪文书属于语言礼仪范畴，是指在公共活动或人际交往中经常使用，用于和谐人际关系，争取各方面理解、支持与合作的各种文书。礼仪文书的内容非常广泛，一般包括：致辞类，如开幕词、闭幕词、欢迎词、欢送词、答谢词、祝酒词等；邀约类，如请柬、邀请函（信）等；祝贺类，如贺信、贺词、祝词、题词等；慰问类，如慰问信；感谢类，如感谢信；悼唁类，如悼词、碑文、祭文、唁电等。当然，邀请信、贺信、慰问信、感谢信等既可划归日用文书中的书信类，也可划归礼仪文书类。

5. 宣传文书

宣传文书是指具有宣传、教育、鼓动作用的应用文书。宣传文书既包括消息、通讯、新闻评论、广播稿等新闻类文书，也包括简报、黑板报、解说词、广告、标语、口号等。宣传类文书的特点主要体现在其宣传性、真实性和实用性。

（二）专用文书

专用文书是指特定的部门，在专门的业务活动领域内，适应工作需要使用的文书，如经济文书、科技文书、司法文书、外交文书、军事文书、医疗卫生文书、财会文书等。专用文书一般有其专门术语，如外交文书的用语要遵照国际惯例，使用礼貌语言，讲究外交辞令；司法文书使用规范化的法律术语。许多专用文书还有特定的格式和项目，如统计和会计文书，除书面文字形式外，较多采用数字表格形式，表格的项目和形式都有特殊规定。

三、应用文的特点

应用文的特点主要有以下四点：

（一）实用性

实用性是应用文区别于其他文体的本质属性。诗歌、小说、散文、剧本等文学作品以审美为宗旨，关注的是人的精神与灵魂，但却无法直接解决生活中的实际问题。应用文都是"缘事而发"，即都是为了解决实际问题或达到某种目的而写作，对象明确。如写邀请函是为了约请被邀者参加某项活动，写请示是为了向上级请求指示或批准办理某一事项。

（二）真实性

真实是应用文的生命，一切应用文都要求具有真实性。这种真实不同于文学作品的真实，后者的真实是艺术的真实，它们源于生活却高于生活，文学作品的人物可以虚构，情节可以夸大。而应用文要为解决现实问题、指导实际工作服务，因此不适合虚构夸大，文中出现的时间、地点、人物、材料、数据等都要真实、准确，所传递信息要确切，不能有任何艺术加工。

（三）程式性

应用文有其惯用的外观体式和主体风格。有不少体式是社会长期约定俗成的，也有一些体式由国家统一规定，如公务文书。还有一些应用文格式比较简单。不论体式如何，都是为了提高办事效率，更好地发挥它的工具作用。它不像文学作品在写作时讲究独创性，力图摆脱模式的束缚。

（四）时效性

文学作品一般不讲究时效性，而应用文既然要解决实际问题，必须注意发文和文书处理的时间、效率。一般来说，应用文往往是在特定的时间处理特定的问题，要尽快传递相关信息，因此时效性很强。拖拖拉拉，不及时发文，或时过境迁再放马后炮，使信息失效，就会失去实用价值。

四、应用文的作用

应用文具有广泛的社会功能，其作用可概括为以下四点：

第一，管理作用。应用文在社会管理中发挥着重要作用，它是各级政府、各企事业单位、各种组织实施管理、领导、指导的有力工具，是国家和执政党方针、政策具体化的书面形式，各项管理工作都离不开应用文。如没有规矩，就不能成方圆，各级单位、各种组织都要制定规章制度，这些规章制度就是应用文发挥管理作用的典型例证。

第二，宣传作用。党和政府通过应用文下达各种文件、法规、制度，向广大干部群众宣传党和国家的方针政策，各地区、各单位、各部门也通过应用文宣传产品、推广经验，表彰先进，揭露批评不良现象，个人也会通过应用文广泛告知有关信息，如寻人寻物启事。

第三，交际作用。当今社会，任何人、任何单位都免不了与外界接触，应用文是上下左右沟通协调的重要工具，机关、团体、企事业单位和个人都需要用应用文来沟通交流情感，协调各方关系，促进业务开展。

第四，凭证作用。应用文也是开展工作，解决、处理问题的依据和凭证。如上级机关要依据下级机关上报的总结、报告、纪要、简报和秘书部门撰写的调查报告等应用文进行决策、制定计划，其发布的有关"决定""条例""办法"等应用文，则成了下级机关开展工作的依据和凭证。又如合同是权利与义务的凭证，借条是债务权利与义务的证据，委托书是委托人与被委托人的依据，介绍信是身份的证明等。

任务二
学写应用文

任务驱动

　　袁芳菲是学校校报的一名记者。9月8日下午，学校在田径运动场举行新生开学典礼，校报派她到现场采写新闻，可是下午有"应用写作"课。她呈交该课任课教师张老师一张请假条："尊敬的张老师：我兼任校报记者，受校报委派，今天下午要到新生开学典礼现场采写新闻，需请假半天，请准假！袁芳菲"。张老师阅毕请假条，毫不客气地请她重写。袁芳菲很纳闷：这只言片语的请假条哪儿写得不妥呢？

【知识聚焦】

　　如果将文章比作人，主题犹如人的灵魂，材料如同人的血肉，结构仿佛人的骨骼，语言则恰似人的细胞。一个健美的人应该灵魂高尚、血肉丰满、骨骼健全、细胞活跃。一篇好文章则应该主题深刻、材料丰富、结构完整、语言准确,做到言之有"理"、言之有"序"、言之有"文"、言之有"物"。

一、确立主旨

清初王之夫说:"意犹帅也,无帅之兵,谓之乌合。"这形象深刻地说明了主旨在文章中的统帅作用。应用文也不例外,主旨是应用文全篇的灵魂,是决定其价值的首要因素。

(一)主旨的含义

主旨也称主题、题旨、立意等,是作者通过文章全部内容所表达的基本观点、中心思想,是写作主体写作意图最鲜明、最集中的表现,是作者对丰富材料认识后的理性概括。

任何一篇应用文,都会有宗旨、目的、意图,如传达政策、发布法规、周知事项、汇报工作、请示问题、交流经验、联络感情等,这些意图反映在写作上,就形成了一篇应用文的基本精神或基本思想,这种精神或思想就是应用文的主旨。

(二)主旨的要求

应用写作一般是"要我写",即出于现实生活的需要而写作,不同于一般文章的"我要写"。写作应用文既要摸清上级的指示和意见,遵照上级的指示行文,贯彻落实上级的意见,又要摸清实际工作,做到具体问题具体分析,其主旨的确立既有其他文体的共性,也有独特的个性。

1. 正确

正确是对主旨最基本、最起码的要求。主旨不正确。便从根本上否定了整篇文章。应用文的主旨要符合党的方针政策,符合国家的法律、法规,能反映事物的发展规律,准确揭示事物的本质与内涵,符合国家、人民的根本利益和长远利益,符合实事求是的原则。请看下面这则公文:

××五金厂关于加强安全保卫工作的通告

近来,我厂连续发生盗窃、斗殴和小型失火事故。有数位职工被歹徒打伤,财务损失数万元,为保证工厂的正常生产秩序,特作如下通告:

一、凡是本厂职工进入厂门,均要佩戴厂徽标志,否则作违反厂纪处理,扣发奖金。

二、外来人员进入工厂时,必须持所属单位介绍信或证件登记,出厂时,应接受行李物品甚至搜身检查。

三、来客投宿,有关人员应报厂保卫科批准。在此期间,如厂内发生盗窃、失火事故,来客不准离开工厂,并要集中接受审查。

四、厂内职工离开车间或办公室,应关好门窗,以防小偷破门而入。

通告自××××年二月八日生效。凡自觉执行本通告的给予表彰,拒不执行者予以经济处罚或行政处分。

××××年二月一日

(资料来源:杨文丰.高职应用写作.北京:高等教育出版社,2010.)

很显然,通告中检查外来人员行李物品甚至搜身,厂内发生盗窃、失火事故时,来客不准离开工厂,并要集中接受审查等条款侵犯了公民的人身自由权、财产权。所以,这则通告违反了法律法规,如果公布执行,极可能引起公愤,激发矛盾,产生消极作用。

2. 集中

主旨的"主"即是中心,集中才有中心。"意多文必乱","意多"也难以形成主旨。要做到主旨集中，应用文全篇必须围绕一个中心展开阐述、议论、生发。宋《庆元条法事类·文书门一》中就记载："奏陈公事，皆直述事状；若名件不同，应分送所属；而非一宗事者，不得同为一状。"这是说不得把两件不同的事写在同一篇上奏的公文中。在现代，不少应用文还强调一文一事、一题一议，如公文中的"请示"。

3. 鲜明

文学作品的主旨讲究含蓄隐晦，正如鲁迅先生所云：一部《红楼梦》，经学家看见《易》，道学家看见淫，才子看见缠绵，革命家看见排满，流言家看见宫闱秘事。而应用文主旨要求清晰明白，态度明朗，作者要直言不讳，自己赞成什么、反对什么，要求他人做什么、不做什么，使人一目了然，切忌含糊不清、模棱两可。

4. 深刻

应用文的主旨要有思想深度，即能透过事物表象揭示事物的本质特征及其内部规律，能够反映事物间的内在联系，能够在纷繁多变中抓住事物的主要矛盾，能够真实地反映事物的本质面貌，观点、见解经得起实践的检验和历史的考验。

5. 新颖

主旨要有新意，所反映的观点、感受、主张、意见，不落俗套，不拾人牙慧，有自己的独特性，令人耳目一新。社会在发展，历史在前进，新事物层出不穷，新思想不断涌现，这是历史发展的总趋势。应用文应"用"而生，必须适应这种趋势，反映新情况、新问题、新变化、新见解，给人以新启迪，力戒"千文一面""千部一腔"。

二、选择材料

材料是作者为达到某一写作目的，从生活中搜集、摄取并写入应用文中的事实或理论依据，如人物、事件、数据、例证、道理等。材料是写作的基础，是构成文章的基本要素，有了切实、充分、具体的材料，构思才有依托，剪裁加工才有对象，写作活动才得以进行。应用写作的过程，就是作者将各式各样的原始材料进行分析、提炼、综合加工的过程。

材料可以分为直接材料和间接材料。来自现实生活的观察、体验和深入调查研究所得来的是直接材料；从文献资料和书刊阅读中所获得的是间接材料。在应用文写作中，既需要直接材料，也需要间接材料。

（一）材料的采集方法

应用文材料的采集主要有记录、询问、查阅、摘录等四种方法：

第一，记录。写作者平常注意坚持写工作日记，记单位的工作，也记个人的工作。凡是重要的工作、重要的活动、重大事件可尽量详记，一般的工作，可略记，这样，一年下来，所做的主要工作，经历的重大活动都清清楚楚，一目了然。

第二，询问。即向别人打听、询问，采访有关人员等。很多工作和活动不必要、也不可能都亲自参加，写应用文时，如涉及那些未参与的工作和活动，就得向有关人员询问、打听，核实有关情况，尽量做到准确无误。

第三，查阅。即从各种文献、音像资料中获取材料。可以翻阅有关文件、资料、法规，看有关报纸、杂志，甚至看电视、录像、网上查询等掌握大量的知识与信息。值得一提的是，计算机检索是当今最便利、最普遍的查阅材料的方法。

第四，摘录。看了一些文件、资料、有关领导讲话、有关法规之后，为了准确传达或贯彻上级指示、文件精神，可将原话、原文整句、整段、甚至整篇内容摘录、摘抄、复印下来，以供应用写作之用。

（二）材料的选用原则

应用文材料的选用要掌握以下原则：

第一，扣题。即符合主旨，凡是与主题有关，并能很好地表现主题的材料就选用；与主题无关或似是而非的材料就舍弃，否则会"下笔千言，离题万里"。对已经选定的材料，根据主题需要决定详略。

第二，真实。即必须符合客观事物的原貌和实际情况，要确有其人，确有其事，不能杜撰，也不能夸大或缩小，引文也必须认真核对，做到准确无误。

第三，典型。选材贵在精，精就精在"典型"上。材料要具有广泛的代表性和强大的说服力，能起到以少胜多，以一当十的作用，这样才能揭示事物的本质，提炼出深刻的观点。

第四，新颖。新颖的材料既包括新近发生、别人未曾使用过、鲜为人知的材料，如新人、新事、新方针、新政策、新的统计数字、新成果、新问题等，也包括虽为人知却因变换角度而具有新意的材料。

三、安排结构

结构是指文章的内部组织和构造，是作者按照主题的需要，对材料所进行的有机组合和编排，又称谋篇布局。文章的结构包括两个方面：表现为思维形式的逻辑结构，表现为语言形式的篇章结构。

（一）标题

1. 大标题

大标题即文章的总标题，也称一级标题，它直接或间接揭示主题，点明文章主要内容，表明文种或暗示文章体裁。有的应用文大标题分为正题和副题，副题则补充交代事实，指出文章内容的范围，或点明主题的来源、依据等。

2. 小标题

小标题也称文章的二级标题、三级标题甚至包括四级、五级标题等，是分条列项的文章中每一小部分的标题，它与大标题是纲与目的关系，二者存在着不可分割的内部联系。

（二）开头与结尾

1. 开头

应用文"起要平直"，开头一般开门见山。由于文种、目的、内容的不同，应用文的开头主要有以下四种形式：

其一，概述基本情况的开头。这是应用文较为常见的开头方式，开端写出基本情况、主要问题、工作的大致进程及结论等，为主体部分的展开奠定基础。工作总结、报告、述职报告、调查报告、可行性分析报告等常使用这种方式。

其二，表明行文目的的开头。开端写明活动或举措的目的、意义、背景，起始处常用"为""为了"等词语，通知、计划、规章制度、合同、经济报告等常使用这种开头方式。

其三，援引行文依据的开头。开端援引有关法律法规、文件精神、上级指示或有关单位来文，起始处常用"根据""按照"等词语，批复、通告、函等文种常使用这种开头方式。

其四，提问引发思考的开头。开端提出问题，发人深思，引出正文。调查报告、会议纪要、情况通报、学术论文、新闻等有时采用这种开头方式。

2. 结尾

结尾是全文的总收束，是文章主干部分的自然延伸和归结。应用文的结尾主要有以下四种形式：

其一，概括总结式。概括总结全文的基本观点、主要内容、点明主旨，加深读者的理解和印象，常用于内容较多、篇幅较长的文章，如重要的会议报告、先进事迹报告、综合性经济调查。

其二，补充说明式。结尾对主体部分的未尽事宜做一些补充说明，或者对与内容有关的问题做一些必要交代。

其三，展望号召式。在结尾处发出号召，激励人们付出实际行动，落实文中提出的各项任务和要求。工作总结、会议报告常使用这种结尾方式。

其四，惯用语句式。这种结尾方式多见于公务文书，包括三类：一是祈请式，如请示结尾"妥否，请批示""以上意见，如无不妥，请批转有关部门执行"，商洽函的结尾"盼予函复""可否，请予函复""请予批准函复"等；二是告知式，如告知函的结尾"专此函达"，报告的结尾"特此报告"，公告的结尾"特此公告"等；三是期望式，如通知中的"希遵照执行""希参照执行"等。

（三）段落与层次

段落也称"自然段"，是文章思想在表达时由于转折、强调、间歇等所造成的文字停顿，具有换行另起的标志。层次又称"意义段"，是文章思想内容的表现次序，作者在文章中一般不注明其起讫，由读者根据文章内容来划分。

应用文的层次安排主要有四种模式：

第一，总分式。总分式包括先总后分式、先分后总式及先总述再分述，最后再总述的总分总式。总分式通常适用于篇幅较长的应用文，如调查报告、经济活动分析报告、科技论文等。

第二，并列式。把整体划分为若干相对的层次，各层次之间互不交织、平等并列，或按照空间方位的变换，或按照材料的不同性质和类型，或按照问题的不同侧面等，从不同方面和角度共同揭示事物的整体面貌和主旨。调查报告、工作总结、述职报告、工作报告等常采用这种形式。

第三，递进式。这是指结构层次之间是延续、承接、深入的关系，具体的方式有：按照时间先后顺序展开层次；按照事物或矛盾发展的各个阶段展开层次；按照作者认识的发展深化展开层次；按照论证推理的步骤展开层次等。

第四，因果式。由原因和结果构成，公务文书常采用这种结构形式，"因"是制发文件的缘由，包括发文的依据、目的或原因，"果"是指给文件提出的具体事项，包括任务的交代、工作的指导原则、具体执行的措施、公布知照的事情、有关的法规规定、执行的要求等。

（四）过渡与照应

过渡是指层次与段落之间的衔接与转换，在文章中起着承上启下、穿针引线的作用。照应是指文章内容的前后呼应和关照，可以使文章结构周密严谨，浑然一体，还能使某些关键内容得到强调，突出主题。

1. 过渡

一般来说，当内容由总到分或由分到总时、意思转换时以及表达方式变化时，需要安排过渡。过渡的形式主要有三种：一是词语过渡，如用"因为""为此""对此""总之""由此可见""综上所述""所以""但是""相反"等过渡；二是句子过渡，如公文中，常有"特通告如下""现将有关事项通知如下""为此，特制定本条例"等作过渡；三是用一个相对独立的自然段过渡。

2. 照应

应用文常用的照应方法也有三种：一是文题照应，即在行文中照应标题，对主题加以强调、提示，如大多数公文标题中都包含着"事由"，文章内容自然要与标题相照应；二是首尾照应，即在文章结尾处，再次提起开头交待的事或提出的问题，进一步加以概括、归纳、补充，论文、总结、调查报告常采用这种照应方式；三是文中照应，即文章自身前后内容间的照应，如某些细节和问题在行文中不断被提起，这能加深读者印象，更好地实现作者的写作意图。

四、运用语言

语言是表情达意的工具，也是构成文章最基本的要素。由于交际领域、目的、任务的不同，语言的运用会表现出不同的特点。

（一）应用文语言的特点

文学艺术作品是供人欣赏的，遣词造句讲求形象、生动、委婉、含蓄。应用文用于处理各种实际问题，它的语言运用以实用为目的，在长期使用过程中，形成了明确、简洁、朴实、生动得体的特征。

视频1-2 应用文语言的特点

1. 明确

明确是应用文语言的第一要求。文学创作讲究"文贵曲"，追求言有尽而意无穷。应用文有很强的政策性、实用性，特别强调语言准确，要求语言明白晓畅，所讲事情要符合实际情况，事实数据要确凿无误，办法措施要切实可行，使人一看就懂，一懂就可答复、执行或办理，不能模棱两可，不能有再创造的余地，不能出现语义模糊和语义歧义两种情况。如《中华人民共和国宪法》第二章第45条："国家和社会保障残废军人的生活，抚恤烈士家属，优待军人家属。"该条中的"保障""抚恤""优待"表现出对三种对象明确不同的政策。应用文语言准确特征还要求不用或少用比喻，不用或少用具有描写性和感性色彩的词语，"夸张"这种修辞格绝对不能随便使用，"双关"的修辞方式也不适用于应用文。

2. 简洁

所谓简洁，就是要字斟句酌，做到要言不烦，"意则期多，字唯求少"，避免语言的重复啰嗦。"简"本来是战国至魏、晋时代的书写材料，是削制成的狭长竹片或木片，由于这种书写材料制作困难，要求作者言简意赅。现代社会信息海量，信息的传递与处理速度越来越快，要求信息密度越来越高。冗长的文章浪费了阅读时间，降低了办事效率。应用文语言要简洁，写作必须惜墨如金，要删去可有可无的词语、句子和段落，要扫除套话、空话、废话。北京2000年申奥口号仅2条18字，"新北京、新奥运"和"绿色奥运、科技奥运、人文奥运"，鲜明凸显了北京申奥的新理念。

3. 朴实

应用文是为解决实际问题而写的，它的语言重在实用。一个字、一句话，往往至关重要。为了便于读者理解，应用文语言力求平实。行文时多用平直的叙述、恰当的议论、简洁明了的说明。比如公文，它具有行政约束力和法定的权威性，因此，用语必须朴素、切实，不能浮华失实，不能乱用形容词，要多用庄重典雅的书面语，少用或不用口语词、方言词、土俗俚语等。

4. 生动

生动是一切语言文字的共同审美追求。应用写作要求用语平实，但平实不等于平淡。我国历史上保留下来的许多文章既是应用文，同时又是文学佳作，如李斯《谏逐客书》、诸葛亮《出师表》、李密《陈情表》等。现代应用文以实用为目的，要求用语准确、简明、平实、得体，虽不像文学作品那样采用种种写作手法塑造形象，不宜使用华丽的辞藻和运用过多的描述，但这并意味着要写得枯燥、干巴巴。作者可以通过遣词造句的适当变化，有限使用比喻、借代、引用、对比、设问、反问等修辞技巧，巧妙穿插成语、俗语、谚语、歇后语、典故等增强文章的吸引力、感染力，使其形象生动，新鲜活泼，富有生活气息。如毛泽东的《反对党八股》中"我们有些同志喜欢写长文章，但是没有什么内容，真是'懒婆娘的裹脚布，又长又臭。'"就是运用歇后语，生动形象地抨击了空话连篇、言之无物的长文章。又如1983年《人民日报》的新春献词标题为《恭喜发"才"》，巧妙采用了"谐音"修辞手法，把人们习以为常的"财"字换成"才"字，鲜活地勾勒了当时国家百废待兴、求才若渴的局面。

5. 得体

应用文要根据不同文种和行文关系使用相应的语言：第一，语言要适合特定的文种，按文种要求遣词造句，保持该文种的语言特色，如公文宜庄重，工作总结须平实，学术论文应严谨，礼仪文书则具有较浓的感情色彩，说明书则要具体实在，合同、协议书则要精确等；第二，语言要合乎行文关系，合乎阅读对象的需要，表达适度，恰如其分。如上行文用语宜敬重、简要，但不阿谀讨好；平行文用语宜谦和、礼貌；下行文用语宜明确、具体。

（二）应用文常用习惯语

应用文有一套约定俗成、相对稳定的习惯用语，尤其是在公文中，使用更为频繁：

表称谓：本（厂）、我（司）、贵（校）、你（处）、该（局），等等。

表开头：为、为了、由于、鉴于、按照、根据、遵照、随着、兹有、奉、查、近来，等等。

表引叙：欣闻、悉、惊悉、敬悉、电悉、接、前接、近接，等等。

表承启：为了……根据……经研究，现决定（通知）如下；为了……现将……；综上所述；特作如下说明；等等。

表经办：经、业经、未经、兹经、拟、拟办、拟定、现将、责成、试行、暂行、实行、可行、办理、酌办、查照、审定、审议、审发、审批、会议听取了、会议讨论了、会议指出、会议要求、会议强调，等等。

表呈递：呈上、转呈、呈交、送上、递交，等等。

表批转：经研究、批示、审批、阅批、批转、转发、颁发，等等。

表态度：应、应该、应以、应予、同意、拟同意、原则同意、不宜、不可、不同意、批准、批转，等等。

表征询：当否、可否、妥否、是否可行、是否妥当、是否同意、如无不妥、如无不同意见，等等。

表祈请：请、希、望、希望、盼、拟请、恳请、切请、报请，等等；

表期复：请批示、请指示、请复、请批复、请函复、盼函复、即请函复、请告知、请批转，等等。

表结束：此致、此复、此据、此告、此令、为要、为感、为盼、为荷、特此通知、特此函达，等等。

【写作实训】

一、分析下列句子中的错误并改正

1. 我们的文学社自创建以来，已有两年多了。

2. 经过反复讨论，五易其稿，我们终于制定出了一个规模庞大的计划。

文本1-1　学习掌握应用写作技巧的五点经验

3. 参加安全生产知识竞赛的只是该厂职工中的一部分工人。
4. 学员们克服了天气干燥、风沙较大、饮水缺乏等问题。
5. 听了张同学的先进事迹后，我们对他刻苦求学，身处逆境仍奋斗不息十分感动。
6. 我们到该木器厂地下室检查时发现，里面陈列着很多套顾客退还的不合规格的组合柜、转角沙发、写字台、皮转椅。

二、比较分析

1. 下面哪段话更能说明"我县教育事业蓬勃发展"这个观点？为什么？

材料一：

解放以来，我县教育事业发展很快，不但办起了中小学，还办起了中专、技校，甚至大学；在校学生人数已占全县人口的四分之一，专职教师已逾两千。还聘请了不少有实践经验的兼职教师。全县乡级以上领导干部和科技人员中，百分之八十是解放后的学校培养出来的。

材料二：

解放以来，我县教育事业蓬勃发展。解放前，全县仅1所中学，十几所小学，现在已有小学635所、普通中学40所、职业中学4所、中专技校10所、高等学校4所；各级各类在校学生已达23万人，专职教师共2300多人；适龄儿童入学率达99.6%，全县1986年已普及初等教育；幼儿教育、特殊教育、成人教育也都有较大发展。

2. 请评析下文主旨表达效果。

催 金 家 书

亲爱的爸妈：

你们好。

我们学校里有的同学太不像话了，他们把家信事先印好，到日期就往家寄一张。我认为这是对父母的不尊敬，我就不，我一向寓乐于通信。上次我让你们猜的谜语："有它并非万能，无它万万不行（打一物）。"可能太深了，所以未见你们的行动。现在我再让你们猜个浅的："从前有它能使鬼推磨。"请猜猜它是什么？猜出来你们就知道我最需要的东西了。

热切盼望收到你们的回信！

此致

敬礼！

儿　李明敬上

2018年5月5日

三、分析修改

下面这段话是一篇实习报告的开头，请分析存在的问题并加以修改。

金秋十月，秋高气爽，硕果累累。我们××职业学院2017级汽车检测与维修班的38名同学乘坐火车，在欢声笑语中于10月15日傍晚时分抵达湖北十堰。啊，十堰，你有享誉中外的神农架，是大楚旅游胜地，多少个日日夜夜，同学们梦寐以求，想来领略你的风采！今天，我们终于如愿以偿了。但是，我们这次是要到你的第二汽车厂进行为期一个月的实习。因此，尽管大家都想借此机会畅游风景名胜，寻觅野人迷踪，但想到这是实习，必须把学好专业技能放在首位。这样，在实习老师的带领下，到达十堰的第二天上午，听完汽车厂经理对情况的介绍后，我们就分为四个小组奔赴实习岗位了。

模块一

日用文书

情境导入

　　富士康科技集团是全球最大的电子产业科技制造服务商，2012年跃居《财富》全球500强第43位。 鸿准精密模具有限公司是集团下属的规模最大、历史最悠久的子公司。 2017年11月，鸿准精密模具（深圳）有限公司对外招聘一批模具加工员，不仅通过公司网站、合作学校、新闻媒体等对外发布相关消息，还派专员到武汉某示范性职业技术学院，招聘一批大三学生作为公司准员工顶岗实习。 公司人力资源处的邹先生、翁先生、朱先生、伍先生等需要起草该活动的相关文书：

　　　　任务1　起草公司招聘工作方案；
　　　　任务2　起草公司招聘启事和公司简介；
　　　　任务3　起草给武汉某职业学院有关招聘事宜的联系函；
　　　　任务4　给公司专员开具介绍信；
　　　　任务5　借支5000元作为公司专员的差旅费；
　　　　任务6　起草公司专员与武汉某职业学院应聘学子见面会上的演讲稿。

【知识聚焦】

　　现代社会成员，无论是工作，还是生活，都离不开日用文书。如几乎每个求职者都要制作求职简历；很多人经常要在较为隆重的仪式上或某些公众场所发表讲话；寻人、寻物、招聘等需要使用启事广而告之；个人或集体向党政机关、企事业单位或社会团体表达愿望、提出请求时则需递交申请书，等等。日用文书比公务文书使用范围更广，使用频率更高，且更灵活、方便。

任务一

求职文书

求 职 简 历

任务驱动

2018年11月，武汉软件工程职业学院举行了大型校园专场招聘会。应邀前来的企业有三十余家，包括了鸿准精密模具（深圳）有限公司、神龙汽车有限公司、武汉光谷信息技术股份有限公司、深圳同维电子有限公司、武汉楚天激光（集团）股份有限公司、武汉中百连锁仓储超市有限公司、武汉市大道物流有限责任公司、武汉玛雅动漫有限公司、武汉英纳氏药业有限公司等知名企业，招聘岗位覆盖了学校所有专业。假如你是该校一名大三学生，决定应聘，请你设计一份个人求职简历。

【范文赏析】

个人求职简历

姓名	王强	性别	男	
出生年月	1998.3	学历	专科	（照片）
毕业时间	2019.7	专业	市场营销	
联系电话	13000000000	电子邮件	537946881@qq.com	
通讯地址	武汉××职业学院经济管理系市场营销1002班　430205			
求职意向	销售总监助理			
教育背景	2016.9～2019.7，武汉××职业学院，市场营销专业 2016.9～至今，自修武汉××大学市场营销专业本科			
学校实践	2017.10～2018.9，校学生会主席 2017年12月负责组织学校纪念"一二·九"学生合唱比赛，争取到了学校合作企业××物流公司1200元赞助费 2018年5月，组织学生会8名干事为校"艺术节"活动争取赞助，三周内通过200余个电话和100余封电子邮件，并拜访15家公司，最后与星音娱乐（KTV）签下合作协议，由其赞助10张会员卡和200张免费练歌券			
社会实践	2017.7～2018.8，武汉冰之纯有限公司财务部实习，主要负责账单和凭证的核对，熟悉金碟K3财务管理系统 2019.1～2019.6，中国联通（武汉）公司市场销售部顶岗实习，协助市场推广业务及产品资料整理，被学校评为"优秀实习生"			
获奖经历	2017年10月，获校甲等奖学金 2018年10月，被评为校优秀学生干部			
英语水平	2018年6月，通过国家英语四级考试，具备较强的英语听说读写能力			
计算机能力	能熟练运用Internet,曾通过大量检索和查阅技术完成了有关论文及工作项目报告。能熟练使用Word,Excel,PowerPoint等办公软件,擅长使用Excel进行数据分析和处理以及制作各类电子报表和图表,并擅长使用PowerPoint制作各类演示用PPT文件			
特长爱好	酷爱音乐,2018年4月,在学校"校园好声音"活动中荣获"十佳歌手"称号			
自我评价	强烈的责任心和事业心,崇尚实干,追求完美； 善于换位思考,较好的人际沟通能力和团队协作精神 积极乐观的生活态度及健康的生活方式			

[简评] 这篇范文求职目标明确，工作经历翔实，突出了个人专业能力。简历开头基本情况介绍得简要清晰，重点落脚在实践能力上，围绕着"销售总监助理"这一求职目标，详细介绍了自己在校学生会的出色表现和良好的实习实践经历，充分说明了自己有能力胜任所求职位。

【知识聚焦】

求职简历是招聘者在阅读后决定是否给予求职者面试机会的重要依据性材料，被称为"就业的敲门砖"，帮助求职者敲开面试之门。但很多求职者并没有掌握其写作技巧。远大集团人力资源部经理王志宇指出，每年收到的简历，100份中合格的还不到10份。如何针对所求岗位，精心设计求职简历，是每一位求职者必须认真对待的问题。

视频1-3 求职简历

一、求职简历的含义

求职简历是求职者将自己与所申请职位紧密相关的个人信息经过分析整理并清晰简要地表述出来的书面求职资料。一份成功的简历，往往能在瞬间吸引人事经理的眼球，赢得面试机会。

二、求职简历的类型

按照书写格式划分，求职简历分为表格式简历、条款式简历两类。表格式简历一目了然，清晰简练，为简历制作者之首选。

三、求职简历的特点

第一，自荐性。求职简历实质上是一次自我推荐，其目的就是向用人单位推荐自己，证明自己的实力，表明自己有能力胜任工作岗位。

第二，针对性。求职简历要针对用人单位的岗位要求、应聘条件来选择内容，决定材料的取舍。求职目标不同，简历的内容和形式要随之变化，最好是一个目标对应一份简历。

第三，简明性。简历的"简"就是行文简洁明了之意，简明是简历的生命，一般一份求职简历仅用一张A4纸就足够了。

四、求职简历的写作格式

一份完整的求职简历一般包括标题、个人基本信息、求职意向、教育背景、实践经历、所获奖励、专业特长、兴趣爱好、自我评价等。

（一）标题

求职简历的标题一般直接写"简历""求职简历"，或者在前面加上姓名"××求职简历"。

（二）个人基本信息

个人基本信息也就是告诉用人单位"我是谁"。大学应届毕业生个人基本信息一般包括姓名、性别、出生年月、毕业院校、专业、学历、联系电话、电子邮箱、联系地址等，这些内容是必须写清楚的。至于求职者的民族、籍贯、政治面貌、婚姻状况、健康状况等可视招聘单位的要求来选择是否填写。

（三）求职意向

求职意向，也称求职目标，是求职者的目标岗位，也就是向用人单位表明"我想干什么"。它是求职简历的灵魂，整个简历内容都要围绕求职意向展开。

求职意向一般写在个人基本信息之后，让阅读简历的人第一眼就明白，求职者正在寻找什么样的职位，以及简历应该交给哪个部门审阅。求职意向要写具体，一般直接写出所求岗位名称，比如网页开发、汽车销售、平面设计等。一般来说，一份简历只写一个求职意向，最多写两个，因为求职意向过多会显得盲目，缺乏清晰的自我定位。没有求职目标，或者求职目标模糊的简历，一般是不会获得工作机会的。

（四）教育情况

对应届大学毕业生而言，教育情况包括学习经历、主修课程、所获奖励、职业资格证书、英语和计算机水平、学术水平等。

1. 学习经历

学习经历主要指大学的教育经历，包括专科、本科、研究生阶段。一定要依次写清楚所就读的学校、院（系）、专业（方向）、学习年限。一般采取倒序方式，由高到低，即高学历、高学位先写，目的在于突出最高学历学位。由于专科生的学习经历相对简单，如果个人基本情况部分已经标注了这些信息，这一部分则可以省略。学习经历的表述要简明扼要，如"2016年9月～2019年7月，××职业学院，网络技术专业"。

2. 主修课程

如果是从本专业出发找工作，而且简历其他部分内容不够充实，可把专业课程列举出来，以说明自己的知识结构，一般的公共基础课程不需要列举。如果简历其他内容非常丰富，这一部分也可以省略。

3. 所获奖励

大学应届毕业生主要介绍大学阶段所获奖励，包括奖学金、各种竞赛获奖、获得的荣誉称号等。尽量选择含金量高的奖项，一些无足轻重的奖项则不必写入其中，否则会有粗制滥造之嫌。所有奖项分类别按照从重到轻的顺序排列。

4. 职业资格证书

职业资格证书是按照国家制定的职业技能标准或任职资格条件，通过政府认定的考核鉴定机构，对劳动者的技能水平或职业资格进行客观公正、科学规范的评价和鉴定，对合格者所授予的证书。如程序员证、导游证、报关员证、计算机操作员证、汽车修理工证、机修钳工证、教师资格证等。

5. 英语和计算机水平

英语和计算机水平是用人单位非常看重的两项技能，要分别写清楚，英语和计算机的过级情况和英语口语水平、英语阅读能力、计算机软件使用程度。

6. 学术水平

学术水平是指自己参与的研究项目、设计的作品、发表的论文或出版的专著等。如果是研究项目，则注明项目立项单位、自己承担的任务、项目研究成果、项目是否完成等；如果是作品、论文或专著，则注明成果命名、刊物名称、出版单位及发表时间等。

（五）实践经历

实践经历是求职简历的重点，用人单位将据此衡量求职者的社会化程度和工作能力。应届毕业生一般没有实际工作经历，可以写自己的实习实训经历、学校活动实践或社会实践等。例如，在学校担任的各种职务（如学生会主席）、组织（参加）活动的情况、假期社会实践活动或社会兼职等经历，这些都足以让用人单位从中了解求职者的志向、爱好、能力、素养。介绍实践和工作经历，要明确告知实践和工作的时间段、单位、内容等，可以从最近的工作纪录开始，采取倒叙方式逐渐往前写，并保持每份纪录的独立性。不要只针对工作本身，业绩和成果更为重要。用词必须简练，注意细节，用数字、百分比和时间等对描述加以量化。

已有工作经历的求职者，主要写工作各阶段的情况，要突出工作能力、工作业绩。

（六）相关专长

如果有与所求职位有关的其他经历和具体技能，可以在简历中简要提及，但内容不宜过多，一、两行字则可。

（七）自我评价

自我评价部分对自己性格特征和人格特征进行补充说明，以展示个人的品德、修养及团队合作能力。自我评价部分一般写在结尾处，可用三五个关键词进行概括，也可用两三句话进行阐释，不宜过多过长。

五、求职简历的写作要求

第一，真实可信。诚信是做人的第一原则，千万不要编造简历内容。

第二，优势突出。应届毕业生的优势主要通过学习成绩、专业能力、实践经历、技能特长、获奖情况等来表现。

第三，具体可感。简历中能证明个人能力的内容，如实习经历、工作经历等，要细致描述，写出自己技能或专业在哪些方面得到怎样的提高，或者具体做了哪些工作，取得了哪些成效。多用数据量化取得的成绩，如"2017年10月，获得校特等奖学金，5000名学生中唯一获奖者"，这会让人觉得真实可信。

第四，美观艺术。求职简历书写要规范，排版整洁美观，让人赏心悦目。简历一般使用宋体、仿宋体或楷体字，尽量不用花哨的艺术字体；一定不能有错别字。

求 职 信

任务驱动

2018年11月，武汉软件工程职业学院即将举办大型校园专场招聘会。招聘会前夕，学校招生与就业工作处指导老师给全体大三学生举行了一次专题讲座，建议同学们根据个人专业特长、兴趣爱好等选准应聘企业和岗位，针对企业和岗位要求，在精心设计个人求职简历的同时，最好还起草一份求职信，与求职简历互为补充，同时呈送给公司招聘专员，以更好地推销自己，增加应聘成功的概率。假如你是一名准备应聘的大三学生，你将如何书写这封求职信？

【范文赏析】

求 职 信

尊敬的王经理：

您好！

首先感谢您在百忙之中阅读我的求职信。希望这封信能使您事业的利船再添一叶新帆，也使我获得一次搏击长空的机会。

我是一名即将从江西农业大学毕业的大学生。从小我便养成了好学上进、勤奋务实的作风。自踏入大学校门的那一天起，我不仅认真学习专业基础知识，而且投入了相当的精力和热情学习管理、策划、营销、外语等方面的知识。知识只是基础，利用知识的能力才是最重要的。大学期间，我注重能力的培养，积极参加校园内外的活动。校园实践方面，我担任了本校外文学社副会长一职，策划了多项校园活动。在社会实践方面，我发挥自身所长，成功接待了第五届中国农民运动会晋蜀代表团，台湾中华中小企业联合会赴南昌投资考察团等团队。这些极大地丰富了我的社会阅历，提高了我的实践能力。随着社交的频繁，视野的开阔，知识的充实，我的洞察力、承压能力、判断能力、交际能力、语言表达能力、思想觉悟以及个人修养等诸多方面都得到锻炼和提高。特别是我的适应能力的增强更是使我具有相当的发展潜力。而我诚实守信、处事认真负责的个人风貌也赢得了老师、同学、公司、同事的赞扬。但是，作为一个面临就业的应届大学毕业生来说，步入社会的时间不长，我的社会经验不如前辈们丰富。但我极强的可塑性，我对工作的热情以及我务实自律的个人作风是我的优势。我相信我能很快适应贵公司的发展，并尽我所能助公司发展壮大。

尊敬的王经理，相信您在看了以上介绍后，对我已经有了大概了解。我十分渴望成为贵公司众多辛勤员工中的一员。如果我能如愿被公司录用，我一定不辜负您的期望，努力工作，充分发挥我的才智，为公司的发展壮大奉献我的光和热。

感谢您在百忙之中所给予我的关注。祝贵公司事业蒸蒸日上，祝您的事业百尺竿头，更进一步！

希望领导能够对我予以考虑，我热切期盼您的回音。谢谢！

求职人：敖勇
2011年12月

（资料来源：钱立静，郑晓明．新概念高职应用写作．北京：高等教育出版社，2012. 略改）

［简评］ 这是一封颇具特色、言之有物的应聘信。求职人没有简单重复求职简历的信息，而是运用典型事例，着重突出自己的能力、修养和觉悟，并诚挚表达了加入公司的愿望、努力工作的态度和为公司创造价值的信心。全文字里行间热情洋溢，态度不卑不亢，脉络清晰，重点突出，语言流畅，是一封优秀的求职信。

【知识聚焦】

求职信和求职简历一样，目的就是要引起招聘者的兴趣，达到成功推销自己的效果。在求职过程中，一封漂亮的求职信就像一位出色的"使者"，可以在求职者与用人单位见面之前，展现求职者的能力与魅力，伴随着求职简历，附加一份求职信，可以增加获得面试的机会。

一、求职信的含义

求职信是求职者以书信方式举荐自己，表达求职愿望，陈述求职理由，以获取某个职位的专用书信。

求职简历必不可少，求职信则可有可无，二者各司其职。相对于求职简历的全面精练，求职信要对简历的重点内容进行综合介绍、补充说明和深入扩展。比如，求职者想特别强调的特殊能力和经历，或者某项重要工作成就，这些在客观性较强的简历中就很难办到。但在求职信中，运用一些主观性描述进行强调和补充，完全可以做到并做好。

二、求职信的类型

求职信一般有自荐信和应聘信两种：

自荐信是求职者有目的地寻找适合自己的单位，主动向某单位介绍自己的情况，自我推荐，申请某种职位的书信。

应聘信是根据对方的招聘广告，应聘某一职位的书面申请。应聘信要开门见山说明通过何种渠道获知应聘信息和自己想申请何种职位。

三、求职信的特点

第一，自荐性。求职信和求职简历一样，目的就是推荐自己，以获得自己想要的工作岗位。在写作中，求职者要具体清晰地描述自己的专长和技能，积极向用人单位自我推荐。

第二，针对性。求职者要根据招聘岗位的特点和要求，写出个人与岗位相契合的经验、能力和成绩等。

第三，礼仪性。求职信应该谦和有礼、用语得体、称呼准确、问候真诚、祝颂热诚，给用人单位留下良好印象。

四、求职信的写作格式

求职信要简洁明了，一般不超过1000个字，基本写作格式如下：

（一）标题

求职信的标题通常仅由文种名称组成，即在第一行中间写上"求职信"三个字。

（二）称谓

求职信一般顶格写明用人单位人事部门负责人的姓氏加上职务，姓氏前要加上敬语，如"尊敬的王经理"。如果是初次交往，对收信者并不熟悉，可以直接称职务头衔，如"尊敬的经理"。

（三）正文

求职信的正文一般由开头、主体、结尾三部分构成。

1. 开头

求职信的开头首先致问候语，接着自报家门，说明写信的缘由，想申请的职位。如果是应聘信，应先写出信息来源渠道，以及意欲应聘的想法。如"本人近日在《××晚报》上获悉贵公司招聘销售代表一职，自认符合贵公司的招聘要求，特此应聘。"

2. 主体

这一部分是求职信的关键部分，要围绕职位目标，充分展示个人能力。首先，可以说明求职者为什么对该单位和该职位感兴趣。其次，介绍求职者的教育背景和相关经历，证明自己如何有资格申请这一职位。突出强调所取得的成就或过人之处，如工作能力、工作成绩、创新成果等，但不要简单重复简历中的内容，而是对简历相关内容进行补充和升华。再次，强调自己的能力与所申请职位之间的契合，说明能够如何为单位作出贡献。最后，表达自己希望得到此工作的迫切心情，以及自己对此工作的态度和被录用后的计划和打算。

3. 结尾

求职信的结尾可再次强调自己的求职愿望，如"非常希望能成为贵公司一员"、"如蒙选中，必将尽心竭力"；提醒对方阅读自己的简历，表达想获得面试机会的愿望，如"随信附上我的求职简历，如有机会与您面谈将不胜荣幸。"最后写上简短的祝颂语，表达敬意和祝愿。

（四）落款

求职信的落款，就是在正文右下方署上求职者的姓名及成文日期。

五、求职信的写作要求

求职信写起来不难，但写好不易，既要有吸引力，又不落俗套，还要突出自己的个性和特长。其写作要注意以下四点：

第一，重点突出。求职信写作重点一是突出个人能做什么，包括学习能力、工作能力、个人专长等；二是突出做成了什么，如所获奖励、工作成就等。

第二，真实热诚。写求职信一定要本着求真务实的态度，切不可弄虚作假，展示自己能力的同时要客观谨慎，以事实为依据，以数据为准绳，切忌高谈阔论。同时，要表现出对工作的向往和热诚，展现出能胜任职位的信心，让人感受到活力和激情。

第三，态度谦逊。求职信态度需谦虚诚恳，语气委婉，多用尊称和敬语，如"您""阁下""敬请""盼望"等。

第四，格式规范。求职信既然是一种书信文体，就要遵从书信的写作格式，称呼、问候、祝颂、署名、日期等内容都要具备，且要格式规范。

任务二

演讲稿

任务驱动

> 2018年11月，武汉软件工程职业学院举办了大型校园专场招聘会。李晓辉同学将自己精心设计的求职简历和字斟句酌的求职信呈交给了一家比较知名且专业对口的公司。公司招聘专员对他的求职文书颇为满意。当天下午举行的笔试也顺利过关。第二天上午，公司举行面试，他和6名同班同学竞聘同一职位，每个人首先要作5分钟的竞聘演讲。竞聘演讲词该如何写呢？李晓辉犯难了。请你代李晓辉写一份竞聘演讲词。

【范文赏析】

国企办公室主任助理竞聘演讲稿

各位领导、各位评委：

大家好！我叫×××，25岁，中共党员，大学本科学历。今天，我参与办公室主任助理岗位竞聘，心情非常激动。感谢领导为我们创造了这次公平竞争的机会，让年轻人有更多的可能去实现自己的人生价值。

我认为我竞聘办公室主任助理一职，主要有以下三个优势：

一是我有充沛的激情和自信。我不仅有健全的体魄、充沛的精力，而且有年轻人特有的朝气与工作的激情。不仅有雷厉风行的作风，而且有敢抓敢管、敢作敢为的魄力。更重要的是，我有优秀共产党员所普遍具备的吃苦耐劳、朴实无华的品格。

二是我具有较强的组织协调能力。大学期间，我先后担任过大学生自我管理办公室主任、院学生会文艺部副部长、院团委社会调查部部长、院团委副书记等职务，先后组织、策划过多次的大型文艺晚会、社会调查、社会实践活动，长期担任学生干部的经历使我具备较强的组织协调和果断处理事务的能力。参加工作后，担任团支部书记的工作经历，又使我完成了由学生时代的工作方式向社会化和成人化的转变，使我的组织协调能力有了更好的完善和提高。

三是我具有较强的图文综合处理能力。写作和摄影既是我的两大爱好，也是我的特长和专长，在大学期间，我曾经先后参加过中文写作和摄影艺术专修班的系统学习，有多幅摄影作品和文章被校报、日报采用。参加工作以来，我充分发挥、挖掘自己的图文处理能力，积极利用业余时间宣传报道我单位员工感人的事迹。

如果这次我能够竞争上这个岗位，我将从以下几个方面努力开展工作：

一是加强学习，提高素质。在办公室主任的领导下，一方面加强政治理论学习，一方面加强业务知识的学习，同时还要加强科技、文化知识等其他方面的学习。通过不断学习，提高自身的综合素质和业务能力，更好的完成工作任务。

二是尽心尽责，充分发挥助手和纽带的作用。我想作为一名助理关键是要找准自己的定位，做到办事不越权、不越位；工作不拖沓、不含糊；矛盾不上交、不下压。要善于和敢于承担责任，推动工作，注意当好"副手"，协助主任做好各项工作，真正让领导放心、员工称心。

三是工作做到"三勤"。作为办公室主任助理，在工作中要做到"三勤"：腿勤，不怕多跑路，不怕多流汗，舍得花力气，把工作做实做细；"脑勤"，勤学善思，注重研究问题，解决工作中的难点问题，为领导多出点子，多献计策；"嘴勤"，多向领导汇报情况，多向科室和有关部门通报情况，加强沟通，密切协作，提高工作效率。

有人说办公室工作十分清苦，是件苦差、杂差。但我认为办公室工作是一首歌，只要你细心耕耘，精心谱曲，照样能苦中取乐，弹奏出精彩的乐章！虽然我还年轻，经验难免不足，但我一定会殚精竭虑，不负重托！请大家相信我，请各位领导考验我！

我的演讲结束了，谢谢大家！

（资料来源：https：//www.360kuai.com，2019年5月）

［简评］ 这份演讲词是工作竞聘演讲，演讲者针对竞聘岗位"办公室主任助理"一职，首先介绍了个人的基本情况，接着着重写个人的竞聘优势，介绍了自己的工作经历、经验，突出了工作能力和竞争优势，最后就"今后如何开展工作"提出了三点想法。全文竞聘目的明确，优势突出，层次清晰，逻辑性强，口语性强，是一篇优秀的竞聘演讲词。

【知识聚焦】

演讲稿是人们在工作和生活中经常使用的一种文体。它可以用来交流思想感情，表达见解主张，也可以用来介绍自己的学习、工作情况和经验等，具有宣传、鼓动、教育等作用。

一、演讲稿的含义

演讲稿也称演说辞，它是在较为隆重的仪式上和某些公众场所发表的讲话文稿。演讲稿体现着演讲的目的和手段、内容和形式。

演讲是演与讲的有机结合。它是演讲者在特定时空中，凭借有声语言和相应的体态语言，郑重系统地发表见解和主张，从而达到感召听众、说服听众、教育听众目的的艺术化语言交际形式。

二、演讲稿的类型

根据内容性质的不同，演讲稿分为以下三类：

第一，政治鼓动类。这是指政治家或代表某一权力机构的要员阐述政治主张和见解的演讲稿。政治家的竞选演说、各级领导的就职演说和施政演说都属于这一类。如《林肯在葛底斯堡的演讲》。

第二，思想教育类。这是针对现实生活中人们的思想动态、思想倾向和思想问题发表的演讲，讴歌真善美，鞭挞假恶丑。这类演讲稿适用于主题演讲会、演讲比赛、巡回报告等。

第三，学术交流类。学术演讲稿是传播交流科学知识、学术见解及研究成果的演讲文稿。这类演讲稿对讨论的问题要有独特的发现和独到的见解。

视频 1-4　演讲稿的写作要点

三、演讲稿的特点

演讲稿一般具有以下特点：

第一，针对性。演讲是一种面对面的宣传形式，能打动听众，能"征服"听众的演讲就是好的演讲。因此在写作时必须深入分析现场听众的心理、文化层次、兴趣爱好和职业特征，投其所好来设计演讲内容和形式。

第二，鼓动性。好的演讲稿具有进步新颖的思想观点、具体翔实的内容材料、无可辩驳的逻辑力量、生动幽默的修辞力量，起到感染听众、鼓舞听众和教育听众的作用。如果演讲稿写得平淡无味，毫无新意，即使在现场"演"得再卖力，效果也不会好，甚至适得其反。

第三，口语性。演讲稿的最终目的是用于演讲，口语性是其鲜明的特征。演讲稿讲究"上口"和"入耳"。"上口"即讲起来通达流利，"入耳"就是听起来非常顺畅，没有什么语言障碍，不会发生曲解。

四、演讲稿的写作格式

演讲稿的基本结构一般由标题、称谓、开场白、主体和结尾五个部分构成。

（一）标题

标题是演讲稿的"眼睛"，是全篇的定音之弦。好的标题不仅能吸引听众注意，还能够统摄全文，突出演讲的主题。标题要贴切、醒目、精练，用最简洁的语言表达最丰富的内涵，如《我不是一张牌》。可以是单标题，如《用梦想撑起蓝天》；也可以是双标题，如《走向社会，追求梦想——在毕业生联欢晚会上的演讲》，正标题概括演讲的主题，副标题说明演讲的性质。

（二）称谓

演讲的场合不同、对象不同，称谓也就不同，常用的是"同志们""朋友们"等。还可以加定语以渲染气氛，如"尊敬的各位领导、各位同事""年轻的朋友们"等。

（三）开场白

开场白是演讲者与听众之间的第一座桥梁，演讲的开场白要以精彩的导语、新奇的形式，先声夺人，控制住全场，吸引听众注意，博得听众的信任与好感，把听众的思路自然而然地引导到正文上来。

演讲者在设计开场白时往往煞费苦心，形式多样：

1. 落笔入题，开宗明义

2009年新东方学校校长俞敏洪在北大演讲时，开场白就采用了单刀直入法，他说："北大是改变了我一生的地方，是提升了我自己的地方，使我从一个农村孩子最后走向了世界的地方。毫不夸张地说，没有北大，肯定就没有我的今天。北大给我留下了一连串美好的回忆，大概也留下了一连串的痛苦。正是在美好和痛苦中间，在挫折、挣扎和进步中间，最后找到了自我,开始为自己、为家庭、为社会能做一点事情。"

2. 渲染气氛,以情动人

著名素质教育家郭天祥在一次演讲中,一开场就饱含热情,营造出热烈的气氛,他说:"生命的每一次重逢绝非偶然,我做梦都没有想到今天能与大家在此相逢,这是我们几千年来有约而今天才能有缘相识、相逢。让我们为这种相逢、这种缘分给一个热烈的掌声。上下几千年,人口近百亿,你我能相识,相聚在一起,你说珍奇不珍奇。所以想你应该,爱你应该,祝福你更应该!"

3. 设置悬念,幽默风趣

著名学者李敖在北京大学做演讲时,就悬念迭起,语惊四座:"我在这儿有很多人眼睛看着我,说李敖骂过国民党骂过民进党,骂过老美,骂过小日本,今天你在北京,你敢不敢骂共产党?很多人不怀好意,幸灾乐祸看着我。我告诉你,我先不骂共产党,我先赞美共产党和国民党曾经打倒的势力,那就是北洋军阀,为什么赞美北洋军阀,大家知道吗?北京大学怎么出来的?是北洋军阀;什么人叫蔡元培校长做北京大学校长?(那时候他是国民党人的身份),是北洋军阀。北洋军阀有这个肚量把全国最好的大学交给和他敌对的一个政治势力的首敌……"

还有的开场白采用回忆往事的方式引入正题;或引用哲理名言,统领主题等。好的开场白没有固定的格式,但引人入胜、言简意赅是基本原则。

(四)主体

主体部分是演讲稿的主要部分,是对演讲主题的逐渐展开、丰富和深化。如果说开场白以"巧"和"新"吸引听众注意,激发其好奇心,那么主体的作用则在于使人相信、认可演讲者的观点、见解和看法,与演讲者在情感上形成共鸣,并将演讲一步步推向高潮。

在表达方式上,要能让听众明白所讲述的是一件什么事情,这件事情的重点和重心又何在;要让听众听懂所议论的是什么话题,这个话题与现实的密切联系是什么,对其生活又有何启示性作用;要能让听众从理性上认可演讲者的见解,从感性上认同演讲者抒发的感情,从而达成共识。

在行文的过程中,要处理好层次、节奏和衔接等几个问题。

1. 层次清晰明了

层次是演讲稿思想内容的表现次序,它体现着演讲者思路展开的步骤,也反映了演讲者对客观事物的认识过程。演讲稿的层次清晰,听众才会觉得言之有物,才会感觉有收获。根据听众以听觉把握层次的特点,显示演讲稿结构层次的基本方法就是在演讲中树立明显的有声语言标志,以此适时诉诸于听众的听觉,从而获得层次清晰的效果。此外,演讲稿用过渡句,或用"首先""其次""然后"等语词来区分层次,也是使层次清晰的有效方法。

2. 节奏张弛适度

节奏是指演讲内容在结构安排上表现出的张弛起伏。演讲稿的节奏主要是通过演讲内容的变换来实现。优秀的演说家都擅长围绕演讲主题,适当地插入故事、诗词、格言等内容,使听众的注意力既能保持高度集中而又不因为高度集中而产生兴奋性抑制。优秀的演说家几乎都擅长使用这种方法。

3. 衔接巧妙自然

衔接是指把演讲中的各个内容层次联结起来,使之浑然一体。由于演讲的节奏需要适时变换,因而易使演讲稿的结构显得零散。演讲稿运用过渡段或过渡句连接上下两段,使内容层次变换自然,使演讲稿富于整体感。

（五）结尾

卡耐基曾说过："最后的也是最重要的，缄口之前挂在嘴边的词儿，可能使人记得最久。"一篇之妙往往在于落句，整个演讲犹如画龙，演讲的最后则犹如点睛。好的结尾能揭示题旨，加深认识，给听众留下完整深刻的印象；能收拢全篇，使通篇浑然一体；能鼓动激情，促人深思，令人觉醒，能让听众在反复回味中受到教育和启发。

演讲稿的结尾多种多样，不拘一格，较为常见的结尾方式有以下几种：

1. 总结式

即用极其精练的语言，对演讲内容和思想观点作概括性总结，以突出中心，强化主题。

2. 号召式

这种结尾是演讲者以慷慨激昂、扣人心弦的语言，对听众的理智和情感进行呼唤，或提出希望，或发出号召，或展望未来。

3. 决心式

以表决心、发誓言的方式结尾。这种结尾感情饱满，态度鲜明，激情奔放，有助于坚定听众的信念，增加演讲感召力。

4. 抒情式

即以抒情怀、发感慨的方式结尾。演讲本身是一种思想和激情的燃烧，用抒情怀、发感慨的诗情画意的语言结尾，最易激起听众心中情感的浪花。

5. 名言式

即通过引用名言、警句、谚语、格言、诗句等作为结尾，不仅精炼、生动，富有节奏和韵律，而且使演讲的内容丰富充实，具有启发性和感染力，给人生动活泼、别开生面之感。

6. 启迪式

即讲演者用发人深思、启迪心智的语言作为结束语。其结论往往略去不提，让听众结合演讲的内容去思考，从中得出结论。

7. 祝贺式

诚挚的祝贺和赞颂本身就充满了情感的力量，最易拨响听众的感情之弦，产生共鸣。所以，用祝贺或赞颂的言辞结尾，能造成热情洋溢、欢乐愉快的气氛，使人在愉快中增加自豪感和荣誉感，激励人们满怀信心创造未来。

无论以什么方式结尾，都要做到卒章显志、干脆利落、简洁有力，切忌画蛇添足、节外生枝。

五、演讲稿的写作要求

演讲稿的写作，既要遵循写作的一般规律，又要掌握自身的写作技巧。

（一）明确主题

主题是演讲稿的灵魂，是演讲的宗旨所在。一篇演讲稿最好只有一个主题。只有主题集中，观点鲜明，演讲才能在有限的时间内，向听众讲明一个问题或道理，同时又感染、鼓动、教育听众。演讲稿主题的基本要求是：明确、积极、深刻、新奇、时代感强。

（二）精心选材

材料是演讲稿的血肉。从一定意义上讲，演讲是以材料说话的。演讲稿材料求实、求精、求新，避免泛泛而谈或细节过多，要突出材料的现实性和生活性。

首先要围绕主题筛选材料。材料是主题形成的基础，又是表现主题的支柱。演讲稿的思想观点必须靠材料来支撑，材料必须能充分地表现主题，有力地支持主题。另外，还要选择那些新颖的、典型的、真实的材料，使主题表现得更深刻、更有力。

其次，材料的选择还要考虑到听众的情况。听众的政治素质、社会地位、文化教养，以及心理需求等，都对演讲有制约作用。因而，选用的材料要尽量贴近听众的生活，这样，不仅容易使他们心领神会，而且听起来也会饶有兴味。

（三）构筑高潮

一个成功的演讲，至少会出现一次高潮，它说明演讲者与听众之间在感情上产生了强烈共鸣。它既是演讲者感情最激昂、气势最雄劲的时刻，也是听众情绪最激动、精神最振奋的地方。在写演讲稿时，要精心设计高潮部分，而不是等待高潮部分在演讲过程中自然出现。高潮有时最集中地体现出演讲者的思想观点，是全篇精华所在；有时是在宣泄演讲者的爱憎喜怒，是整篇演讲的情感制高点；有时则出现在格言警句部分，充分表现出演讲语言的精练美。

（四）注重修辞

为了增强演讲稿语言的表现力和感染力，常常需要调用多种表现手法和修辞手法。在演讲中，常常使用设问、反问、设悬念等引起听众兴趣，激发人们思考；用排比、对偶、反复句式来加强语言的气势，给听众造成快节奏的流动感；用比喻、借代、夸张的修辞手法，将复杂深奥的问题讲得生动明了；用幽默、反语、双关的修辞手法来激活听众情绪。

任务三
启事

【任务驱动】

2019年11月，武汉软件工程职业学院即将举办大型校园专场招聘会。你十分中意的一家名气较大且专业对口的公司将前来招聘一批大三学生，作为公司准员工前去顶岗实习。公司要通过网站、报刊、学校招聘信息公告栏等媒体发布这一消息。请你搜集公司相关信息，代公司起草这则招聘启事。

【范文赏析】

武汉杰威信息技术有限公司招聘启事

现因工作需要，特向社会公开诚聘软件开发工程师10名。

【职位描述】

职位类型：技术

发布时间：2019-10-14

有效日期：2019-12-14

基本要求：年龄不限，性别不限

工作地点：武汉

【基本工资】

5000~8000元/月

【工作内容】

1. 负责或参与WEB端平台的前端页面开发；
2. 根据产品需求，分析并给出最优的页面前端结构解决方案并完成效果实现；
3. 负责前端页面开发制作和维护，配合或者完成后台开发实现页面、界面相关功能；
4. 根据功能需求，定义和优化产品用户体验及交互效果；
5. 参与项目计划、需求文档，测试用例、模块设计的评审。

【职位资格要求】

1. 三年以上JavaB/S系统开发经验，有中大型业务或应用系统实际开发经验；具备良好的前端或服务端开发经验，二者俱佳优先考虑；
2. 精通JavaEE技术架构，熟悉主流框架Springcloud、Springboot、SpringMVC、MyBatis、JQuery、HTML5、JSP等；
3. 精通mysql、oracle等数据库，可以熟练操作数据库；
4. 有针对公用事业行业相关经验者优先。

【职位技能要求】

1. 熟练使用JAVA开发
2. 掌握软件项目开发流程
3. 熟练使用数据库

【面试地点】

武汉市东湖高新关山大道光谷时代广场A座×××室

联系人：楚小姐，13800000000

有意者请携带个人简历、身份证、学历证、任职资格证及个人业绩相关证明的原件和复印件。

2019年10月14日

（资料来源：https：//zhaopin.baidu.com/szzw? query，略有改动）

[简评] 这则招聘启事格式比较规范，由标题、正文、落款三部分组成。正文又分为开头、主体、结尾三部分：开头一句话交代了招聘的目的和对象；主体部分从职位描述、招聘条件、应聘要求三个方面说明了软件工程师的工作职责（干什么）、应该具备的条件（什么样的人能干）、如何应聘（怎么办）；结尾部分告知了联系电话和面试地点。全文条理清晰，言简意赅，语言得体。

【知识聚焦】

不论是公事还是私事，不方便用通告或者公告等公文文种行文时，多采用启事。如不小心丢失了东西，可张贴"寻物启事"；拾到了什么东西，又不知失主是谁，则写"招（寻）领启事"等。启事不像声明那么严肃郑重，也不如通知那样具有强制性，它更贴近生活，适用广泛，使用简便快捷。

一、启事的含义

启事是党政机关、企事业单位、社会团体或个人，需要向公众说明某事或希望公众协助办理某事时使用的一种应用文书。"启"即告知、陈述，"事"即事情，"启事"就是公开告知别人某种事情。

二、启事的类型

启事的种类很多，根据启事事项的不同，一般分为以下四类：

寻领类启事：寻人启事、寻物启事、招领启事等。

征招类启事：征文、征订、征集设计启事；招生、招考、招聘启事等。

周知类启事：开业启事、迁址启事、变更启事、婚庆启事等。

声明类启事：遗失启事、更正启事和其他声明启事等。

三、启事的特点

第一，公开性。启事所涉及的内容必须是需要向社会大众公开陈述的有关事项，它往往采用多种多样的发布途径和发布形式；既可以抄写张贴在公共场所，也可以制成印刷品广泛传播；既可以在报刊登载，也可以利用广播、电视、网络传播。

第二，知照性。启事对公众没有强制性和约束力，发布启事的单位或个人与告知对象之间在行政上并没有隶属关系，它不能硬性规定人们必须收看、阅读，更不能强制别人必须办理、执行，只能用商洽的语气陈述有关事项。

第三，简明性。启事的事项要单一，无论是登报、广播、电视或张贴，启事都要写得十分简明，有的启事三言两语，有的启事用单行单句排列内容，竭力做到一目了然。

四、启事的写作格式

启事通常由标题、正文、落款三部分组成。

（一）标题

首行正中写标题。标题的写法多样：由"启事单位＋事由＋文种"构成，如《四川美丰化工股份有限公司招聘启事》；由"事由＋文种"构成，如《招领启事》《开业启事》；由"启事重要或紧急程度＋文种"构成，如《重要启事》《紧急启事》；仅由文种"启事"二字构成；仅由"事由"构成，如《寻人》。

（二）正文

标题下一行空两格开始写正文。不同类型的启事正文内容有所不同，一般包括：启事的目的、意义、内容、要求、条件、具体办理方法等。正文写法形式多样，可以一段到底，也可以分段写，内容多的宜逐条分项写清楚。

招聘启事，要写明招聘单位、招聘工种、招聘人数、应具备的条件、报名事项及考核录用办法，有的还需说明待遇。

寻物启事是个人或单位丢失物品，希望通过启事得到帮助找回物品的一种应用文。寻物启事一般可张贴于丢物的地点，或贴在单位门口或街巷较显眼的位置，有的寻物启事刊登在报纸杂志上。寻物启事写作要求：写明丢失物的名称、品牌、外观、规格、数量等，同时要写明丢失的原因、时间和具体地点；交待清楚拾物者送还的具体方式，或注明发文者的详细地址、联络方式等；寻物启事是求人协助寻找的，故除文中写些表谢意的话外，还可以写明给以拾到者必要的酬金之类的话，以表达重视和诚意。

寻 物 启 事

本人不慎于 2018 年 3 月 25 日乘七路公共汽车时，将部队复员证、驾驶证、复员介绍信等重要证件遗失在车上。当天我在望海路上车，湾仔路下车。如有拾到者请与××厂机修车

间×××联系，必有重谢。联系电话：13000000000

启事人：李想
2018 年 3 月 26 日

开业启事是商店、饭店、旅馆、加油站等各种服务性经济实体以及各类公司开始营业时，为招徕顾客、促进效益所发布的一种启事。它可以张贴在自己的门面或其他合适的地方，也可以在各种媒体上发表。开业启事的主要功能是宣传自己，让更多的人知道自己、熟悉自己，以期取得良好经济效益。开业启事一般要写明企业性质、宗旨、经营范围及地址、电话等，一般还会写上"欢迎惠顾"一类词语。有的开业启事还写上负责人的姓名，有的甚至另列上祝贺单位名称，以显热烈隆重。

××加油站开业启事

××加油站定于 2018 年 10 月 18 日上午 8 点正式对外营业。本加油站由国家一级企业××炼油厂和××工业公司联合经营，是本地区投资规模最大，设施最先进完备的经营服务性企业。本站服务宗旨：保质保量、价格合理、热情服务、用户至上。

本站汽、柴油由炼油厂直接供应，汽油内加有清洁剂，可显著减少机车的结碳、油汀现象，质量稳定可靠。本站另设有新华润滑油厂产品专柜，优惠供应各种小包装润滑油，量大可按出厂价供应。

本站实行全天候 24 小时服务，内设小卖部、客户休息室，本站对所有供油客户提供优质服务：优惠洗车、优惠换机油、免费充气、免费供应茶水。尤对定点供油车辆的客户开设全方位"五免费"服务：免费送油上门；免费洗车；免费换机油；免费充气；免费供应茶水。

本站地处沪太路 3101 号，大场立交桥北 800 米（马桥营房东大门对面）加油车辆进出备有双向车道。热忱欢迎驾驶员及各方人士光临惠顾！

××加油站
2018 年 10 月 10 日

庆典启事，是党政机关、社会团体、企事业单位举办有关庆祝或纪念活动时，由筹办单位、部门向社会各界及有关人员告知庆典事宜的启事。正文一般包括五项内容：庆典缘由；庆典活动安排，其中时间、地点、组织接待、内容、参观人等事项；其他有关事项及要求；欢迎参加庆典活动的结束语；单位地址、联系人、联系方式等。庆典启事正文中的各项内容要写得具体、清楚，要让人明白邀请的是哪些人，参加庆典活动应做什么准备。对从异地前来参加庆典活动的代表，还应告知接待时间、地点、接站方式或交通路线等事项。

搬迁启事，一般要写清迁移日期、新址、电话以及方便联系的有关事项。

正文后可以写上"此启"或"特此启事"等结束语，也可不写。

启事结尾一般包括联系地址、联系人、联系电话、电子邮件等。

（三）落款

落款包括启事单位及日期。如果标题或正文中已写明单位，此处可省略。以机关、团体、单位名义张贴的启事，一般应加盖公章。

五、启事的写作要求

第一，一事一启。启事事项单一，便于公众理解和记忆，也便于他人提供帮助。

第二，言简意明。启事要精练简要，通俗易懂，不要写得雾里看花，不得要领。

第三，用语礼貌。启事措辞要礼貌，注意适当运用一些表示欢迎、希冀、感谢之类的语句。

任务四 条据

【任务驱动】

2018年11月，武汉软件工程职业学院举办大型校园专场招聘会。你应聘了一家名气较大且专业对口的公司，求职材料通过初选后，于当天下午参加了笔试。笔试其中一道题是："我公司产品生产部拟于本周五举行部门全体员工大会，需要向公司后勤服务部请用公司多功能会议室半天，且要请该部派一名专业技术人员负责会场的电子设备调试及维护。请你代产品生产部起草这份文书。"请你尝试草拟这则文书。

【范文赏析】

借 条

今本人向学校后勤处李东阳老师借到桌子5张、凳子15把和戴尔1430X投影仪一部，用于学生会开展"厉行节约，反对浪费"主题活动。借用时间为2018年4月5日至4月6日，4月6日下午归还，绝不延误。如有损坏，照价赔偿。

此据。

物流管理大二（3）班：张晓琳
2018年4月5日

[简评] 该借条正文写清了向谁借了什么物品，物品的数量、型号、用途，借用时间，拟归还时间，若损坏将怎么办等内容，言简意明，格式规范。

【知识聚焦】

一男子因交通事故意外死亡，身上的一张借条引发了纷争乃至法律诉讼，类似的案例不胜枚举。借条只是条据中的一类，条据的使用十分广泛，它是在公私事务中用来作为凭证或用来说明情况的文章，既可为单位、团体所使用，也可为个人所使用。

视频1-5 一字百万——凭证性条据的写作

一、条据的含义

条据是人们处理日常临时性事务时，起到说明或凭证作用的一种简便应用文。要告知别人事情或者托人办事，对方不在，就写个纸条给对方，这就是便条，也称为"条"；有时收到、借到、领到一些钱物，要给对方写个字据作为凭证，这就是收据、借据等，也称为"据"。"条"和"据"有时可以互用，如"借据"有时也称"借条"。

二、条据的类型

按照性质的不同,条据可分为说明性条据和凭证性条据两大类:

说明性条据又称函件式条据,通常指用来传递信息、道明原委的条据,其作用是向他人解释说明某一事情,或向他人发出请求。常用的说明性条据有请假条、留言条、托事条和约见条等。

凭证性条据是为证明某一事实或契约而出具的条据,这类条据一般要求出据者在某一事实或契约发生前写作完毕,交由接收者作为信誉的保证和凭据加以保存。常用的凭证性条据有借条、欠条、收条、领条和售条等。

三、条据的特点

第一,简便性。条据最大的特点是"便",写起来简便,看起来方便,用起来灵活,纸小而作用大。

第二,单一性。条据一般一文一事,且就事论事,对说明的事情用简洁的文字表达清楚即可。

第三,规范性。条据有相对固定的格式,内容涉及钱物的名称、用途、时间、数目等重要信息,其语言要规范、准确、缜密。

四、条据的写作格式

(一)说明性条据的写作格式

说明性条据由标题、称谓、正文和落款构成:

1. 标题

一般由"文种名称"构成,如"留言条",写在首行正中。

2. 称谓

在标题下一行顶格写受文者称谓。

3. 正文

另起一行,空两格,告知说明的事项。

4. 落款

在正文右下方写明留条者的单位、姓名及日期。

(二)凭证性条据的写作格式

说明性条据由标题、正文、尾语和落款构成:

1. 标题

一般由"文种名称"构成,如"代收条",写在首行正中。

2. 正文

另起一行,空两格,写明钱物名称、数量、归还日期等。凭证性条据往往会在正文开头写明条据的性质、关系,如"今收到""今借到""今领到"。

3. 尾语

在正文下一行写上"此据"二字,也可省略。

4. 落款

在正文右下方写明留条者的单位、姓名及日期。凭证性条据一定要有个人亲笔签名或手印,以单位名义出具的一定要加盖单位公章才能生效。

五、两种常用条据示例

(一)请假条

请假条是请假者因事、因病等不能参加某项工作、学习或活动时,向有关部门或负责人说明原因、请求准许缺席的文书。有时请假需要提交相关证据,如医生证明、电传等,则附在请假条后面。

请 假 条

公司党总支:

因我母亲突患疾病,需住院治疗,故不能参加本周六的党课学习和其他活动。

望批准!

张××
2018 年 5 月 8 日

请假条的写作要求:

1. 实事求是。写清请假的理由,不夸张、不伪饰,避免"找借口"之嫌。

2. 本人手书。请假条一般由本人写,如由特殊原因由他人代写,需在正文中说明。请假条一般手写,如果打印,落款处的姓名一般需要手写,以示郑重其事。

3. 言简意明。请假条要简洁明了,写明为什么请假、请假的起止时间和希望得到批准即可。

(二)借条

借条是在借到钱物时,写给被借者留存的字据,起凭证作用,是索回钱物的依据。

借 条

今王强(身份证号:42010619880324000)借给张宏(身份证号:43172819950607000)人民币壹万元整(¥10000.00元),借期自2018年2月9日至2018年8月8日,期限6个月,利率为每月0.8%,利息共计人民币肆百捌十元整(¥480.00元),全部本息于2018年8月8日一次性偿还。

此据。

借款人:张宏
2018 年 2 月 9 日

借条的写作要求:

第一,要素齐备。借条一般包括债权人姓名、借款金额(本外币)、利息计算、还款时间、债务人姓名、借款日期等要素。有的借条还包括违约(延迟偿还)罚金、纠纷处理方式等。

第二,书写规范。借条要准确简练,避免产生歧义。涉及的人名需用身份证上的全名。落款年月日要正确、齐全。钱物数量要大写,且要写清币种。借条一般手书,若打印,立据人须亲笔签名甚至加盖手印,宜用黑色或蓝黑色墨水书写,不得用铅笔或较易褪色的笔墨书写。保持文面干净整洁,无错别字,无涂改。万不得已需要更改,需经对方同意,在改动处加盖印章或按下手印。

任务五

申请书

任务驱动

你在××××年11月学校举办的大型校园专场招聘会上应聘成功了，和公司协商后，拟于次月1日进入该公司顶岗实习半年。根据学校学生就业相关规定，你需要向学校提交一份《顶岗实习申请书》，并附上相关证明材料，经学校同意后方能奔赴实习岗位。你知道应该提交哪些证明材料吗？现请你起草这份申请书。

【范文赏析】

离职申请书

尊敬的公司领导：

  2014年7月，我从××中医大学毕业进入本公司生产部工作，至今已经四年。四年来，在各级领导和同事们的悉心关心与精心培养下，较好地履行了工作职责，顺利完成了各项工作任务。由于远在××省的年迈父母需要照料，特申请辞去现任职务。

  在本公司，我有幸得到了领导和同事们的倾心指导与热情帮助，和公司一起成长和进步，思想上有了更成熟与深刻的人生观、价值观，具备了较高的职业素养，学到了很多中药生产的标准化工艺知识以及公司正规管理模式。四年的工作经验是我人生宝贵的财富，这于我的个人成长和职业发展具有重要意义，我非常珍视这段经历，很庆幸自己成为公司的一员。离开这个公司，离开这些朝夕相处、精诚团结的同事们，很舍不得，舍不得领导们的谆谆教诲，舍不得同事之间的那种真诚和友善。

  我很清楚公司正值用人之际，此时辞职，不合时宜，对此我深表歉意。在正式离开公司之前，我将善始善终，继续做好每项工作。今后无论我身处何方，都将怀着一颗感恩的心为本公司做力所能及的事情。

  再次感谢领导多年来的栽培，在此衷心地道声"谢谢"。祝公司事业兴旺发达，祝领导、同事们身体健康，事事顺心。

  望领导批准我的请求！

  此致

  敬礼

申请人：赵军
2018年8月6日

[简评] 这篇离职申请书开门见山写明了辞职的缘由，接着着重阐述自己在公司四年来的成长与进步，强调在领导和同事们的帮助下，自己不仅人际关系融洽，而且工作任务完成及时，工作能力得到提升，真诚感谢领导和同事们的栽培，最后表达辞职的歉意和对公司的良好祝愿。全文目的明确，情真意切，辞职理由充分，语言流畅。

【知识聚焦】

  申请书使用范围广泛，它是一种专用书信，同一般书信一样，也是表情达意的工具。

一、申请书的含义

申请书是个人或集体向组织、机关、企事业单位或社会团体表述愿望、提出请求时使用的一种书信体专用文书。

二、申请书的类型

申请书按内容分，主要分为三类：

其一，参加某种组织的申请书。这是要求参加某一社会团体、党派而写的申请书，如申请加入党组织、团组织、少先队、工会和参军等。

其二，要求解决问题的申请书。如请求工作调动、申请住房、申请出国留学、申请转正等。

其三，主张某种权利的申请书。如专利申请书、申请结婚、领养子女申请书、商标注册申请书、开业申请书等。

三、申请书的特点

第一，请求性。"申请"的意思是申诉自己的理由有所请求，是一种请求给予满足的应用文书，请求性是其根本特点。

第二，目的性。申请书是为请求解决问题而写作，希望如何解决必须在文中表达清楚。

第三，单一性。申请书要求一文一事，不可一文多事，这样方利于解决问题。

四、申请书的写作格式

申请书严格按照书信体的写作格式，一般由标题、称谓、正文、结语、落款组成。

（一）标题

申请书的标题最为常见的是写明"申请事由＋文种"，如《入党申请书》《贷款申请书》；可以只写文种名称"申请书"；有的采用公文式标题，由"关于＋事由＋文种"构成，如《关于参加第八期党员培训班的申请书》；也可以只标出申请事由，如《申请补办身份证》。标题写在首行居中位置。

（二）称谓

在标题之下另起一行，顶格书写收文单位、组织名称或负责人姓名、职务等。

（三）正文

申请书正文的行文顺序一般如下：

1. 申请事项

首先开门见山、清楚明白地提出申请的事项，这是申请的目的所在。

2. 申请理由

围绕申请事项，阐述申请的理由，这是申请的依据所在。申请理由应充分，有说服力，抓住要点，突出重点，这样有利于对方接受请求、解决问题。

3. 申请态度

一般围绕申请事项，向所申请的组织或负责人真诚表达申请获批后的态度、决心、愿望等，或作出相应的保证和承诺。

（四）结语

申请书的结语可有可无。如有，一般采用敬语或祈请用语，如"此致敬礼""请组织考察""盼予以解决"等。入党申请书则常用"请党组织考验我"这样的祈请句做结语。

（五）落款

落款包括署名和署时，写在正文右下方。可以直书其名"×××"，也可加前缀"申请人：×××"。署名下行写明申请的年月日。如果是单位申请，还要加盖公章。

五、申请书的写作要求

第一，内容明确。申请的事项要明确具体，不能模糊含混，要开门见山，不能委婉曲折。

第二，理由充分。申请理由写得充分才便于相关的组织、单位、领导等了解和把握申请者的意愿和动机，才利于申请事项的解决。

第三，语言恭敬。申请书是祈请性书信，用语不能随意，更不得无礼，应把握分寸，表现出恭敬或庄重的态度。

【写作实训】

一、病文评改

1. 请分析下列简历存在的问题并予以修改。

求 职 简 历

姓　名	石××	性　别	男	（照片）
出生年月	1998年09月	学　历	专　科	
学制	三年			
所学专业	汽车检测与维修技术			
毕业院校	武汉软件职业学院			
主修课程	汽车构造、汽车电器设备与维修、汽车保险与理赔、汽车及配件营销、汽车检测与诊断技术、汽车车损与定损			
专业技能	2018年　获汽车高级维修工证书			
英语水平	2017年　通过了全国大学生英语四级			
计算机水平	2018年　通过了全国计算机二级考试			
求职意向	汽车维修工			
期望薪酬	4500元以上			
工作地点	北京、上海、广州			
个人特点	诚实守信,处事冷静,沟通能力强,注重团结合作			
联系方式	135×××6778；52××0956@qq.com			
通讯地址	武汉市东湖开发区光谷大道117号　430305			

2. 请分析下列求职信存在的问题并予以修改。

求 职 信

××公司：

  我的运气真好啊！就在我即将毕业之际，贵公司正式开业投产了，首先我向贵公司表示热烈的祝贺！

  我是全国闻名的××工业学校的应届毕业生。在校四年，我德智体全面发展，各学科成绩一贯优异，专业基础及知识扎实，动手能力强，长期担任小组长外，还有多种爱好和特长：能讲善辩，能歌善舞，能写善画，各项球类都有一定的水平。大家夸我是"全才"，当然我不能因此而骄傲，但是，实事求是地说，我还真有两下子：说、拉、弹、唱、打球、照相，样样精通。至于水平嘛，都称得上"OK"！

  到贵公司服务是我梦寐以求的事，我真希望美梦成真！期盼这一天的早日到来！

  我有能力胜任各方面的工作。不知贵公司能否答应，恳请立即回复为要，以免误事。

  顺祝最崇高的敬意！

×××
2018年5月5日

3. 请分析下列借条存在的问题并予以修改。

借 条

今借到财务科现金二千一百三十元。

医务室
2018年6月5日

4. 请分析下列请假条存在的问题并予以修改。

请 假 条

辅导员老师：

  我因有急事需请假，请批准！

王强
2018年4月4日

5. 请分析下列招领启事存在的问题并予以修改。

招 领 启 事

  本人于今天下午在学校篮球场上拾到黑色钱包一个（长20厘米，宽10厘米），内有现金350元（100元2张，50元1张，20元5张），请失主速来认领，过时不候。

做好事者：××
2018年6月8日

二、单项写作

  1. 假如你是一名即将毕业的大三学生，获悉自己中意的一家企业招聘本专业人才，你决定应聘，请设计个人求职简历。

  2. 假如你现在生活费用完了，需向同学王思哲借200元生活费，一个月内归还。请草拟这则借条。

  3. 2018年6月11日，武汉某职业学院2016级数控专业的赵振华报名参加全国计算机等级考试。他交了80元报名费后，学校财务处会计吴晓玲以经手人名义给他开了一张收据，并加盖了学校财务处公章。请你起草这则收据。

4．你非常希望加入中国共产党，请写作个人入党申请书。

三、综合写作

肖萍是武汉某职业学院2016级的一名学生。因家庭困难，经济拮据，入校不久，她向学校后勤处申请了一个食堂的勤工俭学岗位。10月20日中午，她在食堂打扫卫生时捡到了一个钱包，内有3000元现金、2张银行卡、2张500元的购物卡及身份证等。经食堂经理同意，她立即起草了一则文书张贴在食堂门口，告知遗失者前来认领。2018年8月底，获悉系学生会换届选举，她决意竞选学生会主席一职。

请根据以上材料，起草三则应用文书。

模块二

礼仪文书

> **情境导入**

随着中国高速铁路建设的持续推进,武汉九省通衢的交通枢纽特点更为突出。 近年来,越来越多的企业把重大的会议、展览和活动放在武汉举办,极大地促进了武汉会展经济的发展,也催生了一大批旅游、文化服务公司。 宋珠丽是某传媒大学 2016 届大众传媒专业的毕业生,毕业后进入"武汉新视点文化传媒"公司总经理办公室工作。 2017 年 5 月,"世界华商创业大会"在武汉召开,经过竞标,武汉新视点文化传媒中标该大会会务服务工作。宋珠丽参与会议组织,负责起草邀请函、请柬、欢迎词、欢送词、开幕词、闭幕词、祝贺词、答谢词和感谢信等文书。 好在大学期间,宋珠丽刻苦学习了"应用写作"课程,也是系学生会副主席,参与组织过一些重大活动,起草过上述礼仪文书。 对会议资料深入研究后,宋珠丽交出了令人满意的答案。

【知识聚焦】

礼仪就是从尊重对方出发,调整并处理不同关系的一种约定俗成的形式,是人们进行社会交往的行为规范与准则,具体表现为礼貌、礼节、仪表、仪式等。它被誉为步入社会的"通行证",沟通人际关系的"立交桥"。中国是世界著名的礼仪之邦,人们的社会交往活动和思想感情的交流,很多都是通过一定的礼仪形式和一定的文化活动方式来进行。

礼仪文书是国家、民族传统文化的重要组成部分,它反映着一个国家、一个民族的价值观念、道德规范和行为方式,在社会生活中发挥着塑造自我形象、提升国民素质、调适人际关系、促进社会和谐的积极作用。当今社会,人们之间的交往活动日益频繁,礼仪文书在其间所起的桥梁和纽带作用越来越突出和重要。因此,写好、用好礼仪文书,对于融洽人际关系、促进事业成功、获得幸福生活等非常重要。

任务一
邀请函与请柬

邀 请 函

任务驱动

周道容是武汉某职业学院汽车运用工程系汽车检测与维修专业1701班班长，也是校学生会副主席。2018年5月，校学生会决定和学校周边的另一所职业院校学生会举行一场联谊活动，主要内容是开展一场友谊篮球赛。周道容负责与该校联络，现需起草一则活动邀请函。请你代他起草这则文书。

【范文赏析】

民营企业家进高校创业演讲会邀请函

尊敬的×××先生：

　　您好！

　　为了促进民营企业家和大学生们面对面地沟通交流，为大学生们提供一个了解社会、企业的机会，为他们的成长、就业和创业提供帮助，我校定于2019年6月13日上午9：00在学术中心1号报告厅举行民营企业家进高校创业演讲会。届时诚挚邀请您拨冗出席。

　　期待您的光临指导！

××职业技术学院
2019年6月6日

[简评] 该邀请函格式规范，内容简洁明了，语言庄重典雅，感情诚挚，是一篇可供学习借鉴的范文。

【知识聚焦】

邀请函和请柬都属于在友好前提下，邀请他人参加会议或活动的礼仪文书，它们功能目的相同，都具有邀请作用，体现了对应邀者的尊重以及邀请者举行会议或活动的隆重。随着现代社会生活内容的不断丰富和人际交往的日益频繁，邀请函和请柬逐渐成为人们日常生活中经常使用的交际手段和媒介。

一、邀请函的含义

邀请函又叫邀请信或邀请书，是单位或个人邀请知名人士、专家学者、相关代表、亲朋好友等参加某项活动时所发的请约性书信。

视频2-1 邀请函

二、邀请函的类型

按照使用范围，邀请函分为两种：一种邀请信则属于公务信函，一般是邀请参加重要会议、学术活动、纪念活动等；另一种属于个人信函，例如邀请某人共进晚餐、参加宴会、观看电影、出席典礼等。

三、邀请函的特点

邀请函具有以下两个特点：

第一，请求性。邀请函意在向参加活动的宾客发出正式而隆重的邀请，措辞庄重，语气热情诚恳，体现出对受邀宾客的尊重。

第二，告知性。邀请函的作用类似于通知，起告知作用，使参加活动的宾客对活动情况有充分了解，并预先做好相关准备。

四、邀请函的写作格式

邀请函一般包括标题、称谓、正文、结尾、落款五个部分。

（一）标题

标题有两种写法：一是直接以文种名称"邀请函"为标题；二是由"发文事由＋文种名称"共同构成，如《第一届经典诵读活动邀请函》。

需要注意的是，"邀请函"三字是完整的文种名称，与公文中的"函"是两种不同的文种，因此不宜拆开写成《关于邀请出席××会议的函》。

（二）称谓

发送给单位的邀请函，称谓应写单位全称，不宜用简称，以示礼貌和尊重。直接发给个人的邀请函，应当写个人姓名，前加"尊敬的"等敬语，后面加上"先生""女士"或相关职务、职称，如"尊敬的刘××教授"。发给团体、群体的邀请函，则写团体、群体的称谓，如"世界各地的华夏儿女""中华民族的同胞"。

（三）正文

称呼下一行空两格写正文，是主办方正式告知被邀请方举办活动的缘由、目的、事项及要求。接着向被邀请方发出得体、诚挚的邀请。邀请之词有的出现在正文文首，如"××会议即将在××召开，敬请您莅临会议"；有的出现在文中，如"素仰阁下学养深厚，在××领域成绩卓著，特奉函诚邀阁下光临会议"；有的出现在文尾，如"专此邀请，敬祈回函"。

活动的邀请对象、日程安排、时间、地点、联系方式以及其他需要说明的事项是邀请函正文的主要内容，一般采用序号加小标题的形式或分条列项的形式进行详细说明，内容比较简单的邀请函，上述内容可以融为一段来表述。

（四）结尾

结尾一般要写常用的邀请用语，如"敬请莅临""请届时出席""欢迎指导"等，有些还可以写上"顺致节日问候""恭祝春安"等礼节性敬语。

（五）落款

在正文右下方写上邀请人的姓名或邀请单位的全称，加盖单位公章，并标明发出邀请的时间。

五、邀请函的写作要求

第一，准备充分。邀请函往往需要对该活动的目的、意义、有关内容及联系方式进行介绍，以吸引对方的关注及参与兴趣，所以起草邀请函之前要充分了解邀约活动的各方面情况。邀请函要提前发送,让被邀者有足够时间考虑与安排。

第二,要素准确。邀请函中涉及的时间、地点、活动内容、联系方式等一定要反复核实后再寄出,被邀请者的姓名、头衔必须准确无误。

第三,语言得体。篇幅一般短小精悍,语言要简洁明了。语气热情、诚恳、朴实,要根据对象和内容认真措辞,既体现对邀请对象的尊重,又恰如其分表达出殷切希望对方接受邀请的心情,突出邀约的诚意,切忌使用"务必""必须"之类的强制性词语和行政命令式的口吻。

请　柬

任务驱动

周道容担任班长一年半,在辅导员的指导下,和班委成员一道,煞费苦心抓班级管理。汽修1701班不仅学习氛围浓厚,而且各种活动开展得有声有色。2018年元旦即将来临,该班班委商议决定,在2017年12月30日晚上举行班级迎新春联欢晚会,邀请班级全体任课教师参加。周道容负责起草给"应用写作"任课教师的联欢会请柬。请你代他起草这则文书。

【范文赏析】

请　柬

尊敬的××先生:

敝公司特定于2019年4月15日至4月17日8:00—17:00在宏达国际会展中心建业大厅举办春季贸易洽谈会。敬请光临。
　　恭祝
商祺!

鑫辉机电科技公司
二〇一九年四月八日

[简评]　这是一篇公司邀请有关人士参加贸易洽谈会而发出的请柬,内容简洁,时间、地点具体明确,格式规范,语言典雅,言辞诚恳。

【知识聚焦】

凡召开各种会议,举行各种典礼、仪式和活动,均可使用请柬。使用请柬,既可以表示对被邀请者的尊重,又可以表示邀请者对此事的郑重。

一、请柬的含义

请柬俗称请帖,是单位或个人邀请有关人士出席隆重会议、典礼或参加某项活动时发出的礼仪性邀请文书。请柬使用范围十分广泛,诸如节庆、奠基、落成、开业、宴会、娱乐、典礼、仪式、展览、舞会、演出、新闻发布会等都可以使用。

二、请柬的特点

请柬具有以下三个特点:

第一,简明性。请柬篇幅短小精悍,内容简明单一,只要让被邀者明白为什么被邀请、活动的时间地点、被邀请做什么、怎么做就够了。

第二，精致性。请柬的设计制作讲究构思新颖、设计精美、图文并茂，语言典雅，使人赏心悦目。

第三，情意性。请柬要表达对被邀请者的热情和礼貌，只有言辞恳切、感情真挚的请柬才能赢得受邀者的青睐。

三、请柬的写作格式

请柬由标题、称谓、正文、结尾、落款五个部分组成。

（一）标题

标题一般写在封面，有时也写在封里的上部居中位置，用醒目端正的字体书写"请柬"或"请帖"二字。横式的文字从左到右排列，竖式的文字从右到左排列。封面一般会做一些艺术加工，如绘制优美的图案，"请柬"二字也多用艺术体或烫金装饰。

（二）称谓

第一排顶格写被邀请单位全称，或被邀请个人姓名，之后缀以"先生""女士"的称谓，也可加上职务、职称，以示尊重。若邀约夫妻两人，应将两人的姓名并列书写，加"伉俪"二字。

（三）正文

正文是请柬的主体，通常用"兹定于……""特定于……"等作为开头，写明邀请的事由，如开座谈会、联欢晚会、企业开张、婚礼、寿诞等，交代清楚具体时间、详细地点，若有其他要求也需注明，如"请准备发言""请准备节目"等。如果是请人观赏节目或其他表演、展览等，需要入场券的，还应将入场券附上。

（四）结尾

结尾写上"敬请光临""恭请莅临指导"等敬语。也可再另起一行写上"顺致"，下一行写上"敬意"等礼貌用语。

（五）落款

在结尾的下一行署上邀约者的单位名称或个人姓名，以及发出请柬的日期。

四、请柬的写作要求

第一，内容准确。向宾客发出请柬是为了表示正式和对对方的尊重，因此要仔细核对活动的时间、地点，核实确认宾客的姓名和职务，否则容易造成误会，引起收受方的不愉快。如果有需要注意的事项如联系人、联系电话、食宿或携带物品、文件要求、交通路线等，要在请柬后面注明。

第二，措辞得体。请柬要突出"请"字，所以行文语气要热忱、谦恭，充分表现出邀请者的诚意，不得使用"必须""务必""不得有误"等带有强制性的词语。同时，语言要庄重文雅，可以借鉴旧式请柬使用的雅致文言词语，但前提是必须让对方清楚明白，不可一味追求典雅而堆砌华丽辞藻，或套用公式化语言。

第三，制作精美。一般用质地较厚的红纸或鲜艳的彩色纸传递出热情诚挚的气氛，使用花边、图案装饰以表示对被邀请者的尊敬，书写要工整流畅，以让对方愉快应邀。若购买制好的请柬，填写相关内容时字迹必须端正工整。

第四，发送适时。一般以提前一个星期左右发出请柬为宜。如果提前时间太久，被邀者容易遗忘，但如果仅提前一两天甚至几个小时发出，显得仓促，不够尊重，受邀者也可能早有活动安排，不能参加。

任务二
欢迎词与欢送词

欢 迎 词

任务驱动

> 2018年9月，武汉某职业学院的数千名新生即将来校报到，开始崭新的学业生涯。校学生工作处、团委将于新生报到最后一天晚上联合举办迎新联欢会。校学生会参与了联欢会的筹备工作，作为学生会干部的周道容还被团委书记委以重任，在联欢会上代表学生会欢迎即将在校园学习和生活三年的学弟学妹。现请你代周道容起草这份欢迎词。

【范文赏析】

教学工作诊改现场复核欢迎词
2019年6月27日

尊敬的各位领导，各位专家、老师们、同学们：

大家上午好！

时值仲夏，来自湖北省教育科学院和全省高校的领导、专家，莅临我校开展教学诊改现场复核工作。我谨代表学校党委和全校17000余名师生员工，向大家的到来，表示最热烈的欢迎！

作为武汉市政府主办的高职院校，不遗余力提升人才培养质量，为区域经济社会发展贡献人力与智力支撑，是学校办学的初心，努力实现高质量办学，不负政府和人民所托，是学校办学的使命。

回首学校举办高职教育的18年发展历程，从创业艰难，到成长为国家骨干（示范）校、国家优质校，每一步都离不开省、市教育主管部门的鼎力支持，离不开专家团队在办学定位、质量提升等重大问题上的定向把脉、悉心指导。

质量兴校，质量强校。近几年来，学校步入发展快车道，办学韧劲和后劲较足，在优质校建设中始终贯穿质量诊改，以改促建，全面实施学校、专业、课程、教师、学生五个层面的诊改，形成了科学、全面的质量保障体系。

此次省厅专家组进驻我校，开展教学诊改复核工作，是对我校办学质量的一次全面体检，可谓是及时雨。目前学校的发展正进入攻坚克难阶段，基础设施建设大体成型，学生规模基本稳定，要在内涵和质量上更进一步，要精细化、科学化发展。希望各位专家进一步帮助我校完善方案，找出问题，开出良方。我们将同兄弟院校一道，以诊改为动力，追求卓越的武汉精神，坚持推动学校的内部质量保证体系建设，全面提升办学水平。学校也将全力配合专家组开展工作，同时做好各项服务工作。

还有112天，举世瞩目的第七届世界军人运动会将隆重开幕，由我校承办的摔跤赛事也将在武软体育馆精彩呈现。高质量的场馆建设，高水平的赛事服务是我们的承诺，我也借此机会，诚挚邀请各位领导和专家，届时到武软观摩赛事、指导工作。

最后祝愿各位领导、专家工作顺利，身体健康。

谢谢大家。

[简评] 这是一篇内容和格式都非常典范的欢迎词。正文开头部分首先点明是教学工作诊改现场复核会，并对出席大会的所有领导、专家、师生表示热烈的欢迎；主体部分阐明了教学质量诊改现场复核的作用和意义，并顺势诚邀各位领导和专家观摩该校承办的第七届世界军人运动会摔跤赛事；结语部分表达良好的祝愿。全文主题鲜明，条理清晰，层次分明，感情真挚，语言热情洋溢。

【知识聚焦】

在社会主义市场经济深入发展的大背景下，人们之间的政治、经济、文化交流日益增多。为了提升形象、扩大影响、招商引资、促进发展，出现了各种内容和形式、不同规格和规模的节庆、聚会、来访等活动。按照惯例和程序，在这些活动中，常常要由一位主办方代表向来宾敬致热情洋溢的欢迎词。欢迎词的得体与否直接关系到活动的成败。

一、欢迎词的含义

欢迎词是主人在迎接宾客的仪式、集会或宴会上，向宾客的光临表示欢迎的礼节性演讲稿。

二、欢迎词的类型

从表达方式上划分，欢迎词分为现场讲演欢迎词和报刊发表欢迎词，后者在客人到达前后发表。从使用对象上划分，可分为两类：一是私人交往欢迎词，在个人举行较大型的宴会、聚会、讨论会等非官方会议的场合使用；二是公事往来欢迎词，一般在庄重的公共事务场合使用。

三、欢迎词的特点

第一，欢愉性。中国有句古话"有朋自远方来，不亦乐乎"，所以欢迎词的写作应该体现出一种愉快的心情，言词用语务必富有激情和表现出致辞人的真诚，只有这样才可给客人"宾至如归"的感觉，为各种活动的圆满举行奠定良好基础。

视频2-2 欢迎词的写作要点

第二，口语性。欢迎词多是活动现场向宾客当面口头表达的，所以口语化是欢迎词文字上的必然要求，在遣词用语上要运用生活化的语言，既简洁又富有生活情趣。

四、欢迎词的写作格式

欢迎词一般由标题、称谓、正文和落款四部分构成。

（一）标题

欢迎词的标题有三种写法：一是"致辞人＋致辞场合＋文种"，如《李××市长致澳大利亚代表团欢迎词》；二是"致辞场合＋文种"，如《在 2011 级新生开学典礼上的欢迎词》；三是仅有文种名称，如《欢迎词》。

（二）称谓

写欢迎对象的称呼，包括主宾及其他人员。通常要加尊称和职务、职称、学衔等。如"尊敬的总统阁下""敬爱的部长夫人"。如果欢迎对象是一个群体，则要根据具体情况加以称呼，可以点出主宾之后加用泛称，如"女士们、先生们""各位来宾、各位朋友""各位新同学"等。

（三）正文

称谓下面另起一行空两格开始写正文。欢迎词的正文一般由开头、主体、结语三部分构成。

1. 开头

开门见山说明现场举行何种仪式，发言者代表什么人向哪些来宾表示欢迎，这样把自己的情感迅速、准确地传递给听众，营造出热烈、欢快、友好的气氛，为进一步的交往做好铺垫。

2. 主体

即欢迎词的主要内容，说明欢迎的缘由，根据双方的关系和场合，阐述和回顾宾主双方在共同的领域所持的共同的立场、观点、目标、原则等内容，同时指出来宾本次到访或光临对增加宾主友谊及合作交流所具有的历史意义和现实意义。对初次来访者，还可多介绍来访者的基本情况和主要成绩。

3. 结语

一般再次向来宾表示欢迎，并进一步表达自己对今后合作的良好祝愿及其他美好祝愿，以突出欢迎的主旨。

（四）落款

落款包括署名与日期。在结语右下方书写致辞者单位名称、致辞者的身份、姓名、成文日期。这部分也可以在标题下注明。

五、欢迎词的写作要求

第一，针对性强。首先要看对象说话。欢迎的宾客不同，来访目的不同，欢迎的缘由、使用的语言、表达的情谊也应不同。其次要看场合说话。有隆重的欢迎大会、酒会、记者招待会，也有一般的座谈会、聚会等，欢迎的场合多样性决定了欢迎词风格的多样性，或庄重、或活泼、或诙谐、或亲切。

第二，感情真挚。欢迎词应出于真心实意，热情、友好、温和、礼貌，同时要注意分寸，要以不卑不亢为原则，既不趾高气扬，又不卑微低下。

第三，篇幅简短。作为一种礼节性的外交或公关辞令，欢迎词宜短小精悍，不必长篇大论。

欢 送 词

任务驱动

2018年7月,武汉某职业学院2018届毕业生办理了离校手续,即将奔赴四面八方开始职业生涯。学校举行了隆重的毕业典礼,校学生会需要代表全校学生致欢送词。周道容因为文笔出众,工作认真,校团委书记请他起草这则文书,周道容欣然领命。现请你代周道容起草这份欢送词。

【范文赏析】

在海南大学2016年新兵欢送会上的讲话

廖清林

2016年9月14日

尊敬的各位领导、来宾,敬爱的应征入伍的各位新兵、老师们、同学们:

大家上午好!

今天,我校应征入伍的51名新兵即将暂别校园,开启人生新的征程。在这个具有特别意义的日子,受校党委书记武耀廷同志的委托,我谨代表校党委、代表全校师生员工,向我校应征入伍的全体新兵表示热烈的祝贺,向应征入伍新兵的家长们致以崇高的敬意!向关心支持我校征兵工作的各级领导、同志们和全体接兵干部一并表示衷心的感谢!

应征入伍既是我国公民依法应尽的义务,更是强军兴军的基础工程、源头工程、造血工程,是建设信息化军队、打赢信息化战争的基础支撑,事关军队能打胜仗,事关国家安全稳定,不仅是国家的大事、军队的大事,也是我们学校的大事。从大学生中征兵,将更多优秀大学生输送到部队,是国家优化兵源结构,提高兵源素质和战斗力,推进人才强军和科技强军战略的重大举措。

当前,和平与发展仍是时代的主题。我国政治稳定,经济发展,民族团结,社会进步,总体发展形势向好。但当今世界并不太平,我国国家安全面临着霸权主义、地区冲突、民族分裂等多方面的挑战与威胁。在这种形势下,我们必须从维护国家安全的战略和全局高度,毫不放松地抓好国防和军队建设,当代青年有责任依法应征入伍,自觉扛起维护国家安全的责任担当,让青春之花绽放在祖国最需要的地方。

我校历来高度重视征兵工作,积极帮助每位有军旅情结的同学圆梦军营。多年来,我校一批又一批优秀学子选择携笔从戎,踊跃报名参军,义无反顾地奔赴军营,为国防和军队建设做出了积极的贡献,书写了他们"黄沙百战穿金甲,不破楼兰终不还"的壮志决心,彰显了我校学生高度的政治觉悟和强烈的社会责任感。自2016年大学生征兵工作开展以来,学校党委精心部署,坚持以"节点提前,工作提速,标准提高"作为主要工作思路,积极举办大学生征兵宣传教育专题报告会、大学生征兵宣传工作座谈会;学校相关职能部门和各学院广泛宣传动员,积极动员大学生参军入伍,经过严格的初选、体检、政审等环节,最终51名大学生成功应征入伍。借今天下午欢送会的机会,我代表校党委对各位应征入伍新兵提三点希望:

一是希望各位应征入伍的新兵坚定理想信念,勇挑责任重担,在部队中充实提高自己,争做一名"爱国兵"。军旅生涯是你们人生成长、发展的重要时期,选择军旅生涯的同时,也意味着你们的肩上多了一份责任。因为国家的发展需要你们、军队的建设需要你们,民族的未来需要你们!希望你们时刻牢记习近平总书记提出"建设一支听党指挥、能打胜仗、作风优良的人民军队"的总体要求,在部队自觉践行社会主义核心价值观中,以优良的作风和良好的精神风貌,承担起一名军人的神圣职责,为祖国奉献青春,为国防增添力量,在付出和磨砺中报效祖国。

二是希望各位应征入伍的新兵做好思想准备,发扬吃苦精神,坚持苦中求进,争做一名"奋斗兵"。"大漠孤烟直,长河落日圆",军旅生活有军旅生活的艰苦,希望你们时刻牢记对祖国和人民的责任担当,在军队这样一个磨炼意志、砥砺坚韧的地方服从命令,听从指挥,尊重领导,团结同志,严守纪律,敢于面对各种困难和挫折,自觉培养不畏艰难、顽强奋进的意志品质,在军营中展示当代大学生的时代风采。

三是希望各位应征入伍的新兵牢记"海纳百川,大道志远"的校训,刻苦钻研本领,争做一名"智慧兵"。军队是培养人的"大学校",是锻炼人的"大熔炉"。希望你们乐于学习、勤于学习、善于学习,提高自身的政治素养和专业素养,并主动融入军队文化和国防建设事业中,把"读万卷书"与"行万里路"有机结合起来,在学习中奉献,在奉献中成长,努力成为一名政治合格、军事过硬的复合型人才,成为一名有担当、有责任的优秀青年,成为一名名副其实的最可爱的人。

同学们、同志们,尽管我校51名应征入伍的新兵即将走进军营,但你们依然是我们海南大学的一份子,请你们放心,学校领导和各有关职能部门、各学院都是你们坚强的后盾,都会为你们服役期间和退役后享受有关优惠政策提供服务保障,也请各位同学到部队后继续关注、关心我们学校发展,与老师和同学们保持密切联系。祝愿各位新兵一路顺风、军旅生活愉快!

(资料来源:http://www.hainu.edu.cn,略有删改)

[简评] 这是一篇非常规范的欢送词。在向应征入伍的同学表达欢送之意的同时,突出了两方面的内容,一是阐述了当代大学生应征入伍的重大意义,二是强调对应征入伍的同学的希望、要求和祝愿。全文主题鲜明,语言精练,条理清晰,充满蓬勃向上的真挚感情。

【知识聚焦】

有句古诗说的好"相见时难别亦难",中国人重情谊这一千古不变的民族传统精神在今天更显珍贵。体现在礼仪文书中,那就是与热情迎客的欢迎词相对应的欢送词。

一、欢送词的含义

欢送词是单位或个人在公共场合欢送友好团体或个人出行时,对即将离去的宾客表示欢送、惜别和祝愿的讲话稿。

二、欢送词的类型

欢送词与欢迎词的种类大致相同。从表达方式上划分,有现场讲演欢送词和报刊发表欢送词;从使用对象上划分,有私人交往欢送词和公事往来欢送词。

三、欢送词的特点

第一,惜别性。欢送词要表达送别亲朋好友或宾客的感受,所以依依惜别之情要溢于言表。当然格调也不可过于低沉，因为今日的送别意味着来日的重聚。

第二，口语性。同欢迎词一样，口语性也是欢送词的显著特点。遣词造句也应注意使用生活化的语言，使送别既富有情趣又自然得体。

四、欢送词的写作格式

与欢迎词一样，欢送词也包括标题、称谓、正文、落款等四部分，除正文外，其他部分写法大致相同。这里只介绍正文的写法。

欢送词的正文一般由开头、主体、结语三部分构成。

（一）开头

开门见山说明欢送原因，欢送何人，并表达惜别和祝福之意。

（二）主体

即欢送词的主要内容，主要是对宾客来访或会议取得的成功和友谊的加深予以称颂，再对未来进行展望，对进一步增进友谊与加强合作提出希望。若为朋友送行，还要加上一些勉励的话。

（三）结语

通常再次向离别者表示真挚的欢送之情，表达再次会面、再次合作的期望，并表达良好的祝愿。对远行的亲朋同事尤其要表达希望早日相聚的惜别之情。

五、欢送词的写作要求

欢送词与欢迎词除应用的时间、场合不同外，并无实质性的区别。因此，写作要求与欢迎词大致相同。

需要注意的是，因为是依依惜别的情境，欢送词不可能像欢迎词那样热情洋溢，但惜别的格调不宜太过低沉，要紧紧抓住一个"情"字，做到以诚感人、以情动人。致辞人应根据自己与被欢送者的关系、自己的身份和地位，向被欢送者提出勉励之词或共勉之词，措辞要注意礼节礼貌、委婉含蓄，表达感情要真挚、诚恳，力求营造一个友好、亲切、轻松的氛围。

任务三

开幕词与闭幕词

开 幕 词

任务驱动

为引导学生养成良好的行为习惯，增强学生爱校、爱家、集体主义思想，创建安全、文明、舒适、整洁的生活环境，营造优美、高雅的居室文化氛围，武汉某职业学院学生会定于2018年5月举行"温馨、个性、和谐"为主题的"宿舍文化节"，周道容要代表学生会致开幕词。请你代他起草这则文书。

【范文赏析】

阳光体育 2017 级篮球文化节开幕词

王恩来

2018 年 10 月 21 日

各位领导、老师们、同学们：

下午好！

今天，大家期待已久的阳光体育 2017 级篮球文化节胜利开幕了！在此，我谨代表组委会对文化节的组织者和参与者以及全体裁判员、教练员、运动员致以热烈的祝贺和衷心的感谢！

同学们，篮球是 1891 年 12 月，由美国马萨诸塞州春田大学体育教师詹姆斯·奈史密斯发明的，迄今已经有 127 年的历史了，并且于 1896 年传入了我国。篮球运动在世界的广泛传播，说明了体育和音乐、美术一样都是文化，都是人类文明的共同语言。篮球在我国深受人们特别是青少年的喜爱，有着广泛的群众基础。在我校，篮球是最受同学们喜爱的体育运动，我们有理由坚信本届篮球文化节的举办，一定会使篮球文化在我校更加浓厚。尤其我校男女专业篮球队在全省乃至全国都有很高地位，我校男子篮球队多次在全省比赛中荣获冠军，取得过全国联赛第二、三名的好成绩。我校女子篮球队战绩更佳，迄今近二十次获得省冠军，四次夺得全国比赛冠军，一次欧洲中学生女子篮球邀请赛冠军，就在今年 9 月份举行的全国三对三篮球联赛我校勇夺冠军。

同学们，人生的每一步都在学习，都要学习。我希望同学们不论是运动员还是观众同学，都要通过篮球文化节学会以下五点：

一、胜利和成功是坚持和拼搏的回报。没有无缘无故的胜利和成功，不到最后一秒钟，一切事情的最终结局都不能轻易下结论，功亏一篑经常就在一时的疏忽大意中，胜利和成功往往就在再咬牙坚持一下的努力拼搏之中。

二、团结协作是最大的力量。因为每一场胜利都不仅仅源于球员个人的技术水平，更源于大家的默契配合。每个球员进球的精彩瞬间都是以别人的配合和铺垫为前提的，个人只有融入集体中才能获得真正的荣耀。

三、发扬真正的体育精神。要学会尊重对手，学会为别人喝彩。当我们看到一个个班级为对方的精彩投篮而响起掌声时，这种品质的收获就已经超越了比赛的成败而定格成了永恒。

四、竞争的规则意识。篮球的看点在于激烈的竞技，但篮球竞争的要义却是"和合有序"。一场完美的篮球比赛之所以让人叹为观止，就在于激烈对抗中的那种和谐美，"残酷"相竞中的那种秩序美，双方共同追求卓越的那种境界美。所以，存乎"竞"而止于"礼"，才是我们全体同学真正要从篮球中该领悟的真谛。

五、正确认识成功和失败。失败和成功相伴而生，一次成功的前面注定有多次失败的洗礼，而每次的成功又往往伴着对手的相对失败。当输了球，却让全班流下悲情的眼泪，升华出一个班集体或大气坦然、或不屈不挠的精神，那么，我们才从篮球中获得了真正的教化。

老师们，同学们，我们坚信本届篮球文化节必将是一场饕餮盛宴，不仅会看到运动员的矫健身影，还会听到同学们为荣誉的加油呐喊，看到球员进球时的欢呼雀跃。同学们会体悟到篮球文化节留给我们的，不仅仅是名次、泪水、鲜花和奖杯，更是参与其中的每一个师生收获了的一种超越了胜败得失的理性精神，一种最真最美的青春回忆。

最后，我希望所有裁判员、班主任、工作人员都恪尽职守，各运动员服从裁判，团结拼搏，赛出水平，赛出风格；也希望非运动员同学积极参与，文明观赛，以确保文化节的顺利进行。祝本届篮球文化节圆满成功!

谢谢大家!

(资料来源:www.sdlyyz.net,略有删改)

[简评] 这篇开幕词主题突出,结构完整,格式规范。正文开头部分开门见山点明阳光体育2017级篮球文化节的开幕,快速切入正题,对文化节表示祝贺,对与会人员表示感谢;主体部分通过强调篮球文化节启发学生对"拼搏、团结、成功"等概念的正确认识,阐明了此次文化节的目的、意义,凸显了主题,同时,用富于鼓动性和热情的语言,向全体师生提出希望和要求。最后"祝本届篮球文化节圆满成功!"是这篇开幕词的结束语,简洁有力。

【知识聚焦】

开幕词、闭幕词都是会议、活动的重要组成部分,既各有侧重又遥相呼应。开幕词有如戏剧的前奏、序曲,它拉开会议、活动的帷幕,动员与会人员带着明确的任务与饱满的热情投入到会议中去;闭幕词有如戏剧的结尾,它落下会议、活动的大幕,鼓舞与会人员肩负会议、活动的使命与百倍的信心奔赴各自的工作、学习岗位。

一、开幕词的含义

开幕词是在大型会议或重大活动开始时,由主持人、相关领导或主要负责人代表其组织作的开宗明义的致辞,用于宣布大会开幕、标志会议或活动的正式开始。

二、开幕词的类型

开幕词按内容可以分为侧重性开幕词和一般性开幕词两种。侧重性开幕词往往重点阐述会议或活动开展的历史背景、重大意义或会议的中心议题等,其他问题一带而过。一般性开幕词则简要概述会议或活动的目的、议程、基本精神、参与人员等。

三、开幕词的特点

第一,宣告性。开幕词是会议或活动的序曲,一般致开幕词后,会议或活动的各项议程才能陆续展开,所以,开幕词具有宣告会议或活动正式开始的特性。

第二,引导性。开幕词一般要阐述会议或活动的宗旨、目的、意义、任务等,这对于整个会议或活动的成功举行起着引导作用。

第三,鼓动性。开幕词带有对办好会议或活动的良好祝愿,通过介绍会议或活动的宗旨和议程,激励与会者或活动参与者的参与意识,调动其积极性。

四、开幕词的写作格式

开幕词一般由标题、称谓、正文三部分构成。

(一)标题

开幕词的标题一般有三种写法:一是"致辞者+会议(活动)名称+文种",如《×××部长在科学技术协会代表大会上的开幕词》;二是"会议(活动)名称+文种",如《新春联欢晚会开幕词》;三是直接以文种名称"开幕词"为题。

开幕词的标题下一行,通常标明致辞人姓名,并用括号标明致辞日期,有时也把时间放在正文末尾的右下方。

（二）称谓

一般根据会议或活动的性质及与会者的身份恰当称谓。如有重要人物、特邀嘉宾参与，可先称谓其个人，再照顾群体。

（三）正文

正文包括开头、主体、结语三部分。

1. 开头

开头部分一般开门见山地宣布会议或活动开幕。也可以对会议或活动的规模及参与者的身份等作简要介绍，并对会议的召开、活动的举办表示祝贺。开头部分一般单列一个自然段。

2. 主体

主体部分是开幕词的核心内容，通常包括三个方面：第一，简要回顾过去的主要工作、成绩、经验及教训和当前形势的分析，说明会议或活动举办的背景、目的、意义等；第二，简要阐明会议或活动的指导思想、主要任务、相关安排等；第三，向与会者提出希望和要求。当然，这些内容不一定面面俱到，顺序也不是固定不变，应根据具体情况而定。

3. 结语

结语一般采用号召性与鼓舞性语句，以呼告语的形式另起一段，如"预祝××会议（活动）取得圆满成功"，既要朗朗上口，坚定有力，又要感情充沛，生动活泼。

五、开幕词的写作要求

第一，针对性强。写作开幕词，必须认真通晓会议或活动的目的、意义、人员、任务、进程等，这样才能写出个性特色鲜明的开幕词。

第二，篇幅简短。开幕词只需提示会议或活动的有关事项，要简洁明了，短小精悍，不必旁征博引，长篇累牍。

第三，语言得体。开幕词的语言要庄重、通俗、明快、生动活泼，富于鼓动力量。

闭 幕 词

任务驱动

> 2018年5月，武汉某职业学院学生会举行的以"温馨、个性、和谐"为主题的"宿舍文化节"活动逐一开展，共举行了星级文明宿舍评比、宿舍文化墙建设、宿舍装饰大赛、宿舍摄影展、宿舍知识问答竞赛等五项活动，学校3000多个寝室参加了活动，每项活动都评选出了若干获奖寝室或学生。6月6日，学生会举行"宿舍文化节"闭幕式，周道容要代表学生会致闭幕词。请你代他起草这则文书。

【范文赏析】

职教宣传活动周暨第十五届技能节闭幕词

姚雨红

2018年5月12日

尊敬的各位领导、各位嘉宾、老师们、同学们：

大家上午好！

五月，东南风来，绿铺大地，鲜花盛开，万物勃发春盎然。在此美丽的春天，学校第十五届技能节和着全国职教宣传活动周舞曲，迎来了展示收获的时刻。我代表学校领导班子向出席我校本次活动的各位领导和嘉宾表示热烈欢迎！向积极投入到宣传和技能竞赛的老师和同学们表示诚挚的问候！向技能节取得优异成绩的同学表示热烈的祝贺！

去年5月8日全国职教周活动开启当日，李克强总理对职业教育作出重要批示："希望技能大赛贯彻新发展理念，充分发挥引领示范作用，推动职业教育进一步坚持面向市场，服务发展，促进就业的办学方向。坚持工学结合，知行合一，德技并修，坚持培育和弘扬工匠精神，努力造就源源不断的高素质劳动大军。"

李克强总理的批示精神为职业教育发展指明了前进的方向。这届职教活动周和技能节，我校以"职教改革四十年，产教融合育工匠"为主题，学生社团进社区、企业服务，校内各专业开展丰富多彩的技能竞赛，各合作企业、联办学校给予大力支持，四家企业为竞赛冠名颁奖，合作学校为这次活动助力，招生与宣传职教政策同步开展。可以说，本次活动是我们以实际行动落实李克强总理精神的一次集中体现。

回顾本届技能节，涉及了学校全部8个专业，比赛项目多达31个，历时月余。经过层层选拔和竞赛，631人次获奖，获奖率在60％以上，是师生教学水平和技能水平一次集中展示。比赛期间，全体师生坚持以赛代训、以赛促学、以赛优教，赛出了好成绩、赛出了好风格，呈现出师生配合默契、共同创作、教学相长的良好局面。我们为学校有这样一支师德高尚、技艺精湛、忠于职守、乐于奉献的教师队伍而感到自豪，为同学们的素质全面提升，能力全面发展而感到高兴！

老师们、同学们，以"知行合一、德技并修"方式锤炼自己、做大国工匠是党中央的指示精神，也是我校校训的精髓所在，希望全体师生紧紧牢记，努力奋斗，为早日创建成为全国优质特色中职学校做出应有的贡献。

祝各位来宾心情愉快，万事如意！

祝老师和同学们身体健康，工作顺利，学习进步。

下面我宣布：石家庄市第一职业中专学校职教活动周暨第十五届技能节胜利闭幕！

谢谢大家！

（资料来源：http：//www.sjzwhcmxx.com，略有改动）

［简评］ 这是石家庄市第一职业中专校长姚雨红在职教活动周暨第十五届技能节上的闭幕词。开头部分说明技能节获得成功，向投身其中的师生表达了问候和祝贺；主体部分概述技能节的特点和师生的成绩，肯定了技能节的重要意义；结束语部分向来宾和师生表达了良好祝愿，并宣布技能节闭幕。全文结构规范，内容完整，用语热情简练，极富感染力，值得借鉴。

【知识聚焦】

凡重要会议或重要活动，一般都有闭幕词，它与开幕词相对应，是一道必不可少的程序，标志着整个会议或活动的结束。

一、闭幕词的含义

闭幕词是在重大或重要会议或活动结束时，由主要领导人或主持人所作的总结性讲话。

二、闭幕词的特点

第一，总结性。闭幕词通常要对会议或活动作出正确评估和总结，充分肯定会议或活动所取得的成果，强调会议或活动的主要精神和深远影响。

第二，号召性。内容上，闭幕词要激励有关人员宣传会议或活动的精神实质，贯彻落实有关的决议或倡议。言辞上，闭幕词要充满热情，语言坚定有力，富有号召性和鼓动性。

三、闭幕词的写作格式

闭幕词的写作格式与开幕词类似，也由标题、称谓、正文三部分构成，除正文外，其他部分写法大致相同。这里只介绍正文的写法。

闭幕词正文包括开头、主体和结尾三部分。

（一）开头

开头部分，用简洁的语言宣布会议或活动即将闭幕，并向相关人员或组织表示感谢。

（二）主体

主体部分对会议或活动进行概括总结和评价，即恰当地评价会议或活动的收获、意义及影响，概括会议或活动通过的主要事项和基本精神，强调会议或活动的重要性和深远意义，向与会人员提出贯彻会议或活动精神的基本要求等。一般来说，这几方面的内容都不能少，顺序也基本不变。

（三）结尾

结尾部分一般先以坚定语气发出号召，提出希望，表示祝愿，最后通常用"现在，我宣布，××××大会（活动）闭幕。"宣布会议或活动结束。

四、闭幕词的写作要求

第一，针对性要强。要熟悉会议或活动的全过程，掌握全面情况，有针对性地对会议或活动内容予以阐述和肯定。列举会议或活动完成的任务和取得的成果不能过于空泛笼统，提出要求和希望的部分也要突出会议或活动精神，体现会议或活动宗旨。同时，可以适当强调或补充会议或活动未能展开却已认识到的重要问题。

第二，鼓动性要强。行文要高度概括，语气要热情洋溢，起到激发斗志、增强信念的作用，使会议或活动达到高潮而圆满结束，给人留下深刻、美好的印象。

任务四
感谢信与答谢词

感 谢 信

任务驱动

2017年10月21日，星期六，周道容的爸爸来学校探望他，结果在校内遗失了钱包，内有3000元现金、2张银行卡、2张500元的购物卡及身份证等。他们立即向学校保卫处反映，请求帮助。保卫处通过校园广播台播发了这则寻物启事。很快，一食堂经理送来了钱包，原来是食堂勤工俭学的学生肖萍拾到了。周父感激不已，获悉肖萍家境贫寒，拿出500元现金酬谢她，但被她谢绝了。周父买来红纸，起草了一封感谢信张贴在食堂门口。请你起草这封感谢信。

【范文赏析】

感 谢 信

尊敬的黎梅梅女士：

　　由云南省视界留学基金会杨晋云女士提倡"珍视生活，关心他人和集体"，并携手云南省省委、省政府及省教育厅联合倡议开展"一帮一爱心助学专项基金"活动，吹响了爱心集结号。云南省视界留学基金会期待以此次活动唤起更多的爱心，汇聚社会力量，关注品学兼优、家庭贫困的高中学生，为其谋求更好的就学就业出路，共同培育和呵护滇城的精神文明之花。

　　黎女士您率先垂范，积极参与此项捐资助学活动，成为爱心典范。当您了解到曲靖二中段凯、彭秋思、张雪梅、刘锐四名成绩优秀但家庭贫困的学生急需扶持时，毅然决定慷慨解囊，首批捐赠宝贵的4000元助学金。此雪中送炭之举，不仅解了孩子们的燃眉之急，同时也是对他们最好的鼓励和鞭策。您的捐赠犹如冬日里最灿烂的一缕阳光，照亮了他们的心怀，那如波涛汹涌般的爱的暖流久久地在我们每个人的内心深处涤荡。相信他们定会好好珍惜这笔奖学金，努力学习，立志成才！

　　黎女士您的爱心善举让我们深受感动，也将让我们铭记在心，成为我们"一帮一爱心助学专项基金"成长进步的一大强劲动力。在此，我们谨代表曲靖二中段凯、彭秋思、张雪梅、刘锐四名同学及其家人向您致以最诚挚的谢意！谢谢您！

"一帮一爱心助学专项基金"
云南省视界留学基金会
××××年×月×日

（资料来源：百度文库 http：//wenku.baidu.com）

　　[简评] 这篇感谢信首先交代写感谢信的背景和缘由，接着对黎女士的爱心捐助事迹给予了客观、高度的评价，最后表达了以实际行动向黎女士学习的态度和决心以及诚挚的感谢。全文格式规范、文辞简洁，情真意切，值得借鉴。

【知识聚焦】

　　在生活、学习和工作中，一方受惠于另一方，应及时表达谢意，使对方在付出后得到心理上的收益，它是一种不可缺少的公关手段。感谢信对于表扬先进、弘扬正气、树立良好的社会风尚，促进社会主义精神文明建设有着重要意义。

一、感谢信的含义

　　感谢信是向帮助、关心和支持过自己的集体（党政机关、企事业单位、社会团体等）或个人表示衷心感谢的专业书信。它广泛应用于个人与个人之间、个人与组织之间、组织与组织之间。

二、感谢信的类型

　　按照行文关系划分，可以分为单位给单位的感谢信，单位给个人的感谢信，个人给单位的感谢信，个人给个人的感谢信。

　　按照存在形式划分，可以分为书信式感谢信、张贴式感谢信、广播式感谢信、登报式感谢信。

三、感谢信的特点

第一,内容的真实性。感谢信中所叙述的事情发生的时间、地点、人物、原因、结果、基本过程等要素必须是真实存在的,这样,感谢信的动情才有来源。

第二,感情的丰富性。感谢信所抒发的强烈感激之情往往以事表情、以情感人,具有感情的丰富性。

四、感谢信的写作格式

感谢信的结构和书信相似,一般由标题、称谓、正文、结语、落款五部分构成。

(一)标题

感谢信的标题一般有三种写法:一是直接以文种名称"感谢信"为题;二是"感谢对象＋文种",如《致李玉琪同学的感谢信》《致海洋职工医院的感谢信》;三是"感谢双方＋文种",如《刘明旺全家致天安物业公司的感谢信》。

(二)称谓

在标题的下一行,顶格写出感谢对象的单位全称或个人姓名(个人姓名之前可加敬语,之后可加上职务、职称、头衔、学衔或"同志""先生"等),后加冒号以引出正文。

(三)正文

从称呼下面一行空两格开始写正文。一般包括以下三个方面的内容:

1. 感谢的理由

讲明对方予以帮助、支持的事实,要准确、简要交代清楚人物、时间、地点、事迹、过程、结果等基本情况,要突出感谢的理由。

2. 评价感谢事项

在叙事的基础上对对方的帮助和支持作出恰当、诚恳的评价,对对方的可贵精神进行热情赞扬。

3. 表明态度

表示将以实际行动向对方学习的态度和决心,也可以同时号召其他人以被感谢者为榜样。

(四)结语

写上一两句表示敬意和感谢的话。

(五)落款

落款包括署名和日期。在正文右下方写出感谢者的单位名称或个人姓名,署名的下一行注明写信的时间。

五、感谢信的写作要求

第一,真实准确。感谢信对事迹的介绍一定要真实,确有其事,不可虚构夸张,对被感谢者的评价和赞扬要恰如其分,不可夸大溢美。

第二,言简意赅。感谢信的文字要简练,以叙述主要事迹为主,详略得当,篇幅不宜过长。

第三,充满感情。感谢信要抒发感谢对方的真挚情感,要在概述和评价的字里行间自然而然地流露。

答 谢 词

任务驱动

2018年6月，武汉××职业学院选派30名学生干部到孝感双峰山训练基地接受为期两天的素质拓展训练。训练项目包括"小组文化建设""高空抓杠""信任背摔""松鼠与大树""毕业墙"和"回顾总结"等。每完成一个项目，拓展训练教练就与同学们一起认真总结，找出薄弱环节，让大家加深领悟，分享成功经验。训练中全体学生积极踊跃参加每个项目，团结协作，共同谋划攻克一个个难关。训练现场，以团队合作为理念的"毕业墙"项目将整个拓展培训推向高潮。训练结束时，周道容要代表全体受训同学向2位教练致热情洋溢的答谢词。请你代他起草这则文书。

【范文赏析】

"润滇米线"新闻发布会答谢词

尊敬的各位领导、各位来宾、各位企业家，媒体朋友们：

大家好！

非常感谢大家在百忙中参加"润滇米线"新闻发布会，共同见证"润滇米线餐饮连锁品牌"的诞生。在此，我谨代表"润滇米线"全体家人向到场的各位领导、嘉宾和媒体朋友表示衷心的感谢！

"民以食为天"。近年来，随着我国经济的快速发展，中国餐饮业营业额实现高速增长。2016年，中国餐饮业营业收入突破3.5万亿元，预计未来将保持18%以上的速度发展，我国正迎来一个餐饮业大发展的时代，市场潜力巨大，发展前景广阔。

法行天下，食者无忧。习近平总书记在十九大工作报告中，明确提出实施食品安全战略。近日，国家食品药品监督管理总局日前发布《网络餐饮服务食品安全监督管理办法》；紧接着，"2017年中国食品发展大会"在京举行。食品安全，再一次上升到一个全新的高度。

云南是一个民俗风情绚丽多姿的家园，也是一个拥有多元、深厚米线文化底蕴的国度。云南易和润滇米线有限公司，凭借多年米线生产经验积淀和研发团队3年多的不懈努力，在行业中率先通过了全程有机认证和质量管理体系认证，并于2016年11月，成功挑战了3068米最长米线吉尼斯世界纪录。今年11月，我们成功推出"润滇米线"系列产品。

面对餐饮行业机遇迸发的趋势，"润滇米线"已完善了品牌合伙加盟发展规划，牵手世界500强，开创云南米线烹饪标准化生产作业，立足线下体验店开发建设的同时，带动方便米线量产，旨在完美呈现云南米线美食风情大观，并通过接入智慧餐饮管理系统，线上线下合伙连锁加盟的模式，力争三年内实现在昆明市布局300家体验店的宏伟目标。这是一个机遇和挑战并存的时代。润滇，肩负传承和弘扬云南优秀米线文化的使命，在市场刚需和消费升级的推动下，立足品质，依靠创新，不断调整、优化产业结构，追求润滇餐饮连锁品牌持续、健康发展。

我们有信心和决心，将在各位来宾的关注和支持下，朝着标准化、品牌化的道路上蓄势起航，一路披荆斩棘，乘风破浪，与所有润滇人一起共同缔造和铸就"润滇米线"的传奇和辉煌！

最后，再次感谢各位合作伙伴，感谢每一位到场的领导、嘉宾和媒体朋友，祝愿大家身体健康，工作顺利，家庭幸福！

谢谢大家！

2017年12月6日

（资料来源：百度文库http://wenku.baidu.com，略有改动）

[简评] 这篇答谢词的标题以"答谢场合+文种"为题。称呼兼顾了所有在场者。正文部分首先表达对宾客的由衷感谢之情，其次表述在餐饮行业机遇与挑战并存的趋势下，"润滇米线"的成就与追求，最后再次感谢各方人士的支持，并表达了良好的祝愿。全文主旨鲜明，感情真挚，层次明晰，结构完整，是答谢词的佳作。

【知识聚焦】

人际交往提倡"礼尚往来""来而无往非礼也"。受人恩惠便要有"谢"，或揖拳，或鞠躬，或以言辞道谢，或以纸笔作书，若在正式的礼仪场合，便是温文尔雅的答谢词了。可以说，答谢词是一种最高级的致谢形式，它声情并茂，能够最充分、最有效地表达谢意，在外交、社交活动日趋频繁的当代社会，发挥着越来越重要的作用。

一、答谢词的含义

答谢词是在特定的礼仪场合，主人致欢迎辞或欢送词后，客人所发表的对主人的热情接待和诸多关照表示答礼、谢意和感激之情的讲话。

二、答谢词的类型

依据不同的致谢缘由和致谢内容，答谢词可分为两类：

一是"谢遇型"答谢词。"遇"即"招待，款待"。"谢遇型"答谢词，就是用来答谢别人的招待的致辞，它常用于宾主之间，既可用于欢迎仪式、会见仪式上与"欢迎词"相应，也可用于欢送仪式、告别仪式上与"欢送词"相应。

二是"谢恩型"答谢词。"恩"即受到别人的帮助。"谢恩型"答谢词就是用来答谢别人帮助的致辞。它常用于捐赠仪式或单位答谢客户活动、单位庆贺仪式，以及单位团体或个人在授奖、授衔仪式等场合用来表示感激之情。

三、答谢词的特点

第一，充满真情。答谢词用于感谢他人的热情招待或别人的帮助，字里行间充满真挚的感激之情。

第二，注重照应。特别是撰写"谢遇型"答谢词时，一般要与主人的欢迎词相照应，以示尊重和感谢。

第三，篇幅简短。答谢词重在词短情长，不着边际的长篇大论只会让人怀疑答谢的诚意。

四、答谢词的写作格式

答谢词由标题、称谓、开头、正文、结语五部分构成。

（一）标题

答谢词的标题常有三种写法：一是只用文种"答谢词"为题；二是"答谢场合+文种"，如《在××市政府欢迎晚宴上的答谢词》；三是"答谢者+答谢场合+文种"，如《唐市长在××市政府欢迎晚宴上的答谢词》。

（二）称谓

答谢词的称谓和欢迎词、欢送词等其他礼仪文书的称谓相似，标题下另起一行顶格写被答谢方的姓名、职务、头衔等，既可以是广泛对象，也可以是具体对象，要使用尊称和敬语。

（三）开头

用简洁的语言对主人的招待或帮助表示感谢。

（四）正文

"谢遇型"答谢词应以双方关系为重点。"谢遇型"答谢词是用来答谢别人的招待，但是对"招待"的感谢往往说不了多少话，说多了便会显得不真实或俗气，故而应"借题发挥"，在双方关系上大做文章，或阐发此行的意义，或赞扬主人的成绩和贡献，或肯定双方合作的前景，或对双方共同感兴趣的话题表达自己的看法和观点，或回顾欢聚的美好时光，使谢意建立在双方交往的基础上，更显自然和亲切。其结构程式如下：致谢缘由与致谢语——谈关系、叙交往、颂友谊——表达愿望，再致谢意。

"谢恩型"答谢词应以致谢缘由为重点。施恩、助人，乃是一种急人之难、雪中送炭式的义举，受恩、受助者最为感动甚至终生难忘的，便是这种义举发生的背景与来由，即致谢缘由，因而在表达谢意时，要将这种致谢缘由概括叙说。而施恩、施助者的义举出于自愿，不图回报，他们并不想听到过分、过多的感谢话，致谢人只需将致谢缘由说清楚，就能使对方欣然接受。其结构程式如下：受助心情——致谢缘由——致谢意、表决心（即以实际行动答谢对方）。

（五）结语

答谢词的结语一般再次表示感谢，并表达诚挚的祝愿或希望。

五、答谢词的写作要求

第一，注意照应欢迎词。撰写"谢遇型"答谢词时，若主人已经致辞在前，作为客人就不能充耳不闻。答谢词要注意与欢迎词的某些内容照应，即使预先准备了答谢词，也要在现场紧急修改补充，或因情、因境临场应变发挥，这是对主人的尊重。

第二，感情热烈真挚。答谢词应该热情洋溢，给人以如沐春风的感觉，冷冰冰、干巴巴、硬邦邦的说辞是不会让人感受到答谢的诚意的。

第三，措辞恰当得体。在礼仪场合，"再次表示衷心的感谢""致以深深的谢意"等必要的客套话是不能省略的，但措辞应得体，语言表达要恰如其分。既要热情洋溢，又要有分寸感，避免故意拔高让人觉得虚情假意。

第四，篇幅力求简短。答谢词是应酬性讲话，而且往往是在公关礼仪活动刚开始时发表的，下面还有一系列的活动等着进行。因此篇幅不宜冗长拖沓，而要力求简短。

任务五
祝贺词

2019年7月14日，由共青团中央、全国学联主办，教育部应用技术大学（学院）联盟等协办的第十八届全国大学生机器人大赛ROBOTAC赛事在广州举行，武汉软件工程职业学院团委、电子工程学院派出13名学生参赛，最终获得竞速冠军、竞技三等奖。校学生会决定向十三位同学表示祝贺。周道客作为学生会副主席，负责起草这则贺词。请你代他以学生会的名义起草这则文书。

【范文赏析】

贺　词

武警××市消防支队：

　　欣闻武警消防支队荣获××市委、市政府授予的"侨乡忠诚卫士"荣誉称号，××学院党委、行政代表全院师生向贵支队致以最热烈的祝贺。

　　几年来，消防支队全体官兵以"保护侨乡、奉献侨乡"作为行动准则，做到有警必出、有难必帮，为保卫国家和人民生命财产安全，促进侨乡经济和社会发展和构建和谐社会做出了突出贡献。

　　贵支队与我院共建单位关系由来已久。多年来，贵支队与我院在工作中密切合作、相互支持，在创建"平安校园"工作方面给予了我院很大的帮助。我院将号召全体党员干部、师生向贵支队官兵学习。愿与贵支队在未来的时间里继续加强交流与合作，增进共建感情，共同期待共建工作的美好明天！

　　祝消防支队全体官兵身体健康，工作顺利！

　　此致

敬礼！

××学院
××××年×月×日

（资料来源：http：//m.wenshubang.com，略有改动）

　　[简评]　这篇祝贺词正文部分包含三层意思，一是点明祝贺的事由并祝贺，二是主体部分赞扬武警消防支队对促进侨乡经济和社会发展、创建"平安校园"做出的突出贡献，突出祝贺事由的意义，三是叙述双方的友谊，感谢对方的支持。结语部分表达了对消防支队全体官兵的祝福。通篇主旨集中，热情洋溢，层次分明，行文流畅。

【知识聚焦】

　　祝贺词是一种使用十分广泛的交际文书，可以促进不同国家之间、政党和组织之间的友好往来。可以沟通单位之间、部门之间和干群、政群、军民之间的联系，在公关活动中起着联络感情、增进友谊、促进交流和加强合作的作用。

一、祝贺词的含义

　　祝贺词，也称祝词或贺词，是致贺方对受贺方取得的重大胜利、突出成就或节日、纪念日、寿辰、诞辰等喜庆之事以及重大活动表示祝贺的言辞。

　　祝词和贺词都是泛指对人、对事表示祝贺的言辞和文章，虽然在某些场合二者可以通用，但二者含义不完全相同：祝词通常是用在事情成功之前表示祝愿、希望的意思；贺词一般是用在事情成功之后对事物的结果表示庆贺和赞美，如祝贺生日诞辰、竣工庆典、荣誉获奖、荣升任职等。另外贺词使用范围比较广，如贺信、贺电等，也属于贺词类。

二、祝贺词的类型

　　按祝贺内容，祝贺词分为活动祝贺、会议祝贺、成就祝贺、项目祝贺、节日祝贺、生辰祝贺、婚嫁乔迁祝贺等。

三、祝贺词的特点

孔子曰"礼之用，和为贵"。祝贺词用于喜庆之时、喜庆之事，其最大特点是用热烈、富有感情色彩的吉言佳句向对方表达自己衷心的祝福之意，使对方心情舒畅，双方关系更加密切、和谐。除此之外，祝贺词还有以下特点：

第一，实效性。祝贺词一般在祝贺事情发生的第一时间起草，且要迅速、及时的发出。

第二，鼓舞性。祝贺词通过赞扬被祝贺者的可喜成绩、重大贡献与精神品质，给人褒扬、鼓舞、希望。

第三，简洁性。祝贺词一般短小精悍，格外注重语言的精炼。

四、祝贺词的写作格式

祝贺词一般由标题、称谓、正文和落款四部分组成。

（一）标题

祝贺词标题一般由"致辞人＋致辞场合＋文种"三部分组成，实际运用常省略被致辞人或致辞场合，直接用文种做标题。如"致辞""贺信"。

（二）称谓

在标题下一行顶格写受贺方单位名称或个人姓名及头衔，一般要用全称。称呼前可加表示亲切程度的修饰语，如"尊敬的""敬爱的"之类，称呼后可加头衔，也可加"先生""女士""夫人"等称呼。修饰语和职务头衔要恰当得体、实事求是。

（三）正文

正文是贺词的主体，一般由开头、主体和结语组成，分若干层表达。开头点明祝贺缘由，主体阐明祝贺事项的意义价值，结语表达期望祝福。祝贺对象和祝贺缘由不同，正文内容应有所不同。如对重要会议或重大成就的祝贺，需用一定篇幅概括其形势、背景及重要意义；对重要节日或纪念日的祝贺，也要概括其产生背景和纪念价值并给予积极评价。结语表达的期望祝福要根据不同的场合、不同的事件及双方关系拟定，如"祝××活动（会议）圆满成功""祝开业大吉，生意兴隆""祝健康长寿"或"福如东海，寿比南山""谨祝取得新的更大胜利"或"祝××事业鹏程万里"等。

（四）落款

落款需署名署时。即署上致贺单位全称或个人姓名，写明祝贺的时间。有的还可注明祝贺地点。

五、祝贺词的写作要求

第一，有的放矢。祝贺词应以事实为基础，一些重大活动的祝贺词，撰写前要充分了解受贺方活动发生的相关知识背景和活动目的，做到有的放矢。不能文不对题，生搬硬造，也不能用华丽的辞藻空泛地堆砌赞扬。

第二，热情礼貌。祝贺词称谓要礼貌妥帖，充分表达亲切尊敬之意。行文需真挚热烈，洋溢着热情友好的气氛。

第三，简洁通俗。祝贺词的语言要概括洗练，篇幅宜短小精悍，一般几百字则已。要通俗易懂，雅俗共赏。

任务六 讣告与悼词

讣　告

任务驱动

> 2019年6月3日10时40分，我国著名物理学家、半导体学科创始人之一、红外学科奠基者、院士、九三学社社员、上海技术物理研究所研究员汤定元先生，因病医治无效，于2019年6月3日10时40分在上海华东医院逝世。上海技术物理研究所成立了汤定元院士治丧委员会，治丧委员会工作人员查阅汤院士人事档案，起草讣告，写好后交所领导和家属审核、然后对外发布。你知道这则讣告应该如何写作吗？

【范文赏析】

讣　告

我国著名物理学家、半导体学科创始人之一、红外学科奠基者、院士、九三学社社员、上海技术物理研究所研究员汤定元先生，因病医治无效，于2019年6月3日10时40分在上海华东医院与世长辞，享年100岁。

汤定元院士长期从事固体物理、半导体光电子学、红外物理和器件研究，卓有成就。他领导并建立了我国红外研究的学科体系，带领研制成功多种具有国际先进水平的红外光电探测器，并成功应用于多种遥感探测装备中，为我国"两弹一星"等的研制作出了重要贡献。他潜心于科研和教育事业，为国家培育了一批优秀科学家。曾荣获"全国科学大会先进工作者"奖状和"献身国防科技事业"荣誉证章。汤定元院士曾任第六、第七届全国政协常委，九三学社第七、第八届中央委员会委员，上海技术物理研究所所长、红外物理国家重点实验室学术委员会主任。

汤定元院士遗体告别仪式定于2019年6月11日（周二）上午10时在上海龙华殡仪馆（漕溪路210号）大厅举行。谨此讣告。

汤定元院士治丧委员会
2019年6月3日

（资料来源：http://www.sitp.cas.cn）

[简评]　这则讣告为一般式讣告。讣告第一段通报了汤定元院士的学术地位、离世原因、时间、地点和享年；第二段是汤院士的生平介绍，突出了汤院士的学术贡献。第三段通告了汤院士的丧事安排，以便于其亲属、同事和朋友吊唁。全文结构完整规范，语调庄重，感情悲悼。

【知识聚焦】

悼唁为悼念死者并慰问安抚家属。"悼"为"悲伤""哀念"；"唁"为"吊丧"，即对遭遇丧事表示慰问。悼唁的形式一般是召开追悼会或举行遗体告别仪式，以供逝者亲友、同事寄托哀思，追思缅怀。举行追悼会或遗体告别仪式前，须准备好讣告和悼词。

一、讣告的含义

讣告也称"讣文""讣闻",是将某人去世消息告知其亲朋好友、有关单位和个人的一种丧葬应用文体。

二、讣告的类型

讣告有一般式讣告、公告式讣告和新闻报道式讣告三种基本类型。普通公民去世多用一般式讣告;党和国家领导人、著名民主人士或社会知名人士去世多以公告方式发布消息;新闻报道式讣告只是将死者去世信息作为一般消息发布,晓谕社会,告知个人。

三、讣告的特点

第一,庄重性。任何一个人的辞世都是需要郑重对待的,讣告正文一般要概述逝者一生的主要经历和贡献,所以讣告一定要庄重严肃,深沉凝重。

第二,悲悼性。一个曾经十分亲切或熟悉的人故去,必然使人伤感、悲痛,所以讣告行文要语气沉重,感情哀婉,字面行间体现出悲悼的情绪。

第三,简明性。讣告是报丧的文书,不是悼念性散文,不必写得婉约曲折,而要文字精练,简明扼要交代逝者生平经历、事迹和成就。

四、讣告的写作格式

讣告的类型不同,其写作格式和要求也稍有不同。

(一)一般式讣告的格式

一般式讣告是最为常见的讣告形式,一般包括以下三部分。

1. 标题

标题一般有两种形式:一是仅有文种名称,在顶行居中写上"讣告"二字;二是由"死者姓名+文种"构成,如《×××同志讣告》。

2. 正文

一般式讣告的正文通常要写出下面几项内容:

首先写明死者的姓名、身份、死因、逝世的日期、具体时间、地点、终年或享年岁数。终年指死者去世时已活到多少岁,用法较为广泛,不带感情色彩;享年为死者享受过的有生之年,一般用于自己的长辈或人们所敬重的老者。

然后简介死者生平及政治、学术、艺术、技术等方面的主要成就,或者在养育家人、教育后代等方面的含辛茹苦、以身垂范等事迹。死者生平应选取其具有代表性的经历或成就,不能写成个人履历。

最后告知吊唁、追悼会及殡葬的时间、地点以及接送车辆安排等其他有关事宜。

3. 落款

在正文右下方署明发讣告的单位名称或个人姓名,以及发讣告的时间。

(二)公告式讣告的格式

公告式讣告一般由公告、治丧委员会公告、治丧委员会名单三部分组成,通常由党和国家或一定级别的机关、团体、企事业单位等作出治丧决定后发出。公告式讣告比一般式讣告要隆重、庄严。

1. 公告

公告标题由发文机关、团体、单位的名称和文种名共同构成。如《中国共产党中央委员会、中华人民共和国全国人民代表大会常务委员会、中华人民共和国国务院公告》。

公告正文写明死者的职务、姓名、逝世原因、时间、地点以及享年岁数。还要对死者简单评价并表达哀悼之辞。

公告结尾要署明公告时间。

2. 治丧委员会公告

治丧委员会公告是讣告的核心部分，主要交待相关事宜，具体写法如下：

首先用粗体大写字写明"×××同志治丧委员会公告"字样。

其次写明对丧事的安排及具体要求。如吊唁或瞻仰遗容的具体时间、地点、参加人；召开追悼会的具体时间、地点，以及追悼会召开时的其他事宜，如社会各界、机关单位及群众团体的吊唁活动安排等。

最后要在结尾处注明"特此公告"字样，并在右下方署明公告发布日期。

3. 治丧委员会名单

治丧委员会名单通常由两部分构成：一是治丧委员会领导成员名单，一般按职务排名。二是全体治丧委员会名单，一般以姓氏笔画为序排列。

公告式讣告由"公告""治丧委员会公告""治丧委员会名单"等共同组成一个完整的讣告，因此各部分要同时公布于众。

（三）新闻报道式讣告

新闻报道式讣告通常作为一般的消息在报纸或电台、电视台等媒体上播发，旨在晓谕社会，其内容和形式极其简单。一般只有短短的几句话。只告知死者的姓名、身份、逝世时间、地点、终年岁数即可。

五、讣告的写作要求

第一，讣告一般由家属或所在单位派专人负责起草，党和国家领导人的讣告由专门成立的治丧委员会撰写并报中央批准，一些特殊人士的讣告，须呈报相关部门批准。

第二，凡讣告用纸，忌用红色，一般用白纸，上书黑字并以浓墨围上方框以示哀悼。

第三，讣告行文应庄重肃穆，体现出沉痛哀悼、深切缅怀的感情色彩。

第四，死者的生平及贡献应依据个人档案记录准确无误予以评价，避免造成差错。

悼　词

任务驱动

2011年1月5日上午10点，上海市优秀人民教师、上海市"名师工程"导师、全国中语会副理事长、全国中语会学术委员会副主任陈钟樑先生因心脏病突发，在上海不幸去世，追悼会拟定在元月8日在上海龙华殡仪馆召开。因早在20世纪80年代中期，陈先生曾担任上海市教委教研室副主任，所以上海市教委教研室为陈先生撰写了悼词。你知道这则悼词应该如何写作吗？它与讣告的区别是什么？

【范文赏析】

陈钟樑先生追悼会悼词

各位来宾、各位亲朋好友：

今天我们怀着十分沉痛的心情，为上海教育界德高望重的前辈、市教委教研室原副主任、上海市语文特级教师陈钟樑先生送行。在此，我谨代表市教委教研室，对钟樑先生的离去表示深切的悼念，对钟樑先生的家属表示亲切的慰问，顺请节哀顺变！同时，向今天参加追悼会的所有领导、来宾和钟樑先生的亲朋好友表示衷心的感谢和诚挚的敬意。我相信，钟樑先生地下有知，也一定会为大家的到来感到欣慰！

陈钟樑先生祖籍广东番禺，1937年9月15日生于上海，1959年大学毕业走上教育岗位，曾担任上海市光明中学语文教师，黄浦区教育学院语文教研员，上海市光明中学副校长，市教委教研室教研员，教研室副主任。

几十年来，钟樑先生忠诚于人民的教育事业，辛勤耕耘，努力进取，以他崇高的职业精神和精湛的专业能力为我们的教育事业做出了杰出的贡献，受到他所在单位、他的同事、他的无数弟子、学生的高度评价。为此，钟樑先生于1981年被评为上海市优秀人民教师，1994年被评为上海市特级教师，在平凡的岗位上创造了不平凡的业绩。

1998年，钟樑先生退休了，但实际上是退而不休，始终奔走于大江南北，沉浸于学校课堂。上课，评课，讲座，指导，撰文，著书，为我们的语文教育事业呕心沥血，硕果累累。为此，2010年，中国教育学会中学语文教学专业委员会授予他终身成就奖。直到前几天，古稀之年的钟樑先生，还在指导青年教师。

我们常欣慰于钟樑先生的康健，敬重于钟樑先生的执着，钦佩于钟樑先生的渊博，感念于钟樑先生的乐观，我们以为，钟樑先生还将陪伴我们许久。然而，就在三天之前，钟樑先生因突发疾病抢救无效，于公元2011年1月5日上午10点25分与世长辞。他的家人痛失了一位好丈夫，一位好父亲，一位好爷爷；我们痛失了一位好同事，一位好师长；我国语文教育界痛失了一位好老师，一位好战士！

钟樑先生是一位求索者，他勇于实践，勇于探索，又十分重视理论学习与研究，因而，无论在实践探索还是理论建构上，他都有突出的贡献。

钟樑先生曾提出一个观点，认为20世纪的中国，人们对语文教育的认识经历了两次转变：第一次是20世纪初，从"文学型教育"转变为"文字——语言型教育"；第二次是改革开放后十多年，从"文字——语言型教育"转变为"语言——思维型教育"；他进而指出："人们没有理由不期待着语文教育的第三次更为壮观的转变，转变为'语言——人的发展'，以此设计语文教育的课程与教材、教法与学法、测试与评价等等方面，促使语文教育全方位的改革。"他的题为《期待：语文教育的第三次转变》的文章虽然不长，但是闪烁着求索者耀眼的思想火花。

钟樑先生是一位播种者。他严于律己，宽于待人，用自己整个生命留下了一座师魂的无字碑。

他用自己的心血作灯油，点亮过多少在蒙昧中摸索探路者的明灯；他用他那个并不伟岸的身躯作柱梁，为多少学生撑起了一方明净蔚蓝的天空。他数十年如一日，无论作为教师还是教研员，始终不忘三尺讲台，不忘春风化雨，启迪心智；51年教师路，风雨兼程，培育桃李，他描绘了一段精彩人生。

钟樑先生是一位引领者。他始终关心教师，特别是青年教师的成长。在青年教师眼中，他是一位声名卓著的学者，是一位心静如水的老人，还是一位纯真俏皮的老顽童，他以他的睿智与博学，和蔼与低调，诙谐与真实，引领并陪伴着青年教师的成长与发展。

著名特级教师、全国中学语文教学研究会副理事长、上海东方教育中心副主任、华东师大、上海师大、华中师大、四川师大等多所院校客座教授、全国中语会学术委员会副主任、香港国际教育交流中心研究员，众多的"头衔"正是人们对他作为引领者的认可与信任。

"死者长已矣，托体同山阿。"我们相信，逝去的只是一个鲜活的生命，留下的将是一种不朽的精神。那就是全身心投入教书育人工作，情系民族教育的需求、孜孜不倦求学上进的职业精神，是诚心待人、热情助人、乐观豁达的生活态度，他既做授业的经师，又做处世的人师。正像人们常常感慨，我们没有办法把握生命的长度，但是，钟樑先生却用自己的努力增加了生命的厚度。

安息吧，钟樑先生，愿一路走好！

上海市教委教研室
2011 年元月 8 日

（资料来源：天堂纪念网 http：//www.waheaven.com）

[简评] 这是一份宣读体悼词，开头表达对陈钟樑先生辞世的沉痛哀悼之情和对家属亲友的亲切慰问，向参会来宾表示了衷心感谢之意；正文追述陈先生生平和其对中国语文教育教学的突出贡献；结尾高度评价了陈先生教书育人、情系民族教育、求学上进的职业精神和诚心待人、热情助人、乐观豁达的生活态度并祝先生安息。通篇夹叙夹议，文辞真挚，较好传导了先生的教育追求和敬业精神。

【知识聚焦】

悼词是从我国古代的诔辞、哀辞、吊文、祭文演化而来。其中诔辞是我国最早的专门表彰死者功德的宣读性哀悼文体，哀辞文体是诔辞的旁支。诔辞的对象主要是王公、贵族、士大夫，哀辞的对象主要是"童弱夭折，不以寿终者"。吊文指凭吊性的文章，有慰问之意，内容较诔辞、哀辞广泛，主要对象是古代一般群众。祭文是古时祭祀天地鬼神和死者时所诵读的文章，适用对象较广。今天我们所说的悼词是"五四"新文化运动的产物，在内容和形式上，同古代的诔辞、哀辞、吊文、祭文均有实质性的不同。

一、悼词的含义

悼词是对死者表示哀悼的讲话或文章。它有广义和狭义之分。广义的悼词指向死者表示哀悼、缅怀与敬意的一切形式的悼念性文章，狭义的悼词则指在死者追悼大会上宣读的表示哀思与敬意的文章。广义的悼词多由死者的亲朋好友、师长、学生或同事撰写，主要叙述死者的生平事迹、优秀品质和突出贡献，以及对自己的勉励和影响，文体较为广泛，以抒情缅怀为主。狭义的悼词由于受追悼大会时间、地点、条件的限制，一般以记叙或议论死者的生平业绩为主。

二、悼词的特点

第一，突出重点。悼词是对死者生平的追述和业绩的总结，应重点突出死者生前在学习、工作和生活中的主要贡献，及其思想、精神、作风、品质和修养等方面的优秀特质，以对逝者的肯定和褒扬来寄托哀思，激励来者。

第二，积极向上。悼词的内容和行文应该是积极向上，凝重健康的。基调是"化悲痛为力量"，通过对逝者的追思和缅怀，使其思想和精神感染鼓舞后人，传递"正能量"。

第三，体裁多样。广义的悼词体裁和表现手法多样，既可以写成记叙文或议论文，又可以写成散文，只要能达到真诚表达生者对死者的缅怀和敬意的目的即可。

三、悼词的写作格式

广义的悼词没有固定的文体和格式，宣读体悼词格式则比较固定。

宣读体悼词一般由标题、正文、结尾和落款四部分组成。

（一）标题

宣读体悼词的标题一般有两种：一是直接用文种名做标题，即《悼词》；二是"死者姓名＋文种"，如《在宋庆龄同志追悼大会上的悼词》。

（二）正文

正文一般分为四个部分：第一部分主要写用什么样的心情追悼死者，并对家属表示慰问，然后简述死者生平及对其一生的总体评价；第二部分简要追述死者一生的经历及职务；第三部分写死者生前主要业绩和优秀品质，如对党、对人民、对社会、对家庭所做出的贡献，及其精神品质和学术成就等；第四部分表明生者学习其高尚品德和精神，继承其遗志，化悲痛为力量的决心。

（三）结尾

悼词的结尾独立成行。一般用"×××同志永垂不朽！""××同志永远活在我们心中""××一路走好！""××安息吧！"做结尾。

（四）落款

落款即署名和署时。如果悼词开头已经介绍了参加追悼会的人员情况，落款只署上成文日期即可。

四、悼词的写作要求

第一，专人起草，符合规定。宣读体悼词一般由其家属或所在单位派专人负责起草，党和国家领导人的悼词由专门成立的治丧委员会撰写并报中央批准，一些特殊人士的悼词，须呈报相关部门批准。

第二，尊重历史，实事求是。对逝者的称颂应真实、客观，行文有据，褒扬得当，并从一定的理论高度总结概括死者生前主要贡献。对死者生平贡献可适当溢美，但切勿过头，一般不涉及死者生前所犯错误和缺点。

第三，语言得体，情感真挚。行文应悲痛凝重，情真意切，昂扬向上。语言要简洁、严肃、高度概括。

【写作实训】

一、判断分析

1. 为了强调请柬的时间性，可以用"不得有误"作为请柬的结束语。
2. 邀请函的作用类似于通知，起告知作用。
3. 感谢信要详细说明感谢的缘由。
4. 欢迎词的内容一般要涉及具体的细节问题，其中重在表示热情友好的交往态度。
5. 欢迎词与欢送词这两种礼仪文书使用频繁，它们的主要作用之一是安排活动日期。
6. 开幕词只是大会或活动的序曲，对会议或活动的指导作用不大。
7. 祝词与贺词较为接近，但祝词重在祝贺，贺词重在祝愿。
8. 写感谢信时，对对方的精神和品德评价越高，越能表达自己的感激之情。
9. 一些特殊人士的讣告，须呈报相关部门批准。

10. 悼词的内容和行文应该是积极向上，凝重健康。

二、病例评改

1. 请分析下列请柬的不足之处并予以修改。

邀 请 柬

×××：

  贵校打算于 2018 年 3 月 16 日在报告厅举办关于中国传统节日知识讲座，要求大家都参加，请你务必出席。

××职业学院
2018 年 3 月 15 日

2. 请指出下列感谢信的不当之处并予以修改。

感 谢 信

××中学领导：

  我的女儿去年遭遇一场车祸，失去了左腿。一年来，老师和同学们无微不至地关心她，给她补课，替她做作业，班主任杨老师给她送来"身残志坚"的条幅，成了激励她奋斗的座右铭。现在我的女儿战胜了伤残，成绩在班级名列前茅。我们全家向杨老师和同学们表示感谢，并请求学校领导给予表扬。

此致

  敬礼

一学生家长
11 月 23 日

三、单项写作

1. 2019 年 5 月 16 日，××职业学院团委、艺术与传媒学院将联合举行××市花艺新秀插花花艺大赛，请你以团委名义给各学院院长拟写邀请函。

2. 2018 年 10 月 26 日，××职业学院 18 名优秀学生将前往澳大利亚博士山学院进行为期 2 周的游学，请你以校长的名义拟写一份欢送词。

3. 武汉××职业学院 2018 年 "最是春光好读书·校园阅读文化月" 活动于 2018 年 4 月 16 日在图书馆大厅举行开幕式，请以图书馆馆长的名义起草一则开幕词。

4. 武汉××职业学院 "创军运荣耀，筑心灵美好" ——第十五届心理健康活动月于 2019 年 5 月 20 日下午在学术楼 2 号报告厅成功闭幕，请你以学工处的名义撰写一篇闭幕词。

5. 2018 年 6 月，南方职业技术学院院长带领该校酒店管理专业部分师生到上海金华酒店参观学习，受到了酒店领导和员工的热情欢迎和款待，临行时酒店举行了欢送会，请你为院长拟写一份答谢词。

四、综合写作

  2019 年 6 月 23 日，第三届 "互联网＋" 大学生创业节暨全国首届民办高校大学生三创大赛决赛在武汉××职业学院举行，邀请了其他 9 所高校的团队同台竞技。大赛组委会主任在开幕式上致辞。经过激烈比拼，武汉××职业学院校壹旅文化旅游发展有限公司项目一举夺得金奖并荣获 "最具价值奖"。大赛结束后，武汉××职业学院校长致闭幕词，金奖获得者致答谢词。武汉××职业学院校学生会向金奖获得者致贺词。

  请你查阅相关资料，分别起草这一活动中的邀请函、开幕词、闭幕词、答谢词、贺词。

模块三

公务文书

> **情境导入**

××汽车公司武汉一厂准备于 2018 年 10 月 28 日举行职工技能比武。根据工厂生产需要，比武项目分汽车装调、维修电工、叉车工、英语、项目管理、乘用车发动机装调等六项。因为比武活动当天部分生产线将停产一天，而且还需向公司申请 10 万元专项资金，此事首先要征得公司同意。厂长要求办公室小李最迟在 9 月 10 日前完成向公司的请示。

公司很快下达了批复，同意按照一厂方案开展技能比武，提供 10 万元专项资金，并要求将比武情况上报。征得厂长同意后，小李首先在全厂布置这项工作，让广大职工知晓并积极参赛。为使评判公正、权威，一厂决定请市职业技能鉴定所的相关专家担任主考，小李至少提前 20 天就此事联系市职业技能鉴定所。市职业技能鉴定所随后回复同意当天派陈×等 9 位技能鉴定专家前来担任评委。

由于部分比赛场地设在厂俱乐部，从场地准备到比武结束清理场地，需要占用厂俱乐部 10 天，在此期间，俱乐部暂时停止开放，小李还须用文字材料将此事告知全厂员工。

10 月 28 日，技能比武如期进行。经过紧张角逐，各项目都评选出了前三名。一厂决定对他们颁发荣誉证书，分别奖励 2000 元、1000 元、500 元。小李必须尽快将比赛结果及奖励情况通报全厂，并起草文书向公司汇报。

随着职工技能比武的圆满落幕，小李先后完成了下列任务：

任务 1　草拟关于职工技能比武有关事项的请示；
任务 2　草拟关于开展职工技能比武活动的通知；
任务 3　草拟关于聘请职工技能比武评委事宜的函；
任务 4　草拟关于职工技能比武期间俱乐部暂停开放的通告；
任务 5　草拟关于职工技能比武获奖情况的通报；
任务 6　草拟关于职工技能比武情况的报告。

公 文 概 述

公文是公务文书的简称，它实用性强、应用范围广泛，在公务活动中发挥着极其重要的作用。由于其思想性、政策性和业务性都很强，所以拟写公文是一种综合能力的体现。

一、公文的含义

公文是党政机关、企事业单位、社会团体实施领导、履行职能、处理公务的具有特定效力和规范体式的文书。

二、公文的类型

（一）按适用范围来划分

2012年7月1日起施行的《党政机关公文处理工作条例》规定，公文主要包括15种：

1. 决议

适用于会议讨论通过的重大决策事项。

2. 决定

适用于对重要事项作出决策和部署、奖惩有关单位和人员、变更或者撤销下级机关不适当的决定事项。

3. 命令（令）

适用于公布行政法规和规章、宣布施行重大强制性措施、批准授予和晋升衔级、嘉奖有关单位和人员。

4. 公报

适用于公布重要决定或者重大事项。

5. 公告

适用于向国内外宣布重要事项或者法定事项。

6. 通告

适用于在一定范围内公布应当遵守或者周知的事项。

7. 意见

适用于对重要问题提出见解和处理办法。

8. 通知

适用于发布、传达要求下级机关执行和有关单位周知或者执行的事项，批转、转发公文。

9. 通报

适用于表彰先进、批评错误、传达重要精神和告知重要情况。

10. 报告

适用于向上级机关汇报工作、反映情况，回复上级机关的询问。

11. 请示

适用于向上级机关请求指示、批准。

12. 批复

适用于答复下级机关请示事项。

13. 议案

适用于各级人民政府按照法律程序向同级人民代表大会或者人民代表大会常务委员会提请审议事项。

14. 函

适用于不相隶属机关之间商洽工作、询问和答复问题、请求批准和答复审批事项。

15. 纪要

适用于记载会议主要情况和议定事项。

（二）按行文方向来划分

1. 上行文

上行文是指下级机关向所属的上级机关的发文，主要有报告、请示。

2. 下行文

下行文是指上级机关向所属的下级机关的发文，主要有决议、决定、命令（令）、通报、通知、批复等。

3. 平行文

平行文是指向同级机关或不相隶属的机关的发文，主要有函、议案、通知。

意见、纪要的行文对象非常明确，但行文方向并不固定，在不同情况下有不同的归属，即既可作为上行文、也可作为下行文，还可作为平行文。公告、通告面向一定范围内的社会公众发文，可同时包含发文机关的上级单位、下级单位和平级单位，行文面广泛，方向不定，也被称为泛行文。

（三）按紧急程度来划分

可分为紧急公文和普通公文。紧急公文还分"特急"和"急件"两类。

（四）按保密程度来划分

可分为无保密要求的普通公文和有保密要求的保密公文。按照保密等级的不同，保密公文分为"绝密""机密"和"秘密"三类。

视频 3-1　公文语言"一点通"

三、公文的特点

（一）工具性

《党政机关公文处理工作条例》指出，党政机关公文"是传达贯彻党和国家方针政策，公布法规和规章，指导、布置和商洽工作，请示和答复问题，报告、通报和交流情况等的重要工具"。作为保证组织正常运作，以实现领导或管理等职能的重要工具，公文有着不可替代的重要地位和作用。因此能否熟练地掌握和运用这一工具，不仅影响组织的运作效率，而且会影响到组织的领导或管理职能实现。

（二）法定性

公文属于法定文书，其法定性主要体现在以下三方面：

1. 作者和读者法定

公文的作者是指以自己的名义行使职权和承担义务的法定组织。公文的起草者只是法定组织的代笔人。即使以组织负责人的名义发布的公文，代表的也是他所在的组织，是其法定职权的体现，而不是代表个人。公文的读者是由发文机关指定的，有的公文的读者是特指的受文机关，而有的公文，如公告、通告等，虽然其读者是社会公众，但其发送的范围也有所限定。

2. 适用范围法定

每一公文文种的适用范围有明确规定。什么事由、向谁行文等因素决定了应选择何种文种。如："议案适用于各级人民政府按照法律程序向同级人民代表大会或人民代表大会常务委员会提请审议事项。"也就是说，非各级人民政府提请审议的事项不能用议案行文。

3. 发文权限法定

有些公文不是所有的机关都可以使用，而是有使用权限。如命令（令），根据《中华人民共和国宪法》及其他相关法律，只有全国人民代表大会的常务委员会、委员长、国家主席、国务院总理、国务院各部部长、各委员会主任以及县以上各级地方人民政府和地方各级人民代表大会，才可以依据法律规定的权限发布，其他任何单位和个人均无权发布。

（三）规范性

公文不是可以随意撰写的应用文，从文种名称到行文关系，从制发程序到构成体式，党和国家有关部门都有严格规定。任何单位和个人处理公文必须符合《党政机关公文处理工作条例》和国家技术监督局 2012 年 6 月发布的《党政机关公文格式》(中华人民共和国国家标准 GB/T 9704—2012)。公文的拟稿人不得随心所欲使用文种名称、设置行文关系或更改构成体式。

(四)程式性

公文的写作、制发、处理等过程都具有一定的程式要求,这些要求保证了公文在规范的前提下发挥其应有的作用;同时,公文在语言、结构等方面也有一定的程式性。

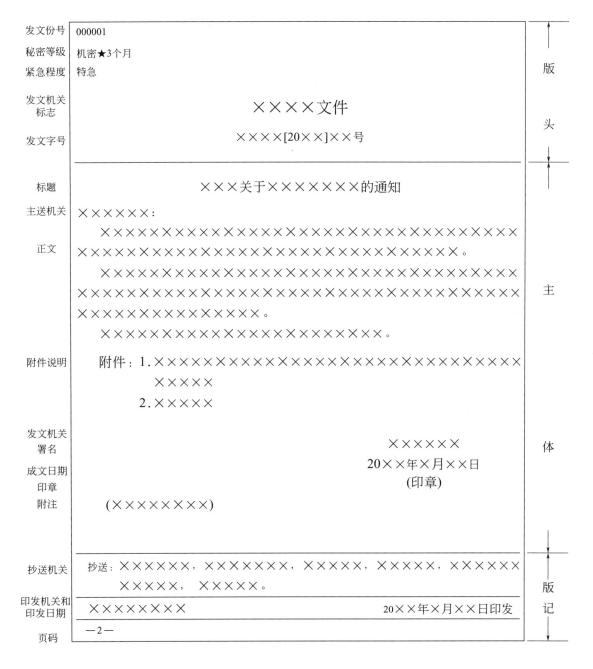

(公文格式示意图)

四、公文的格式

一份公文在文面上可以分为版头、主体和版记三部分。公文格式主要是这三部分内容的组合与写作规定。公文格式简图如下图所示。

（一）版头

公文的文头，又称版头，包括发文机关标志、发文字号、签发人、份号、紧急程度、秘密等级等内容。版头位于公文首页上端，一般约占公文首页文面的1/3。

1. 发文机关标志

是版头部分的中心要素，由发文机关全称或者规范化简称加"文件"二字组成，也可以使用发文机关全称或者规范化简称。如："武汉市人民政府文件""××公司"。

2. 发文字号

又称"文号"，它是发文机关对本机关发出的公文的编号。发文字号由发文机关代字、年份和序号三部分组成。如："国发〔2013〕1号"，表示该公文是国务院在2013年所发的第1号文件。发文字号在"发文机关标志"下空2行处，居中排布。

联合行文时，发文机关标志可以并用联合发文机关名称，也可以单独用主办机关名称。

3. 签发人

上报的公文需在首页标识签发人姓名。"签发人"指批准发出公文的机关领导人。标识签发人时，发文字号移至发文机关标识的下方居左空1字，而签发人则标识在发文机关标识的下方居右空1字。

4. 份号

份号是公文印制份数的顺序号。涉密公文应当标注份号，一般用6位阿拉伯数字，顶格编排在版心左上角第一行。

5. 密级和保密期限

涉密公文应当根据涉密程度分别标注"绝密""机密""秘密"和保密期限。顶格标识在版心右上角，两字之间空1字；如需同时标识秘密等级和保密期限，则两者之间用"★"间隔。例如："秘密★十年"

6. 紧急程度

紧急程度是对公文送达和办理的时限要求，分为"特急"和"急件"两种，顶格编排在版心左上角；如需同时标注份号、密级和保密期限、紧急程度，按照份号、密级和保密期限、紧急程度的顺序自上而下分行排列。

（二）主体

公文的主体包括标题、主送机关、正文、附件、发文机关、成文日期、印章、附注等。

1. 标题

公文标题即公文的名称，是公文内容和作用的高度概括。公文标题由"发文机关名称"、"事由"和"文种"三部分构成。例如：《国务院办公厅关于印发国民旅游休闲纲要（2013—2020年）的通知》。发文机关名称使用全称或规范简称。公文标题中除法规、规章名称使用书名号外，一般不用标点符号；做到居中排列，回行时要词意完整。

视频 3-2 公文标题"一点通"

2. 主送机关

主送机关是公文的主要受理机关，又称"受文机关"。它在公文文面上的地位，相当于书信中的"称谓"。上行文尤其是请示，一般只写一个主送机关；普发性的下行文主送对象可使用泛称，如"各省、自治区、直辖市人民政府，国务院各部门、各直属机构"。除特殊情况外，一般不宜使用"各有关单位"之类不确定的称呼。有些周知性公文如公告、公报等，可不写主送对象。

3. 正文

正文是公文的核心部分，用来表述公文的具体内容，除个别极简短的公文外，正文内容一般由三部分组成：一是发文缘由，即因何而发，或强调目的，或引用依据，或说明原委，或概述情况等；二是发文事项，即这份公文主要解决什么问题，或提出请求，或布置任务，或商洽事情等；三是结尾部分，或提出要求，或用程式性的语言收束。

4. 附件

附件是随公文主件一同致发的相关文件或是对主件有关内容进行补充说明的其他材料。与主件相比，它处于从属地位，但是，它也是一份公文不可分割的有机组成部分。

如有附件，在正文下空一行左空二字编排"附件"二字，后加附件标题。如有多个附件，使用阿拉伯数字标注附件顺序号，如"附件：1.××××××"。

5. 发文机关

发文机关是公文的作者或发出单位，和成文日期一道被称为"落款"。标识在正文的右下方，日期之上。

6. 成文日期

成文日期是公文的生效时间，是公文的一项重要内容。署会议通过或者发文机关负责人签发的日期。联合行文时，署最后签发机关负责人签发的日期。成文日期一般右空四字编排。用阿拉伯数字将年、月、日标全，年份应标全称，月、日不编虚位，如"2018年1月1日"。

7. 印章

公文中有发文机关署名的，应当加盖发文机关印章，并与署名机关相符。有特定发文机关标志的普发性公文和电报可以不加盖印章。

8. 附注

附注一般是对公文的印发传达范围、使用时需注意的事项加以说明，如"此件发至县团级""此件可登报"等，请示则在此处注明联系人的姓名和电话。附注标识在成文日期下一行。

（三）版记

1. 抄送机关

抄送机关指除主送机关外需要执行或者知晓公文内容的其他机关。抄送是为了使公务运转顺利进行，因而既不可漏抄，也不可滥抄。一般不抄送个人。

如有抄送机关，其在印发机关和印发日期之上一行、左右各空一字编排。如需把主送机关移至版记，除将"抄送"二字改为"主送"外，编排方法同抄送机关。既有主送机关又有抄送机关时，应当将主送机关置于抄送机关之上一行，之间不加分隔线。

2. 印发机关和印发日期

印发机关指公文的印制主管部门，一般是各机关办公厅（室）或文秘部门。印发机关和印发日期编排在末条分隔线之上，印发机关左空一字，印发日期右空一字，用阿拉伯数字将年、月、日标全，后加"印发"二字。

3. 页码

公文页数顺序号编排在公文版心下边缘之下，数字左右各放一条一字线。公文的版记页前有空白页的，空白页和版记页均不编排页码。公文的附件与正文一起装订时，页码应当连续编排。

任务一
通知

任务驱动

张欣是××职业学院大学生创业协会会长，刚刚得知协会获得了学校首届"互联网+"创新创业大赛的承办权。她要以校团委的名义尽快草拟一份通知，让全校学生知晓并积极参与此项赛事。这则"通知"该如何写呢？

【范文赏析】

省教育厅关于加强高校大学生创新创业俱乐部建设的通知

鄂教学〔2013〕1号

各普通高等学校：

在省领导关心倡导下，省教育厅联合有关单位组织成立了"湖北省大学生创新创业俱乐部"（以下简称"省俱乐部"）。为了深入推动大学生创新创业教育和自主创业工作，各高校都要建立俱乐部，作为省俱乐部分部，形成分层联动、整体推进的工作体系。现将加强高校大学生创新创业俱乐部（以下简称"高校俱乐部"）建设有关事项通知如下：

一、提高认识，切实增强高校俱乐部建设的紧迫感

党的十八大报告提出，要"实施创新驱动发展战略，坚持走中国特色自主创新道路"；要"实施促进创业带动就业战略"；要"鼓励青年成长，支持青年创业"。近年来，教育部印发了《关于大力推进高等学校创新创业教育和大学生自主创业工作的意见》（教办〔2010〕3号）等一系列文件，强调要面向全体大学生开展创业教育，将创业教育贯穿人才培养全过程，要转变思想观念，改革教学模式，大力推动大学生创新创业教育和自主创业工作。

省委省政府高度重视大学生自主创业工作。省委主要领导多次提出，要加强大学生创新创业俱乐部建设，举办经常性的大学生创业沙龙活动，推动大学生自主创业。

当前，我省大学生创新创业教育和自主创业工作还处于起步阶段，一些高校不同程度地存在认识不到位、工作职能分散、人员经费不足、活动载体缺乏等问题。加强高校俱乐部建设，形成推进大学生创新创业教育和自主创业工作的体系已显得十分紧迫。各高校要切实增强对俱乐部建设重要性、必要性的认识，把俱乐部建设摆在当前学校工作的重要位置来抓，从人才培养方案改革和工作体制机制改革入手，切实加强高校俱乐部建设。

二、明确任务，切实理清高校俱乐部建设的思路

省俱乐部主要任务：一是开展创新创业文化活动，包括创业主题沙龙活动，创业赛事活动，建立专家库等。二是推动创业项目孵化，包括建设孵化基地，实施"湖北省大学生创业金种子计划"和"湖北省大学生创业示范基地建设计划"等。三是提供创业指导服务，包括创业课程建设，信息平台建设，人员培训，创业咨询指导等。

高校俱乐部作为大学生创新创业教育和自主创业工作的重要载体，主要任务：一是举办

经常性的大学生创业沙龙活动;二是统筹整合资源,搭建学校创业教育和实践平台、项目孵化平台;三是为大学生提供日常性的创业指导、服务和咨询;四是配合省俱乐部开展工作,承担省俱乐部有关工作任务。

三、加强领导,切实做好高校俱乐部建设的各项工作

1. 加强组织领导。省教育厅成立大学生创新创业教育和自主创业工作领导小组及工作专班,由厅主要领导任组长,统筹协调大学生创新创业工作和俱乐部建设。省俱乐部日常工作由省高校毕业生就业指导服务中心负责。各高校要相应成立领导小组和工作专班,由学校主要领导任组长、亲自抓,切实做好俱乐部整体设计和资源整合,明确牵头部门及相关部门职责,形成就业、教务、科研、学工、团委等相关部门参加的齐抓共管工作机制。

2. 制定建设方案。各高校要结合实际,深入调研,认真制定《高校大学生创新创业俱乐部建设方案》,内容包括俱乐部体制机制、目标任务、场地经费、创业课程建设、师资队伍、社团建设等。

3. 建立考核激励机制。省教育厅制定高校俱乐部奖励机制,定期开展"优秀俱乐部"评选活动;将高校俱乐部工作情况作为"就业湖北先进高校""湖北省大学生创业示范基地"等评选的重要依据。各高校要结合实际,将大学生创业工作与俱乐部建设纳入各院系、相关职能部门目标考核体系,建立健全校内考评机制。

4. 开展经常性的沙龙活动。省俱乐部实行会员制,发展大学生、教师、企业家等为会员,每月举办大学生创业大型主题沙龙活动。各高校要按照"每月有主题、每周有活动、每天能咨询"的要求,围绕主题制定俱乐部沙龙活动计划。要加强大学生创新创业社团建设,充分发挥社团在沙龙活动中的作用。

5. 加强创新创业教育。各高校要面向全体学生单独开设"创业基础"等必修课,把创业教育纳入专业、文化素质教育教学计划和学分体系,积极推进人才培养模式、教学内容和课程体系改革。要建立一支专兼结合的高素质创业教育教师队伍,要制定政策措施,在教学考核、职称评定、培训培养、经费支持等方面给予倾斜支持。要鼓励支持教师自主创业,带领学生创业。

6. 加强条件保障。各高校要为俱乐部提供固定场所,开辟专门的活动场地,提供必要的设施设备。要将俱乐部建设与活动经费列入学校预算。要认真实施"湖北省大学生创业示范基地建设计划",切实加强创业孵化基地建设。要加强俱乐部工作专班建设,选配业务素质高、服务意识强的工作人员和教师充实工作专班。

请各高校于3月20日前将《高校大学生创新创业俱乐部建设方案》、《高校俱乐部备案表》(附件1)和《高校俱乐部2013年上半年沙龙活动计划》(附件2),报省教育厅高校学生处。联系人:张俊,电话:027-87328105,邮箱:8895158@qq.com。

附件:1. 高校俱乐部备案表
2. 高校俱乐部2013年上半年沙龙活动计划表

湖北省教育厅
2013年3月5日

(资料来源:湖北省教育厅网站 http://www.hbe.gov.cn)

[简评] 这是一篇指示性通知,由标题、发文字号、主送单位、正文、落款、附件等组成,要素齐全。正文先写通知缘由,"为了深入推动……"之后用文种承启语"现将……有关事项通知如下"引出通知事项。事项分三部分,第一部分谈"为什么做",简要论述了加强高校大学生创新创业俱乐部建设的重要性、紧迫性;第二部分谈"做什么",明确指出了高校大学生创新创业俱乐部建设的主要任务,第三部分谈"怎么做",从六个方面重点阐明

了如何做好高校俱乐部建设的各项工作。全文条理清楚，内容具体，语气肯定，是一篇规范的公文。

【知识聚焦】

通知是各级党政机关、人民团体、企事业单位在公务活动中最常用的一种公文，使用范围相当广泛。

一、通知的含义

通知是"适用于发布、传达要求下级机关执行和有关单位周知或者执行的事项，批转、转发公文"的一种公文文种。

二、通知的类型

根据通知的适用范围和作用，一般可将其划分为以下几种类型：

（一）指示性通知

上级机关对所属下级机关的某项工作有所指示和安排，但不宜用指示、命令等文种时，用指示性通知，它具有权威性的指示性质，受文单位必须贯彻执行。如《教育部办公厅关于做好2019年高职扩招专项考试招生工作的通知》《湖北省教育厅关于加强高校大学生创新创业俱乐部建设的通知》。

（二）发布性通知

发布性通知即告知受文单位某一章程、规定等已经会议讨论通过或经上级批准，现予发布或印发，并要求贯彻执行的通知。如《中共中央办公厅国务院办公厅关于印发〈党政机关公文处理工作条例〉的通知》《武汉市人力资源和社会保障局武汉市财政局关于印发武汉市汽运新型学徒制职业培训补贴办法（试行）的通知》。

（三）批转性通知

批转性通知即肯定被批转、转发的文件，提出贯彻落实要求的通知。如《国务院关于批转交通运输部等部门重大节假日免收小型客车通行费实施方案的通知》《国务院办公厅关于转发国家发展改革委住房城市建设部生活垃圾分类实施方案的通知》。

（四）知照性通知

知照性通知即要求受文单位知晓某一事项或办理某一事情的通知，如会议通知，启用印章通知，干部任免通知，成立、调整、撤销某个机构的通知，布置某项具体工作的通知等。如《国务院办公厅关于调整2019年五一劳动节假期安排的通知》《武汉市人民政府关于举办第十三届中国武汉国际杂技艺术节的通知》。

三、通知的特点

（一）使用的广泛性

通知的使用不受发文机关级别的限制，内容方面可大可小，无论是最高国家机关还是基层企事业单位，无论国家大事还是单位内部的具体事务，都可使用通知。

（二）功用的晓谕性

"晓"指有所告知，"谕"指有所要求，晓谕性可以理解为周知性和指导性。周知性主要表现为将有关事项告知有关单位，如人员任免、节假日安排等。指导性则主要表现在批转或转发文件、部署安排工作等方面，说明需要做什么、怎样做、达到什么要求等。

（三）对象的确指性

大多数通知都是针对特定的机关和人员发的，专指性明显，不像通告、公告的泛指性。

四、通知的写作格式

通知由标题、主送机关、正文、落款等四部分构成。

（一）标题

由发文机关、事由和文种三个要素构成，视具体场合和内容，文种也可以变为"补充通知""紧急通知"等。如《住房和城乡建设部等部门关于在全国地级及以上城市全面开展生活垃圾分类工作的通知》《交通运输部关于做好今年国庆节长假期间小型客车免费通行有关工作的紧急通知》。

（二）主送机关

主送机关即受文对象。如果是向下级机关普遍发送的公文，主送机关的名称按惯例排列，若是通过报纸等公开发布的通知，其主送机关可以省略不写。

（三）正文

正文是通知的主干、写作的重点，要写明通知的原因、目的或依据，具体事项，执行要求等三个方面的内容。但在各类通知的写作中，侧重点又有所不同。

1. 指示性通知

其主体部分侧重写明处理问题的原则、具体措施、办法、执行要求等内容，在结构形式上可采用分条列项或列小标题的方式，以便受文单位提纲挈领地抓住有关问题的实质。

2. 发布、批转性通知

此类通知主体部分一要表明对发布、批转的规章或公文的态度和意见；二要写清对受文单位贯彻执行所发布、批转、转发的规章或公文的具体要求。要注意执行要求是一个技术性和政策性都比较强的问题，严格区分"遵照执行""参照执行""定点试行""酌情施行"等的不同。对一些带有试验性、探索性的内容，虽然也提出了执行的政策要求，但通常又允许下级机关边执行、边修改，这时执行的要求一般表述为"请研究试行"或"希研究试行，试行中有何意见请随时告知"等。

3. 知照性通知

这类通知的主体部分侧重告知有关单位需要周知或办理的事项，具体事项一定要清楚，如会议通知的正文应将会议的主要要素写齐全：

（1）召开会议的目的和意义。如是急需解决现实工作中的某些问题，还是传达上级文件精神、布置新的工作任务等。

（2）会议的时间、地点。会议时间有时又分报到时间和开会时间即会期，地点有时也有报到地点和举行会议地点之分，均应交代清楚。

（3）会议的主要内容和议程。这样便于与会人员做好充分准备，从而提高会议效率。

（4）参加会议的单位和人员。有时是直接点出具体与会人员的姓名或职务；有时是划定与会人员的范围和界限，如"副处级以上干部"等。

（5）与会人员应做好的准备工作。如发言材料、需携带的有关资料和样品等。

（6）其他有关事项，如会议住宿、膳食、交通安排、会外活动、联系方式等。

（四）落款

签署发文机关名称，并注明发文时间，加盖印章。

五、通知的写作要求

（一）标题要规范

应特别注意不同类型通知标题的撰写。一般应发文机关、事由、文种三要素齐全，批转、转发型通知标题应力使语言简洁，概括有力，表意清楚。如《关于转发劳动和社会保障部加强职业资格证书管理的通知》。

视频 3-3　通知的写作要点

（二）事项要具体

事项是通知的基本内容，发文目的应明确，交待事情要详细，采取措施要得力，提出要求要具体，只有这样才便于有关单位和人员执行。在写作形式上，事项较多的，采用分条列项的写法，注意条款排列的内在逻辑，力求有条有理而又表述周全。

（三）语言要得体

通知的语言既要严谨精练，又要通俗易懂；既要体现出发文机关的权威性和严肃性，又要突出协调性与尊重性。文中不必有过多的议论和说明，也无需毫无意义的客套话，同时也应避免口语化的语言。

任务二

通报

任务驱动

××职业学院首届大学生"互联网＋"创新创业大赛如期举行了。经各系部广泛动员、精心组织，指导老师和参赛学生积极参与、认真备战，最终有20件作品参加决赛。经书面评审、秘密答辩和公开答辩等多个环节，由计算机学院选送的《艾尚云——一款基于内网穿透技术的分布式存储设备》等11个创业项目获奖。现请你代张欣拟写这份表彰通报。

【范文赏析】

国务院办公厅关于对2018年落实
有关重大政策措施真抓实干成效明显地方予以督查激励的通报

国办发〔2019〕20号

各省、自治区、直辖市人民政府，国务院各部委、各直属机构：

为进一步健全正向激励机制，更好发挥中央和地方两个积极性，促进形成担当作为、竞相发展的良好局面，根据《国务院办公厅关于对真抓实干成效明显地方进一步加大激励支持力度的通知》（国办发〔2018〕117号），结合国务院大督查、专项督查和部门日常督查情况，经国务院同意，对2018年落实打好三大攻坚战和实施乡村振兴战略、深化"放管服"改革、推进创新驱动发展、持续扩大内需、推进高水平开放、保障和改善民生等有关重大政策措施真抓实干、取得明显成效的24个省（区、市）、80个市（州）、120个县（市、区、旗）等予以督查激励，相应采取30项奖励支持措施。希望受到督查激励的地方充分发挥模范表率作用，再接再厉，作出新的更大贡献。

2019年是新中国成立70周年，是全面建成小康社会、实现第一个百年奋斗目标的关键之年。各地区、各部门要在以习近平同志为核心的党中央坚强领导下，以习近平新时代中国特色社会主义思想为指导，全面贯彻党的十九大和十九届二中、三中全会精神，树牢"四个意识"，坚定"四个自信"，坚决做到"两个维护"，坚持稳中求进工作总基调，坚持新发展理念，坚持推动高质量发展，坚持以供给侧结构性改革为主线，统筹推进稳增长、促改革、调结构、惠民生、防风险、保稳定工作，保持经济运行在合理区间，力戒形式主义、官僚主义，勇于担当、攻坚克难，结合实际创造性地干，确保党中央、国务院决策部署落地见效，以优异成绩庆祝中华人民共和国成立70周年。

附件：2018年落实有关重大政策措施真抓实干成效明显的地方名单及激励措施

国务院办公厅
2019年5月7日

（资料来源：中国政府网 http://www.gov.cn）

[简评] 这是一篇表彰通报。正文第一段介绍了表彰的缘由、过程、表彰决定以及对受表彰单位的希望。第二段再次强调落实有关重大政策措施真抓实干的重要性，对各省、自治区、直辖市人民政府，国务院各部委、各直属机构提出了希望要求。全文思路清晰，层次分明，语言简练，析评到位。

【知识聚焦】

一、通报的含义

通报是党政机关、企事业单位、社会团体用以表彰先进、批评错误、传达重要精神和告知重要情况而使用的一种公文文种。

二、通报的类型

根据内容和性质的不同，通报可分为表彰通报、批评通报和情况通报三种。

（一）表彰通报

表彰通报，即用来表彰先进人物或集体，介绍先进事迹、推广典型经验的通报。这是从高层机关到基层单位都广泛采用的常用公文。如《关于表彰湖北省第四届"华中数控杯"数控技能大赛获奖个人和单位的通报》《关于命名表彰××同志为"敬业奉献老专家"光荣称号的通报》。

（二）批评通报

批评通报，即针对某一错误事实或某一有代表性的错误倾向而发布的通报，有针砭、纠正、惩戒的作用。它可以是针对某一个人所犯的错误事实而发，如《××省教育厅关于××县××乡教育组长王××挪用教育经费私建住宅的通报》；也可以针对某一部门、单位的不良现象而发，如《工信部关于批评北京奇虎科技有限公司和深圳市腾讯计算机系统有限公司的通报》；还可以针对普遍存在的某种问题而发，如《中共中央纪律检查委员会通报 立即刹住利用公款请客送礼、吃请受礼的歪风》。

（三）情况通报

情况通报，即用来传达重要精神、沟通重要情况的通报。为了让下级单位对一些重要事件或全局状况有所了解，上级机关应该适时发布这样的通报。关于党的先进性建设、关于工业经济效益、关于工程进展情况、关于资金筹集情况等，都可以成为这种通报的主要内容。

如《关于湖北省人民政府门户网站改版的情况通报》《2012年武汉市经济运行情况通报》。

三、通报的特点

（一）典型性

指通报所关涉的对象，都是典型的事项、典型的人物和具有典型意义的重要情况。发文机关正是通过对这些事件、人物和情况的介绍和分析，来总结经验或教训，指导、推进工作。

（二）教育性

许多下行公文，如命令、通知等，是直接告知人们在工作中要做什么和怎样去做，具有较强的指导性。但通报却不是这样，它是通过让人们了解有关重要情况及正反两方面的典型材料，使人们受到教育、提高认识，以先进典型做榜样，以反面典型做警戒，从而知道应该做什么、不应该做什么。

（三）告知性

传达重要情况和知照事项的通报，能及时交流信息，上情下达，并能促进上下级之间、有关部门之间的相互了解。

视频 3-4　通报的写作要点

四、通报的写作格式

通报一般由标题、主送机关、正文、落款四部分组成。标题、主送机关、落款这三部分的写法与通知相同，这里主要介绍正文的写法。

通报的正文写法灵活，因类而异，现简述如下：

（一）表彰通报

内容由四个部分构成：基本事实部分、定性分析部分、表彰决定部分、号召希望部分。

基本事实部分用来介绍先进人物或集体的行动及其效果，要写清时间、地点、人物、基本事件过程；表达时使用概括叙述的方式，只要将事实讲清楚即可，不能展开绘声绘色的描绘。

定性分析部分用来阐明所陈述事迹的性质和意义，主要采用议论的写法，但并不要求有严谨的推理，而是在概念清晰的前提下，以判断为主，同时也要注意文字的精练。

表彰决定部分写什么会议或什么机构决定，给予表彰对象以什么项目的表彰和奖励，注意表达的清晰、简练。

最后是提出号召希望，一般是要求人们以先进为榜样，学习并弘扬其精神。

（二）批评通报

与表彰通报的写法基本一致。先写出错误的事实，再分析定性，然后是具体通报决定，最后提出希望与要求。

要特别注意对严重事故的事实交待要突出其恶果与不良影响，对酿成事故的原因分析要准确深刻；对普遍存在的错误现象或问题，要提出治理、纠正的办法措施。

（三）情况通报

内容由三部分构成：缘由与目的部分（开头）、情况与信息部分（主体）、希望与要求部分（结尾）。

开头部分叙述基本事实，阐明发布通报的根据、目的、原因。

主体部分主要用来叙述有关情况、传达某些信息，通常内容较多，篇幅较长，要注意梳理归类，合理安排结构。

最后是对受文单位提出一些希望和要求。

五、通报的写作要求

第一，事例要典型。通报所选择的事件、问题、经验等，一定要具有普遍的教育意义和指导意义，也就是一定要注意典型性，避免一般化。

第二，材料要真实。无论是社会实践中的先进经验、反面教训或者是情况反映，通报都要对事件进行完整的叙述，用事实说话。因此，对通报的事实一定要核对清楚，实事求是，措辞、判断要准确、恰当。

第三，行文要及时。通报的时效性极强，写作要及时迅速，以指导当前工作，否则，就不能起到很好的教育作用。

六、通报与通知辨析

通报与通知相比，两者都有"知照"作用，也有明显的区别：

其一，适用范围不同。通报限于表彰先进、批评错误、传达重要精神或情况，适用范围远不如通知广泛。

其二，传达事项不同。通报传达事项少于通知，但却突出了典型事例、重要精神或情况。

其三，目的和作用不同。通报"知照"的目的是让受文者了解某一典型或某一重要精神、情况，多起教育、引导、启发、告诫和沟通信息的作用；通知"知照"的目的是让受文者了解一般性的事项，明确做什么和怎么做，一般要求处理，有的具有较强的强制力和约束力。

其四，发文时间不同。通报一般制发于事后；通知一般制发于事前。

其五，表达方式不同，通知主要叙述，通报则兼用叙述、说明、分析和议论，有感情色彩。

任务三

通告

任务驱动

首届"互联网＋"创新创业大赛决赛最后一个环节公开答辩在学校综合楼前的广场举行，学校近千名学生现场观摩。赛前，校办主任对张欣说，为保证决赛顺利进行，学校准备在决赛当天，禁止没有办理校园通行证的外来车辆入内，同时对持有校园通行证的车辆停放事宜作出具体规定，请她起草个文件，将此规定告知校内外有关人员，待校领导签发后张贴在校内和学校各门口。现请你代张欣起草这个文件。

【范文赏析】

关于 2019 年第 45 届武汉国际渡江节期间道路交通管理的通告

武公交规〔2019〕67 号

7 月 16 日，我市将举办第 45 届武汉国际渡江节活动。为保障活动的顺利进行及活动期间道路交通安全畅通，根据《中华人民共和国道路交通安全法》有关规定，活动期间将对部分道路采取临时交通管理措施。现通告如下：

一、7月15日20：00—7月16日12：00，临江大道（彭刘杨西路至中华路）、民主路（临江大道至解放路）禁止机动车停放（持证车辆除外）；7月16日6：00—12：00，临江大道（彭刘杨西路至中华路）、民主路（临江大道至解放路）禁止机动车通行。

二、7月16日7：00—14：00，沿江大道（武汉关至黄浦大街）禁止机动车停放；9：00—14：00沿江大道（蔡锷路至黄浦大街）靠江堤一侧允许持证大客车听从交警指挥单排有序停放。

三、需通行上述路段的机动车，可经彭刘杨西路、张之洞路、中山路、中华路等相关道路绕行。

四、车辆驾驶人、骑车人和行人应服从交通民警和现场管理人员的指挥，按照交通标志的指示通行。

五、公交营运线路及停靠站点的调整，按照《武汉市城市公共客运交通管理条例》的规定，另行通告。

六、违反本通告的，公安机关交通管理部门将依照《中华人民共和国道路交通安全法》等有关法律、法规的规定，予以处罚。

公安机关交通管理部门将根据活动现场情况视情调整临时交通管理时间、交通管理范围。请沿线单位和广大市民提前做好出行安排，配合公安交通管理工作。

特此通告。

武汉市公安局交通管理局
2019年7月12日

［简评］　这是一篇规定性通告。标题采用完全式写法。正文前言部分用"为……，根据……"句式写通告的目的、依据，文种承启语"现通告如下"后，分条列项写了通告事项，规定明确，言辞严肃。

【知识聚焦】

一、通告的含义

通告是党政机关、企事业单位、社会团体用于公布社会各有关方面应当遵守或者周知的事项时所使用的一种公文文种。

二、通告的类型

根据内容与性质划分，通告可以分为规定性通告和事项性通告两种。

（一）规定性通告

规定性通告，又称制约性通告，是在一定范围内广泛告知而且必须严格遵守的具有权威性的规定的通告。如《河南省通信管理局关于进一步做好非经营性互联网信息服务备案的通告》《武汉市人民政府关于加强烟花爆竹安全管理的通告》。

（二）事项性通告

它以知照有关事项为目的，约束性较小。如《北京市人民政府关于2008年北京奥运会开幕式当天放假的通告》；常见于报纸的还有建设征地通告、更换证件通告、停电通告、停水通告、迁址通告等。

三、通告的特点

第一，法规性。通告常用来颁布地方性法规，这些法规一经颁布，特定范围内的部门、单位和民众都必须遵守、执行。例如，《××市人民政府关于坚决清理非法占道经营的通告》，为改善交通秩序和市容环境，作了五条规定。

第二，周知性。通告的内容，要求在一定范围内的人们或特定的人群普遍知晓，以使他们了解有关政策法令，遵守某些规定事项，共同维护社会公务管理秩序。因此，通告通常用报纸、电视、广播等媒体公开发布，有时也用张贴的方式发布。

第三，行业性。不少通告都具有鲜明的行业性特点，如税务局的征税通告，国土局的征地通告、供电局的停电通告、移动通信公司的调整移动电话入网费的通告等，都是针对其所负责的那一部分的业务或技术事务发出的通告。因此，通告行文中要时常引用本行业的法规、规章，也免不了使用本行业的术语、行话。

四、通告的写作格式

通告主体一般由标题、正文、落款三部分组成。

（一）标题

通告的标题，主要有两种写法。

一是全题写法，也是公文标题的常规写法，即"发文机关＋事由＋文种"的形式，如《国务院关于保障民用航空安全的通告》。

二是省略写法，即省略事由的写法，即"发文机关＋文种"式，如《××市交通管理局通告》。

还有一种特殊的写法，将标题分为两个部分，第一部分是"发文机关＋文种"，第二部分是通告的主要内容。例如《中国人民银行通告 明日起发行1990年版壹圆券人民币》。

（二）正文

通告的正文采用公文通用结构模式撰写，分三个部分，可分别称为通告缘由、通告事项、通告结语。

1. 通告缘由

作为开头部分，通告缘由主要用来说明发布通告的背景、根据、目的、意义。

2. 通告事项

这是主体部分，文字最多，内容最复杂。要按事物之间的逻辑顺序统筹兼顾，科学排列，以便于人们理解和执行。较多采用分条列项的写法，以做到条理分明，层次清楚。如果内容较单一，也可采用贯通式写法。

不同种类的通告，语言表达有所不同。规定性的通告，所公布的要求有关单位或个人应当遵守的事项，语气比较严肃、果断。如"依法予以取缔""严格执行""不得""禁止"等，充分体现了通告的权威性。而知照性的通告，语气则比较平和、客气，如"不便之处，敬请谅解"等。

3. 通告结语

这是结尾部分，多采用"本通告自发布之日起实施"或"特此通告"的结语。

（三）落款

写明发文机关和成文日期即可。

五、通告的写作要求

第一，要符合政策规定。通告的政策性很强，是方针政策在一定范围内和某些事项上的具体体现。通告撰写者应正确把握方针政策，熟悉有关事项的具体情况，不得与党纪国法相悖。

第二，说事要准确清楚。通告重在事项写作，要求要具体，措施要切实可行。分条撰写时，各条各项一定要紧紧围绕中心，从不同侧面把要求写具体，既不能有疏漏，也不能相互矛盾，这样才便于实施和办理。

第三，语言要简明通俗。文字要通俗、易懂，即使是一些专业性很强的通告，也要尽量选择大多数人熟悉的行业用语，以便受文者理解或遵守。规定性通告言辞较严肃，知照性通告言辞较平易，但都必须注意遣词得当。

六、通告与通报辨析

通告和通报相比，两者都有沟通情况，传达信息的作用，但又有区别：

其一，两者告知的对象（即发文范围）不同，通告的对象是社会各有关方面，比通报广泛，既对人民群众，也对机关团体；通报一般只对下级机关和所属单位。

其二，两者的内容和作用不同，通告公布在一定范围内必须遵守的事项，有着较强的制约性和严格的约束力，也多体现出较明显的法令性和政策性；通报的事项则有较强的典型性和褒贬性，多由事例或情况构成。

其三，两者的行文方式不同，通告多用张贴、登报或广播电视播发等形式公布；通报一般以文件形式印发，偶尔刊登于报纸、简报。

任务四

报告

任务驱动

历时3个多月的首届"互联网＋"创新创业大赛圆满落幕。张欣知道，校团委一定期待尽快看到她提交的与本次大赛一样精彩的工作报告。于是，她又开始回顾、总结、反思……现请你代张欣拟写这份工作报告。

【范文赏析】

国务院煤电油运和抢险抗灾应急指挥中心
关于抢险抗灾工作及灾后重建安排的报告

国务院：

现将雨雪冰冻灾情、抢险抗灾工作进展情况以及下一阶段工作安排意见报告如下：

一、我国经历了一场历史罕见的低温雨雪冰冻灾害

从1月10日到2月2日，我国南方地区先后出现四次大范围低温雨雪冰冻过程。这次灾害性天气正值春运高峰，持续时间长、影响范围广、危害程度深，多数地区为50年一遇，部分地区为百年一遇。全国有19个省（区、市）不同程度受到影响，其中湖南、贵州、江西、广西、湖北、安徽、浙江7省（区）最为严重。持续低温雨雪冰冻天气造成多种灾害并发，给人民群众生命财产和工农业生产造成重大损失，正常生产生活秩序受到极大影响。

（一）电力设施严重损毁。全国有13个省（区、市）电力系统运行受到影响，170个县（市）停电。截至2月11日，110千伏及以上线路倒塔8709基，断线2.7万余条，变电站停运1497座。贵州、江西500千伏电网一度基本瘫痪，电网解列运行，西电东送通道中断。湖南电网500千伏和220千伏变电站有1/3停运。

（二）交通运输一度严重受阻。由于倒塔断电，北京至广州、上海至昆明两大主要铁路干线部分区段运输受阻。全国累计有23万公里的公路因结冰多次封闭，出现严重拥堵，110万条公路客运班线停开，影响3400余万人次正常出行。直接损毁公路8.2万公里。长江中下游14个机场一度关闭，大批航班取消或延误，大量旅客滞留机场。

（三）电煤供应告急。（略）

（四）农业生产遭受重大损失。（略）

（五）灾区工业企业大面积停产。（略）

（六）灾区群众生活受到严重影响。长期低温冻害和大面积停电，造成部分地方自来水管道损坏、供水中断，垃圾和污水得不到及时处理，通信及金融、证券交易网点正常营业受到影响，商业流通、加油加气设施受到损坏。截至2月12日，低温雨雪冰冻灾害已造成倒塌房屋35.4万间，损坏房屋140.8万间，紧急转移安置151.2万人。因灾造成直接经济损失约1111亿元（未含工矿企业和文教卫生事业单位损失）。

二、抗灾救灾斗争取得重大的阶段性胜利

面对突如其来的罕见灾害，在党中央、国务院正确、坚强、具体的领导和指挥下，各地区、各部门广大干部群众紧紧围绕"保交通、保供电、保民生"的总体要求，顽强拼搏，奋起抗灾；各级领导干部深入一线，靠前指挥；共产党员不畏艰险，冲锋在前；人民解放军、武警官兵迅速出动，全力以赴；社会各界同舟共济、众志成城，全力投入抗灾救灾攻坚战。目前，抗灾救灾取得了重大的阶段性胜利。

（一）在"保交通"方面，抢通道路攻坚战取得决定性胜利，全国交通运输恢复正常。针对冰冻、断电造成铁路公路交通中断堵塞的严峻形势，受灾地区人民政府和铁路、交通、民航、公安、通信等部门立即启动应急预案，组织广大职工群众以及人民解放军、武警官兵、公安民警上路破冰除雪，采取多种措施畅通交通干线，疏导滞留车辆，救助滞留旅客。在各方面共同努力下，铁路、公路、民航等交通运输已全面正常运行，县级以上受灾地区通信已基本恢复。

（二）在"保供电"方面，抢修电网和抢运电煤攻坚战取得重大进展，节前灾区居民用电基本恢复的目标如期实现。灾情发生后，各有关省（区、市）人民政府、电监会和国家电网公司、中国南方电网有限责任公司及时启动电网大面积停电应急预案，在全国范围紧急抽调技术力量抢修受损设施，并采取调集柴油发电机（车）临时供电等措施。截至2月12日，受损电力线路已恢复70%，受损变电站已修复74%。电力供应中断的170个县（市）有164个恢复或部分恢复供电，87%的乡镇基本恢复用电。电煤产量、运量大幅增加，电厂存煤稳步回升。安全监管总局指导国有重点煤矿调整停产检修安排，要求企业确保安全生产。山西、陕西、内蒙古、河南等主要产煤省（区）加强煤炭企业生产组织，保证煤炭调出。神华集团公司、中煤能源集团公司以及地方国有大型骨干煤炭企业节日期间坚持生产，日均煤炭产量同比增长29.8%。春节期间没有发生较大以上安全事故。铁路、交通部门突击抢运电煤，截至2月11日，直供电厂煤炭库存平均可用天数恢复到12天。中国石油天然气集团公司、中国石油化工集团公司克服困难，千方百计保证成品油供应。

（三）在"保民生"方面，受灾群众生活得到及时安置，灾区市场基本稳定。灾区各级人民政府和国务院有关部门及时启动应急预案，全力开展救助工作。民政部、商务部及灾区各级人民政府迅速调拨发放食品、粮油、饮水、取暖燃料、棉衣被、蜡烛、应急灯等救灾物资，妥善救助受灾群众和铁路、公路滞留人员655.5万人。中央和地方财政部门及时安排和预拨各项救灾资金，及时预拨增拨城乡低保资金，对重灾省（区、市）城乡低保对象给予生活补助。各级卫生部门及时派出医疗、防疫、卫生监督队伍救治伤病人员和受灾群众，受灾地区未出现重大传染病疫情。建设部门加强对城镇受损基础设施修复工作的指导，灾区大部分城市的供水、供气和公共交通等基本恢复正常。农业部门加强对抗灾救灾的技术指导和服务，及时调度救灾种子和急需物资。林业部门组织数万名职工保树保苗，抢救被困的林业职工。商务、粮食部门投放储备肉和粮食、食用植物油，加强蔬菜产销衔接。供销社系统积极组织麻袋、草袋等抗灾物资和农村生活必需品的购销调运工作。交通、物价、财政部门减免鲜活农产品道路通行费和运销环节收费，加强市场价格监管。商务部门与主供省（区、市）加强协调，保障港澳生猪等畜禽产品供应。

（四）在"保交通、保供电、保民生"的工作中，人民解放军、武警部队和广大公安民警做出了重大贡献。（略）

（五）在抢险抗灾应急保障方面，有关部门和单位发挥了重要作用。（略）

（六）在抢险抗灾对内对外宣传报道方面，把握了正确的舆论导向。（略）

三、全力做好下一阶段恢复重建工作

全国抢险抗灾工作取得了重大的阶段性胜利。但是，近期部分地区仍有低温雨雪冰冻天气，春运旅客返程高峰已经开始；尚未修复的电网施工条件仍十分恶劣，融冰过程中还可能出现新的倒塔断线；随着电网恢复正常运行和工农业恢复生产，电力需求增加，电煤供应可能再次出现紧张；农业受到重创，绝收面积多，恢复生产难度大；冰雪融化过程中容易引发山体滑坡等次生灾害；受灾群众口粮青黄不接时间延长，倒塌房屋重建需要一个过程。救灾和灾后恢复重建的任务仍十分繁重，思想丝毫不能麻痹，工作丝毫不能放松。下一阶段，抗击雨雪冰冻灾害斗争将由应急抢险抗灾转入全面恢复重建工作，要早谋划、早部署、早启动，统筹人力、物力、财力，尽快恢复重要基础设施，尽快恢复工农业生产，尽快安排好受灾群众生活，尽快恢复正常的生产生活秩序，努力把这场灾害造成的损失减少到最低程度，奋力夺取抗灾救灾斗争的全面胜利，确保经济平稳运行，确保社会和谐稳定，为实现全年经济社会又好又快发展创造条件。重点做好以下工作：

（一）抓紧修复基础设施。（略）

（二）尽快恢复农业生产。（略）

（三）加强煤电油运保障。（略）

（四）妥善安排受灾群众生活。（略）

（五）着力防治次生灾害。（略）

这次灾害造成的损失巨大，灾后重建任务十分繁重。灾区各级人民政府要继续加强领导，进一步核实受灾情况，科学编制灾后恢复重建规划，精心组织实施。国务院有关部门要认真履行职责，加强指导。要继续发挥人民解放军和武警部队在灾后重建中的重要作用。应急指挥中心要加强协调，督促检查。灾后恢复重建资金要通过企业自筹、银行贷款、保险赔付、财政支持等多渠道筹集。坚持自救为主、政府支持，地方为主、中央补助。中央财政重点支持重灾地区、重点领域和生活最困难的群众。

各地区、各部门都要认真反思这次持续低温雨雪冰冻灾害暴露出的矛盾和问题，总结抢险抗灾的经验教训，不断提高突发事件的应急处置能力。

国务院煤电油运和抢险抗灾应急指挥中心
2008 年 2 月 13 日

（资料来源：中国政府网 http://www.gov.cn，略有改动）

［简评］ 这是一则专题性工作报告，包括前段工作的总结和下段工作的安排两方面。报告由前言、主体、结语组成。前言直接入题，文风洗练。主体分三部分：第一部分是"灾情"，先从总体上概述，再从六个方面分述，六个方面都有大量的基本事实的描述和具体的统计数字，全面、系统、详尽、可信，点面结合。第二部分是"抗灾"，写法上与前一部分

相同,都是先概述,再分述,其中前三条分别从"保交通""保供电""保民生"等三方面具体说明前述"阶段性胜利",后三条分别从广大官兵、有关部门和单位、宣传报道等三方面,阐述各有关方面应对这场罕见灾害所发挥的重要作用,无一不是以事实为据,措辞严谨,令人信服。第三部分是"灾后重建",依次从五个方面对下一阶段的重点工作逐一部署,带有建议的性质。"只报喜不报忧"是当前工作报告的一大弊端,本文可贵之处是既实事求是谈成绩,也实事求是谈问题。最后以"反思"的要求作结。整篇文章内容充实,层次清楚,表达准确,是一篇优秀的工作报告。

【知识聚焦】

报告应用广泛,使用频率高,党政机关、人民团体、企事业单位的下级机关都可使用。它对上级机关的决策、指挥工作有重大影响。

一、报告的含义

报告是向上级机关汇报工作、反映情况、回复上级机关询问时使用的一种公文文种。无论是汇报工作、反映情况、回复询问,都属于下情上达,主要是为上级机关了解情况提供据以决策的信息和材料。

需要说明的是,有些专业部门使用的报告文书,例如"审计报告""评估报告""立案报告""调查报告"等,虽然标题也有"报告"二字,但其概念、性质和写作要求与行政公文中的报告不同,不属于行政公文范畴。

二、报告的类型

根据内容不同,报告可分为工作报告、情况报告、答复报告和递送报告等类别。

(一)工作报告

凡是用来向上级汇报工作的报告,都是工作报告。工作报告又可分为综合工作报告和专题工作报告两种。

综合报告涉及面宽,要把主要工作范围之内的方方面面都涉及到,可以有主次区分,但不能有大的遗漏。大到国务院提供给全国人民代表大会的政府工作报告,小到某单位向上级提供的年度、季度、月份工作报告,都属于这种类型。

专题报告的涉及面窄,只针对某一方面的工作或某一项具体工作进行汇报。如党的机关关于改进工作作风的汇报,企业关于技术革新工作的报告等。

(二)情况报告

如果本单位出现了正常工作秩序之外的情况,譬如发生了事故,出现了意想不到的问题等,对工作产生了一定影响,应该及时将有关情况如实地向上级汇报。即使对工作没有太大影响,一些有倾向性的新动态、新风气,以及最近出现的新事物等,必要时也要向上级报告。凡此种种,都属于情况报告。如《铁道部193次旅客快车发生重大颠覆事故的报告》、《中国人民银行××市××区分行关于发现变相货币的报告》。

作为下级机关,有责任做到下情上达,保证上级机关耳聪目明,对下面的情况始终了如指掌,这就是情况报告的意义。如果隐情不报,则是一种失职表现。

(三)答复报告

回复上级机关询问的报告,称为答复报告。从内容上看,也属于工作报告或情况报告。这类报告和前面介绍的报告不同,它是被动报告,即回复上级的询问,汇报有关情况。这类报告内容针对性最强,上级询问什么,就答复什么,不能答非所问。对于上级机关的询问,一定要慎重,如果不了解真情,要经过深入的调查研究后再作答复。

(四)递送报告

这是向上级呈报文件、物件时使用的说明性报告。正文通常非常简略,只需将报送的文件、物件的名称、数量等写清楚即可。

三、报告的特点

作为行政公文的报告,具有行文的单向性、表达的陈述性和选材的灵活性三大特点。

(一)行文的单向性

报告是下级机关向上级机关行文,旨在为上级机关提供情况,不需要上级机关批复。收文的上级机关可以视具体情况给予批转,但没有回复的义务。

(二)表达的陈述性

报告在汇报工作、反映情况时,所表达的内容和使用的语言都是陈述性的。本单位遵照上级的指示,做了什么工作、怎样做的这些工作、取得了哪些成绩、还存在哪些不足,必然要一一向上级陈述。反映情况时,要把时间、地点、人物、事件、原因、结果叙述清楚,向上级机关提供准确的信息。

(三)选材的灵活性

报告选材的自由度很大,尤其是工作报告,写什么、不写什么,选择权在发文单位。发文单位可以根据实际挑选最有特色、最有价值、最有新意的材料来写。当然,答复报告必须按上级的要求实事求是地写作。

四、报告的写作格式

报告主体一般由标题、主送机关、正文、落款组成。

(一)标题

一般采用完全式标题,即"发文机关+事由+文种",如《××厂关于××同志职称评定情况的报告》《××区政府办公室关于报送我区企事业单位机构设置等情况的报告》。

(二)主送机关

通常是发文机关的直属上级机关,一般不允许越级上报;主送机关通常是一个。受双重领导的机关向上级机关行文,有时主送机关可以不止一个,或者采取一个上级机关主送,另一个上级机关抄送的形式。

(三)正文

报告的正文分报告缘由、报告事项、报告结语三部分。

1. 报告缘由

这部分在工作报告里,是交代报告的目的、原因,点明报告主旨;在情况报告里,是概括报告事项的经过和结果;答复报告的开头则要先引述来函发文字号及询问的问题,再过渡到问题的答询。通常用文种承启语"现将有关情况报告如下"转入下文。

2. 报告事项

这是报告的核心部分,写法多样,下面介绍两种常见写法:

(1)总结式写法。这种写法主要用于工作报告。重在写清"做什么、怎么做的",内容一般包括基本情况、主要成绩、经验体会、存在问题、今后意见等几个部分。在叙述基本情况的同时，有所分析、归纳，找出规律性认识，类似于工作总结。总结式写法最需要注意的是结构的设计安排。按照总结出来的几条规律性认识来组织材料、安排层次，是最常见的结构方式。通常标出序数分条分项陈述，也可列小标题分部分写。

（2）"情况—原因—教训—措施"式写法。这种结构多用于情况报告。先将情况叙述清楚，然后分析情况产生的原因，接着总结经验教训，最后提出下一步的行动措施。

3. 报告结语

报告的结语比较简单，可以重申意义、展望未来，也可以采用程式化用语收束全文。不同种类的报告一般都有不同的程式化用语，工作报告和情况报告的结语常用"特此报告"；答复报告多用"专此报告"；递送报告则用"请审阅""请查收"等。

（四）落款

包括发文机关名称、成文日期与用印。

五、报告的写作要求

第一，把握写作规则。即人们通常所讲的"三段式"。"三段式"不是一成不变的模式，它必然会因不同的内容而表现为多种形态：如"情况—做法—问题（意见）"式，"情况（做法）—问题—今后意见"式，"情况—原因（责任）—处理意见"式，"情况—原因（教训）—措施"式，等等。写报告要切实掌握"三段式"的基本要求，这对提高撰文效率且达到眉目清楚十分必要。

第二，真实及时。报告的用途是帮助上级机关了解下情，从而作出正确决策。因此，写报告必须如实反映情况。真实性是对公文写作的普遍要求，但鉴于目前有些报告弄虚作假，所以要特别引起重视。注重时效是指向上级汇报工作、反映情况、答复询问必须及时迅速，不能拖沓。如果不注重时效性，就很可能影响决策的及时性和科学性。

第三，突出重点。报告的篇幅要短。要做到短，就要充分运用概述和突出重点的表达方法；要毫不犹豫地舍弃那些不能说明问题实质的一般材料；同时，要注意处理好点和面的关系，比如既要有典型事例，又要有面上的综合性情况，做到点面结合，眉目清楚，说服力强。

第四，不得夹带请示事项。上级机关对报告不负有答复责任。因此，报告中夹带请示事项会影响事项的处理。如有请示事项，宜另用请示文种行文。

任务五

请示

任务驱动

协会之所以能获得本次赛事的承办权，张欣觉得，这与当初主动向校团委提交的那份附有赛事策划方案的请示不无关系。那份请示，可是凝聚了团队的智慧。现请你代张欣拟写这份请示。

【范文赏析】

××公司关于增拨技术改造资金的请示

××局：

　　正当我单位技术改造处于关键阶段，资金告罄。前次所拨资金原本缺口较大，加之改造过程中出现了新的技术难题，需增新设备，以致资金使用超出预算。由于该项技术是我局所属大部分企业所用的核心技术，如改造不能按期完成，势必拖延全部技术更新的进程，进而影响各单位实现全年预定生产指标和利润。目前我单位全体技术人员充分认识到市场经济的机遇和挑战，正齐心合力，刻苦攻关。缺口资金如能及时到位，我们保证该项技术改造按期完成。

　　现请求增拨技术改造资金×××万元。

　　妥否，请批示。

××公司
20××年×月×日

（资料来源：陕西信合论坛 http://www.sxxhw.net，略有改动）

　　[简评]　这是一份请求批准的请示。针对"增拨技术改造资金"的理由作了较详尽的陈述，充分说明实际困难，旨在争取领导尽快作出"同意"的批复。陈述合理，格式规范。

【知识聚焦】

　　工作中出现了新情况、新问题，必须处理却无章可循、无法可依，遇到本机关职权范围内很难克服或无力克服的困难，对国家的有关方针政策或上级机关的有关规定、决定不甚了解或有不同理解等，需请上级机关予以指示、帮助或解释、审定时，需要使用请示这一文种。

一、请示的含义

　　请示是下级机关向上级机关请求指示、批准时使用的一种公文文种。是下级机关在公务活动中，遇到需要办理但自己又无权决定或无力办理不能解决，需要得到上级的批准、指示后，方可付诸实践时，用来向上级机关说明情况，提出请求的文种。

二、请示的类型

　　根据内容、性质和行文目的的不同，请示分为两类：

　　第一，请求批准的请示。核心是要解决"我们请求能否这样做"的问题。这是请示中最普遍的一种，是下级机关根据职权范围的规定，在办理自己无权决定的事项之前，请上级机关审核批准的请示。这类请示多用于机构设置、人员编制、财物预算、重要决定、重大决策、大型项目的安排等事项。行文中需要把有待批准的事项阐述清楚，必要时应当采用附件形式，提供有关事项的完备材料，以便上级机关审核批准或了解有关情况。如《×建筑工程有限责任公司关于申请对外承包劳务经营权资格的请示》。

　　第二，请求指示的请示。核心是要解决"我们请求应当怎么做"的问题。例如政策规定难以把握，工作中遇到新情况不知如何处理，需要请求上级给予明确的解释与指示。行文中，要写明本机关的意见或建议，以便上级机关批复时参考。如北京市地方税务局致国家税务总局《关于个人通过网络销售虚拟货币取得收入计征个人所得税问题的请示》。

三、请示的特点

　　第一，行文目的的期复性。在公文体系中，请示是为数不多的双向对应文种之一，与它相对应的是批复。下级有一份请示报上去，上级就会有一份批复发下来。不管上级是否同意下级的请示事项，都必须给请示单位一个回复。因此可以说，写请示最直接的目的就是得到批复。

第二，行文时机的预先性。请示必须是事前行文，这是请示的时间性特点，不能事中或事后行文。

第三，请求事项的单一性。跟其他上行文相比，请示更强调"一事一报"的原则。在一份请示中，一般只能就一项工作或一种情况、一个问题作出请示，不得在一份公文中就若干事项请求指示或批准。如果一文多事，很可能导致受文机关无法批复。

四、请示的写作格式

请示主体一般由标题、主送机关、正文、落款四部分组成。

视频 3-5　请示的写作要有说服力

（一）标题

请示的标题采用"发文机关＋事由＋文种"的形式，如《国家语委关于当前语言文字工作的请示》。标题中的事由要明确，语言要简明。由于"请示"本身有请求、申请的意思，所以标题中应尽量避免出现"申请""请求"一类词语。

（二）主送机关

请示的主送机关就是负责受理和答复请示的机关。请示在确定主送机关时，要注意三点：

1. 主送机关只能有一个

请示只能主送一个上级机关；如需同时送其他机关，应当用抄送形式。受双重领导的机关报送请示时，要根据请示的内容，确定一个为主送机关，另一个为抄送机关。请示如果多头行文，很可能得不到任何机关的批复。

2. 只能主送上级机关，不能送领导者个人

国务院办公厅规定："除上级机关负责人直接交办的事项外，不得以机关的名义向上级机关负责人报送'请示'。"请示上报的同时不得抄送下级或同级机关。

3. 不宜越级行文

一般不得越级请示。如因情况特殊或事项紧急必须越级请示时，要同时抄送被越过的直接上级机关。

（三）正文

请示的正文由请示理由、请示事项、请示结语三部分构成。

1. 请示理由

请示理由是正文的开头，是请示事项的基础，亦是上级机关批复的依据。请示的原因或根据如写得充分具体，请示的事项就比较容易得到上级机关的理解和支持，否则就不容易达到请示的目的。写作时应广开思路，从各方面、多角度说明请示的正当理由。应从请示事项的重要性、必要性来考虑措辞，还要考虑到上级机关的情况，全面周到地考虑问题才能把理由写充分，为请示事项的成立打好基础。

2. 请示事项

请示事项是正文的核心部分。请求指示的请示，要写明在哪些具体问题、哪些方面得到指示。请求批准的请示，要把要求批准的事项分条列款一一写明。如果在请求批准的同时，还需要人、财、物等方面的支持和帮助，更需要把编制、数量、途径等表达清楚、准确，以便上级及时批复。

3. 请示结语

请示的结语比较简单，一般是另起一段，按程式化语言写明期复请求即可。期复请求用

语常见的有"当否，请批示"，"妥否，请批复"，"以上请示，请予审批"，"以上请示如无不妥，请批转有关部门执行"等。

（四）落款

包括发文单位名称、成文日期和用印。

五、请示的写作要求

第一，请求要单一。请示的内容要单一。如前所述，在一份请示中，只能请求一件事。这样做的目的，是使所请示的事项尽快得到批复，避免问题复杂化，从而提高工作效率。

第二，事项要明确。要想将本机关在工作中遇到的无权、无力、无法解决的问题得到圆满解决，必须根据实际情况，提出明确具体的意见和措施，便于上级机关研究批示。

第三，理由要充分。请示的目的是请求上级指示、批准，因此，请示的理由必须充分。如果理由不充分，会使请示的事项缺乏依据和说服力，很可能达不到请示的目的。

第四，文种要用对。切不可将请示内容的公文写成"报告"，或者生造"请示报告"，这是法定公文中并不存在的文种。

六、请示与报告辨析

请示和报告都是各级各类党政机关、企事业单位和社会团体在日常工作中经常使用的文种。它们都属于报请性上行公文。但是，它们是两个不同的文种，其区别主要表现在五个方面：

第一，行文目的不同。请示旨在请求上级批准、指示，需要上级批复，重在呈请。报告旨在向上级汇报工作、反映情况、提出意见或建议、答复上级询问，不需要上级答复，重在呈报。

第二，行文时间不同。请示必须在事前行文，得到上级批准、指示后才能行动，这是基本原则；报告则一般在事后行文，也可以在事中行文。

第三，内容含量不同。请示必须坚持一文一事；报告则可以一文一事，也可以一文数事，可以是专题报告，也可以是综合报告。

第四，公文处理不同。请示属办件，受文机关必须尽快予以答复，并需以批复的形式行文；报告多属阅件，受文机关可以不予答复，如果答复，也只需以批转或批示的形式行文。

第五，主送机关数目不同。请示只能主送一个领导机关，不能多头主送；报告的主送机关可以不止一个。

任务六

批复

任务驱动

很快，校团委的批复就下达了，协会如愿以偿获得了学校首届"互联网＋"创新创业大赛的承办权。于是便有了张欣和大家热情地服务于大赛。张欣盼到的那份批复是何般模样？现请你代校团委拟写这份批复。

【范文赏析】

教育部关于同意在中央广播电视大学基础上建立国家开放大学的批复

教发函〔2012〕103号

中央广播电视大学：

你校《关于中央广播电视大学更名为国家开放大学的请示》（电校规划〔2011〕10号）收悉。现批复如下：

根据《高等教育法》有关规定和《国家中长期教育改革和发展规划纲要（2010—2020年）》及《国务院办公厅关于开展国家教育体制改革试点的通知》（国办发〔2010〕48号）要求以及专家考察、评议结果，经研究，同意在中央广播电视大学基础上建立国家开放大学，学校代码为51161。

一、国家开放大学是教育部直属的，以现代信息技术为支撑，主要面向成人开展远程开放教育的新型高等学校。

二、国家开放大学坚持非学历继续教育和学历继续教育并举。学校应以课程为单位建设学习资源，充分利用高校优质教育资源，促进学习资源的共建共享。积极推进"学分银行"建设，通过建立学习成果的互认和学分的累积、转换制度，探索搭建终身学习"立交桥"。

三、国家开放大学可以设置本科专业，按我部有关规定办理。首批设置本科专业为19个。

四、国家开放大学可授予学士学位，其程序是由学校向北京市学位委员会提出申请并获批准通过后，报国务院学位委员会备案。

五、中央广播电视大学名称暂时保留。过渡时期采取"老人老办法、新人新办法"，中央广播电视大学的在校学生仍按原有关规定管理，国家开放大学挂牌以后进入学习的新生，按照新政策执行。

六、批复文件印发后2个月内向我部报送学校章程，我部将适时对学校办学和改革情况进行评估。

学校要进一步形成切实有效的质量保证体系；按照需求导向深入推进人才培养模式的创新，尤其在运用信息技术与开放学位教育的深度融合方面做出更大努力；切实和有效地加强实践教学环节，确保应用型人才培养目标的实现和学位教育质量。希望学校解放思想，更新理念，深化改革，科学定位，提高质量，办出特色。努力满足人民群众多样化、个性化的学习需要，为构建灵活开放的终身教育体系作出应有的贡献。

中华人民共和国教育部
2012年6月21日

（资料来源：中国政府网 http://www.moe.gov.cn，略有改动）

[简评] 这是一篇表态性批复。正文第一段是批复引文，即引述来文，随后用"现批复如下"一句自然过渡到批复内容部分。第二段是表态，同意在中央广播电视大学基础上建立国家开放大学，其下六点是同意与要求的具体事项。文章最后一段是对新成立的国家开放大学的总体要求。态度明确，意见清楚。

【知识聚焦】

一、批复的含义

批复适用于答复下级机关的请示事项。批复是一种针对性很强的下行文。

二、批复的类型

根据内容、性质，批复分为两类：

第一，指示性批复。这种批复是针对请求指示的请示的答复，是对下级机关请示中有关政策、规定、方法等的解释和说明。如《中共中央国务院关于对〈河北雄安新区规划纲要〉的批复》《公安部关于防病毒卡等产品属于计算机安全专用产品的批复》。

第二，表态性批复。这种批复是针对请求批准、审批的请示的答复，是对下级机关所请示问题作出同意与否、批准与否的明确表态。如《中共中央国务院关于对〈河北雄安新区规划纲要〉的批复》《国务院关于同意建立促进中部地区崛起工作部际联席会议制度的批复》。

三、批复的特点

第一，内容的针对性。在各种公文中，批复是针对性最强的文种。它唯一的用途就是用来答复下级机关的请示事项，内容直接针对请示机关、针对请示事项。无论同意不同意，都应有针对性的答复。

第二，效用的权威性。批复针对请示表态或发表意见，下级机关必须遵循，不能违背。

四、批复的写作格式

批复一般由标题、主送机关、正文、落款等四部分构成。

（一）标题

批复标题由"发文机关＋事由＋文种"构成，如《国家税务总局关于风景名胜区景点经营收入征收营业税问题的批复》。有的还在标题中把本机关批准与否的态度写进去，如《国务院关于同意在武汉航空口岸开展口岸签证工作的批复》。

（二）主送机关

批复的主送机关一般情况下就是呈送请示的下级机关。

（三）正文

批复的正文一般由批复引语、批复内容和结尾用语三部分组成：

批复引语即指引述来文，一开始要写明针对什么来文批复，一般引用来文的日期、标题、发文字号，有的仅引用发文字号，也有的引用日期和主要请示事项。

批复内容是批复的主体，应针对请示事项表明态度。若是指示性批复，这里还要进一步指明来文所述问题的意义和重要性，强调指出其中需要特别注意的问题，给予一定的指示。若是表态性批复，表明同意的态度后，也可根据实际情况对下级机关的该项工作提出一些要求；如果不同意或只同意其中部分内容，这时应简单说明原因，并从体恤下情出发，对如何做好该项工作给以指导，以使下级机关有所遵循。

批复的结尾用语一般只写"此复"或"特此批复"。

（四）落款

发文机关和成文日期的写法类同于一般公文。

五、批复的写作要求

第一，全面理解请示内容。批复是针对请示写的，要求写作者认真研究请示的事项是否与近期工作需要以及党和国家的方针政策、法律法规相符合，请示的事项是否具有可行性。

第二，态度明确，意见清楚。批复是对下级请示的答复，无论同意与否，都应态度明朗，不能含糊其词，或模棱两可，使下级无所适从，影响工作进展。批复内容若涉及其他部门，起草文件时应主动与有关部门协商，取得一致意见后方可行文答复。

第三，表达准确，行文简洁。批复事关政策和工作大事，应措辞严谨，用语准确，字斟句酌，防止发生歧义。切忌使用"似属可行""最好不做"之类的词语。应力求篇幅短小，切忌言之无物，长篇大论。批复应坚持一文一事原则，加强针对性，不旁涉无关内容。

第四，及时批复。上级机关应及时答复下级机关的请示，以免贻误工作。

任务七

函

任务驱动

由于协会是首次承办"互联网+"创新创业大赛，校内没有现成的经验可借鉴。但张欣知道可以向省内一些办过此类活动的大学取经。于是，她分别向××大学、××职业技术学院等学校致函，联系有关创新创业大赛的考察学习事宜。现请你代张欣拟写这份函。

【范文赏析】

广东省商业储运公司关于日野FC16SA大卡车 存在严重质量问题要求赔偿损失的函

广东省汽车贸易中心：

我公司于××××年六月六日向贵公司原业务一科购买附有商检合格证的日野FC16SA型六吨卡车15辆，发票两张，号码为0671012，0671022，于××××年六月二十三日交货，九月中旬正式投入营运使用。该批车使用后，陆续发现前、后轮内侧胎不规则锯齿形磨损，以内侧内边缘为甚。经有关技术专家及广州市公安局第七检测站检验，认定此批车存在严重质量问题，与原供货资料标准不符。我公司已于十一月初暂停止使用。为此，特向贵单位请求：

一、于本月三十日前，派员前来检验质量鉴证等问题；

二、重新按质论价，赔偿经济损失，或退货。

希望贵公司讲求信用，按国家有关法律、规定与我公司共同协商解决上述商品的质量问题。

附件1. 购车发票两张

2. 广州市公安局检测站检验书

联系人：×××、×××

电话：××××××

联系地址：广州市××路××号广东省××公司汽车队

××××年11月12日（用印）

（资料来源：杨文丰. 现代应用文书写作. 第四版. 中国人民大学出版社，2011）

[简评] 这是一则商洽索赔的函。正文简要交代了行文的原委、发现的情况、检验认定、采取的措施等，这也是行文的背景，而且是提出索赔要求的有力证据；要求写得有礼有

节，要求合理，并提出希望。最后附上证明材料，写上联系方法，以便联系。此函思路周密，行文得体，表意明确，证据确凿。

【知识聚焦】

一、函的含义

函是不相隶属机关之间商洽工作，询问和答复问题，请求批准和答复审批事项的一种公文。它是党政机关、社会团体、企事业单位公文往来中最为常用的一个平行文文种。

二、函的类型

按照内容和功用分为商洽函、询问函、请批函、答复函等常见种类。

商洽函即不相隶属机关之间商洽工作、联系有关事宜的函。如人员商调、洽谈业务、联系参观学习等。

询问函即不相隶属机关之间相互询问有关具体问题的函。

请批函即不相隶属机关向有关主管部门请求批准某事项的函。

答复函又称复函，是对以上"商洽函""询问函""请批函"回复的函。

三、函的特点

第一，平等性。指函的收发文机关双边关系的平等性。函用于不相隶属机关之间平行行文，行文机关之间往往分属不同的系统、部门、行业或地域，没有领导与被领导关系，其相互间的关系应是平等的，即使双方行政级别有高低或双方在业务上具有主管与被主管的关系。

第二，广泛性。指函的使用不受级别高低、单位大小的限制。

第三，灵活性。指函的写法灵活，不受内容繁简和事情大小、轻重的限制。

视频3-6 函的写作艺术

四、函的写作格式

函由标题、主送机关、正文、落款等部分组成，主送机关、落款的写法与一般公文相同。这里只介绍不同种类函的标题与正文的写法。

（一）商洽函

1. 标题

一般写作"×××关于商洽（合作、协助）×××（事项）的函"。如《××大学关于商洽××同志调动工作事宜的函》《卫生部办公厅关于商请做好蜂胶产品监督管理工作的函》《××交通厅关于商请派车运送农民工的函》。

2. 正文

① 商洽缘由：主要写明为什么提出商洽，一般都是以一定的事实作为理由。

② 商洽事项：是商洽函的主体，写清楚商洽的具体事项，特别写明对对方有什么要求。如果是几方面的要求，可以分条列出，以便对方考虑。

③ 结语：一般用"可否，请函复"。

（二）询问函

1. 标题

一般写作"×××关于询问××（事项）的函"。如《××市塑料二厂关于询问TK-89

型自动考勤打卡机维修事宜的函》。

2. 正文

① 询问的目的,即发函的理由。

② 询问的内容。

③ 结语:一般用"即请函复""盼予函复"。

(三)请批函

1. 标题

一般写作"×××关于请求××(事项)的函"。如《××县人民政府关于请求解决我县枯水期用电指标的函》。

2. 正文

① 请求批准缘由。

② 请求批准事项。

③ 结语:一般都用"可否,请函复"或"可否,盼予函复"等。

请求批准函的写法和请示的写法相似,也要执行请示的写作原则。

(四)答复函

1. 标题

一般为"×××(复函机关名称)关于×××(答复的事项)的复函",如《国务院办公厅关于悬挂国徽等问题的复函》,《××省人事厅关于批准录用×××等××名同志为国家公务员的复函》。

2. 正文

① 引语:引述对方来函标题及文号,说明收悉,并简要复述对方所询问题或所提要求后,"你××(部、局等)《关于××××的函》(××〔20××〕×号)收悉,经研究现函复如下"过渡到下文。

② 答复意见:针对来函的内容,给予明确具体的答复。

③ 结束语:常用"此复"或"特此函复"。

注意:"复函"和"函复"是两个不同的概念,"复函"是公文的名称之一;"函复"只是指用书信的形式给予答复,不能作为名称使用。

五、函的写作要求

第一,内容要单一。一函一事,不要把几件事写在一份函里。否则会影响事情的及时处理。

第二,格式要规范。不能因为函篇幅短小,在不相隶属机关间使用,就可以不按行政公文的格式要求写作,把函写成一般的书信。

第三,语言要得体。发函要使用平和、礼貌、诚恳的语言,对主管机关要尊重、谦敬,对级别低的单位要平和,对平行单位和不相隶属的单位要友善。切忌使用生硬、命令性的语言。复函则态度要明朗,语言要准确,避免含糊笼统、犹豫不定。

视频 3-7 请批函与请示的区别

六、请批函与请示辨析

请批函与请示,虽然都有"请求批准"的作用,但两者的区别十分明显:

第一,行文对象不同。"请示"的行文对象是有隶属关系的上级领导或业务指导机关,即"上级机关";"请批函"的行文对象是没有隶属关系的主管部门,即"不相隶属机关",指组织或行政上与发文机关没有领导与被领导关系的机关。

此外,"请示"的行文对象与发文机关一般属于同一系统(系列),因此行文对象的范围较窄。而"请批函"的行文对象与发文单位通常不属于同一系统,因涉及方方面面、错综复杂的事务,所以系统间行文频繁,行文对象的范围也就比较广。

第二,行文内容不同。"请示"的行文内容一般是比较重大的事项,涉及机关政务、人事、财务、政策等方面的问题。"请批函"的行文内容只限于请批具体事项,局限于事务和业务方面的问题,发文机关就本单位、本系统无权自行决定的事项,向业务主管部门报批。

第三,反馈文种不同。"请示"和"请批函"都可用于请求批准,相对应的反馈文种是"批复"和"复函(批答函)":"批复"是有隶属关系的上级机关对下级机关行文,是对"请示"的回复;"批答函"是主管机关向不相隶属的机关行文,是对"请批函"的回复。

任务八

纪要

任务驱动

"互联网+"创新创业大赛虽然落幕了,但张欣觉得为了更好地展示参赛团队的风采,发挥优秀团队的示范带动作用,让更多的同学分享他们的创业经历和成功经验,有必要召开经验交流会。这个提议获得了广泛支持。12月26日,以"我们的创业故事"为主题的"互联网+"创新创业竞赛团队经验交流会在学术报告厅成功召开。张欣和与会同学更加明确了在创业这条充满荆棘的道路上,需要具备怎样的专业态度和刻苦精神才能坚持走到最后,并走得最好。现在请你代张欣拟写这份纪要。

【范文赏析】

×××企业集团办公会议纪要

(××××年1月11日)

××××年1月10日下午,李×总裁在总部主持召开了新年第一次总裁办公会议,确立今年企业集团的工作思路,布置了工作任务。参加会议的有各部门负责人。会议议定事项如下:

一、企业集团今年的工作思路是:"扶持和培育10～15家骨干企业;稳定30家左右中等企业;撤、并、停、转、重组一批小企业和困难企业",减少企业集团下属子企业数量,促进有潜力的企业快速发展。会议要求集团总部各部门依据工作思路制订出今年的工作计划。

二、今年的工作重点是建立"三库",即建立企业资产财务信息库、人力资源库和企业基本情况数据库。

三、今年要加强集团内部管理,强化服务意识,理顺工作程序,严格考勤考核工作,增强执行制度和各项规定的自觉性,树立企业集团的良好形象。

四、年初出台新的企业考核体系。对不同性质的企业出台不同的考核办法。

（资料来源：世界大学城 http：//www.tmall.com，略有改动）

[简评] 这是一篇办公会议纪要。导言部分介绍了会议基本情况，包括会议时间、地点、主持人、出席人员和会议主题。文种承启语"会议议定事项"后，分条列项地写了会议议定的四方面的事项。行文有序，结构清晰，语言明晰。

【知识聚焦】

一、纪要的含义

纪要是记载会议主要情况和议定事项的公文文种。但并非任何会议都要写会议纪要，只有比较重要的、影响较大的会议，并要求与会者共同遵守、执行会议议定事项和贯彻主要精神时，才写发纪要。纪要既可以作为上行文报告会议精神，也可以作为下行文单独印发，还可以作为平行文使用。

二、纪要的类型

按照会议性质和内容，纪要可分为两类：

第一，办公会议纪要。又称日常行政工作会议纪要。主要用于反映机关单位开会研究问题、部署日常工作的情况，要求与会单位和有关方面、有关人员共同遵守、执行。

第二，专项会议纪要。主要用于各种各样的交流会、座谈会、研讨会或日常工作以外的某个专项工作会议的纪要。这类纪要是通过对涉及有关工作的重要方针、政策、理论原则问题而召开专门性会议，研究一些重大理论和实际问题，并达成共识，就共同研究的意见、办法所形成的书面材料。因此，专项会议往往给人们以深刻的启发，给工作以宏观的指导。

三、纪要的特点

第一，纪实性。纪实性是纪要的基本特点，也是撰写纪要的基本原则。纪要必须如实反映会议内容，必须是会议宗旨、基本精神和所议定事项的真实反映，绝对不能离开会议实际进行所谓的再创作。

第二，提要性。纪要是会议的要点，不是会议记录，不能有闻必录，而要围绕会议主旨及主要精神来整理、提炼和概括，重点放在介绍会议的主要精神上。

四、纪要的写作格式

纪要主体一般由标题、正文、落款三部分组成。

（一）标题

一般由会议名称＋文种构成，如《全国语言文字工作会议纪要》；或会议主要内容＋文种，如《关于廉租房建设有关问题的会议纪要》；也有既有正题又有副题的，如《功德日增凝聚力　灵根长发万年枝——增强中华民族凝聚力座谈会纪要》。

（二）正文

正文一般由会议概况、会议事项、结语构成。

1. 会议概况

交代会议的基本情况，包括召开的原因、根据、目的，会议的召开者，开会的时间、地点、出席人、主持人，会议的主要议程，研讨的主要问题，主要成果等。可以根据会议的需要，对这些项目有选择地、重点地、简明地加以介绍。

2. **会议事项**

这是纪要的核心部分。着重阐述会议的主要内容，包括会议的精神，讨论的问题，议定的事项，提出的任务、要求和措施等。主体主要有三种写法，即分项式、综述式、摘要式。

① 分项式写法，是把会议讨论的问题和议决的事项，分条列项地写出。许多办公会议或讨论解决较具体、较专门问题的会议纪要大多用这种写法。

② 综述式写法，是把会议的内容，按性质综合为若干部分，然后逐一写出。一般把主要的、重要的放在前面，而且尽量写得详细、具体一些，次要的和一般性的内容放在后面，可简略一些。多用于各种各样的经验交流会和现场会。

③ 摘要式写法，是指把参加会议成员的发言摘录其要点，或按发言顺序或按内容性质归类安排写出的纪要。有些议题重大、针对性很强的座谈会多用这种写法。

3. **结语**

对与会单位和有关方面提出要求与希望。但也有不少纪要写完主体部分就自然收束。

（三）落款

写法与其他公文相同，也有的纪要把成文时间外加圆括号置于标题之下。

五、纪要的写作要求

第一，了解会议全局。写作纪要首先要弄清楚会议的目的、任务、内容和形式，参加会议的全过程，认真地看和听，积极地记和想，掌握会议的所有文件材料，以求对会议有真切的感受、全面的了解。

第二，忠于会议实际。反映情况、说明议决都要忠于会议内容，不能离开会议实际搞再创作，不能以偏概全，遗漏主要事项、重要内容。

第三，抓住会议关键。无论是叙述事项还是说明观点，都得把握要点，突出重点，以简洁明快的语言，有层次、有详略，点名根据，道出原委，做到全而不杂，概而实在。

第四，用好特殊称谓。纪要反映的是与会人员的集体意志和意向，常以"会议"作为表述主体。如"会议认为""会议指出""会议强调""会议要求"等就是其称谓特殊性的表现。这样的称谓常常在一层内容的开头出现，但使用必须恰当，即每个特殊称谓要与所属的该层内容、意义相吻合。

【写作实训】

一、判断分析

下列公文标题是否恰当并说明理由。

1. ××学校××年工作要点。
2. ××商场关于火灾事故的书面汇报。
3. ××集团公司关于职工住房补贴问题的答复。
4. ××局关于"十三五"期间环保工作的规划。
5. ××厂关于申请扩建职工娱乐室的报告。
6. ××公司关于小汽车问题的请示。
7. ××厅关于新建生产线试生产及投产用电的请示（给省发改委）。
8. ××县财政局关于县工业局要求购置北京牌吉普车问题的批复。
9. ××乡人民政府关于印发××县人民政府〔2019〕10号文件的通知。

10. 国务院办公厅批转关于国家旅游局进一步清理整顿旅行社意见的通知。

二、病文评改

对照公文写作格式要求，指出下列文稿存在的问题并予以修改。

1. 通知

游泳池办证通知

机关各直属单位：

机关游泳池定于 6 月 1 日正式开放，6 月 10 日开始办理游泳证。请你们接此通知后，按下列规定，于元月三十日前到机关俱乐部办理游泳手续。

一、办证对象：仅限你单位干部或职工身体健康者。

二、办证方法：由你单位统一登记名单、加盖印章到俱乐部办理，交一张免冠照片。

三、每个游泳证收费伍角。

四、凭证入池游泳，主动示证，遵守纪律，听从管理人员指挥。不得将此证转让他人使用，违者没收作废。

五、家属游泳一律凭家属证，临时购买散票，在规定的开放时间内入池。

×××俱乐部

2016 年 5 月 5 日

2. 通报

表彰通报

××市×××化工厂，采取有力措施，切实贯彻落实《安全生产条例》，建立安全生产岗位责任制，实现了全年生产无事故。成为×××第一个安全生产年企业。为此，市政府决定对×××化工厂予以通报表扬。

××市人民政府

2019 年 1 月 28 日

3. 报告

火灾报告

××省商委：

2019 年 2 月 20 日上午 9 点 20 分，××市××百货大楼发生重大火灾事故。幸未造成人员伤亡，但烧毁三层楼房一幢及大部分商品，直接经济损失 792 万元。

事故发生后，市商委副主任带领有关人员赶到现场调查处理，市人民政府召开紧急防火电话会议，市消防队出动 15 辆消防车，经 4 个小时扑救，火灾才被扑灭。

据查，事故的直接原因是电焊工××违章作业，在一楼铁窗架电焊火花溅到易燃货品上引起火灾，但也与××××百货公司管理局及员工安全思想模糊，公司安全制度不落实，许多安全隐患长期得不到解决有关。市委、市政府对有关人员视情节轻重，做了相应处理。

××市商委

2019 年 3 月 1 日

4. 请示

关于增拨办税大厅基建经费的请示

××省人民政府、××省长：

  2018年11月，我局派出调查组到××市国税局学习考察其办税大厅的建设情况、调查组认为办税大厅功能较齐全，适应税收征管模式的改革，方便纳税人缴纳税款。为此

  我局于2019年决定建办税大厅，并得到省人民政府的支持，在×府〔2019〕×号文"关于拨款修建办税大厅的批复"中，拨给我局150万元，此项资金已专款专用。

  但由于建筑材料涨价，原预算资金缺口较大，恳请省人民政府拨给不足部分，否则将影响办税大厅的竣工及我省税收任务的完成。

  特此请示报告。

××省地方税务局

××××年××月×日

5. 函

函

××电器公司：

  兹有我校学生毕业实习即将开始。经研究决定派2019届电子专业学生到贵公司实习，望能妥善安排。

  可否，请即回音。

××职业技术学院

××××年××月×日

三、综合写作

  校内学生创业公司——中国移动动感地带职院店，要推出公司新套餐，套餐分为动感小王卡18元产品和动感28元小王卡（2019版）两种，月费分别为18元、28元，客户办理后只要每天再支付1元（不使用不收钱），即可使用相应的国内流量，超出后国内流量按1元500MB循环计费（不足1元按照0.29/MB计费）；语音字符：国内主叫一口价0.19/分钟，国内被叫免费；同时还赠送来电显示。为此想在校园内举办一个产品推介会。会场拟借用学校学生活动中心广场一天，希望得到主管部门的支持，同时希望各分院学生会参与活动；另外，要把举行推介会活动告诉同学们。活动结束后要向主管部门汇报情况。假如你是该创业公司的经理助理兼秘书，要完成上述任务，需做哪些方面的准备工作？请从应用写作课的角度出发，回答下列问题：

  1. 请按完成任务的顺序分别列出要准备的文种，并说明这些文种是分别用来与哪些部门（或人）来联系交流的？

  2. 请完成其中3则公文。

模块四

事务文书

情境导入

　　刘雯是某数控公司市场销售部的部长助理。2018年12月，市场销售部收到公司两份文件：一份是关于做好2018年工作总结和2019年工作计划的通知；另一份是关于做好员工年度考核工作的通知。部长阅毕文件后，迅速召开了部门中层干部会，刘雯列席会议。与会者就如何落实文件精神和2019年市场销售部如何开展工作进行了充分讨论。之后，部长给刘雯布置工作，请她一周内完成以下任务：

　　任务1　草拟市场销售部2018年工作总结；
　　任务2　草拟市场销售部2019年工作计划；
　　任务3　草拟市场销售全体员工年度考核工作方案；
　　任务4　草拟市场销售部关于做好年度考核工作的通知。

　　刘雯想，自己不仅要完成部长布置的任务，还要提交本人书面述职报告参加年度考核，这些任务都很重要，是部门或个人谋事干事、辛勤工作的见证，既要保证质量，又要提高效率呀！

【知识聚焦】

　　事务文书和公务文书一样，具有指导、监督、检查及咨议作用，其应用范围极其广泛，社会各行各业或各个部门在安排工作、处理事务时都要运用。因此，无论哪个行业的从业人员，也无论是从现实的工作需要出发，还是从未来的发展出发，都要掌握其常用文种的写作。

任务一

计划

　　杜向礼是某职业学院青年志愿者协会会长，协会以"服务校园，服务社会"为宗旨，以"奉献、友爱、互助、进步"为准则。2018年底，杜向礼需要制定协会2019年的工作计划。你知道工作计划如何制定吗？你能查阅相关资料，代他起草这份文书。

【范文赏析】

教育部 2019 年工作要点

2019 年是中华人民共和国成立 70 周年，是全面建成小康社会、实现第一个百年奋斗目标的关键之年，是深入贯彻落实全国教育大会精神开局之年，是教育系统深入实施"奋进之笔"，攻坚克难、狠抓落实的重要一年。

教育工作总体要求：高举中国特色社会主义伟大旗帜，以习近平新时代中国特色社会主义思想为指导，深入贯彻党的十九大和十九届二中、三中全会精神，深入学习贯彻全国教育大会精神，按照"五位一体"总体布局和"四个全面"战略布局，增强"四个意识"，坚定"四个自信"，坚决做到"两个维护"，坚持稳中求进工作总基调，坚持高质量发展，坚持和加强党对教育工作的全面领导，全面贯彻党的教育方针，落实教育现代化 2035 和五年实施方案，坚持发展抓公平、改革抓体制、安全抓责任、整体抓质量、保证抓党建，加快推进教育现代化，建设教育强国，办好人民满意的教育，以优异成绩庆祝中华人民共和国成立 70 周年。

一、加大投入力度夯实教育发展基础

1. 完善教育经费投入保障机制

目标任务：健全教育财政投入机制。完善非义务教育培养成本分担机制。优化教育经费投入使用结构，加强教育经费使用管理。

工作措施：推动各地进一步建立健全生均拨款制度。加强教育经费执行情况统计监测，督促落实"一个不低于、两个只增不减"要求。推动落实完善扩大教育社会投入政策。推动各地建立拨款、资助、收费"三位一体"标准动态调整机制，加强和规范教育收费管理。全面实施绩效管理，完善项目支出标准体系。加强经费监管，强化内部审计工作，提高使用效益。

2. 依法保障中小学教师待遇

目标任务：强化地方政府主体责任，完善中小学教师绩效工资政策。

工作措施：推动各级人民政府优先保障义务教育教师工资发放。研制义务教育教师绩效工资总量核定办法。

3. 推进信息技术与教育教学深度融合

目标任务：推动教育信息化转段升级，提升师生信息素养。

工作措施：实施教育信息化 2.0 行动计划，研究中国智能教育发展方案。推进学校联网攻坚行动，力争全国中小学互联网接入率达到 97% 以上、出口带宽达到 100Mbps（兆/秒）以上。完善国家数字教育资源公共服务体系，深入开展"一师一优课、一课一名师"活动，有序推进职业教育专业教学资源库建设。启动"智慧教育示范区"建设。建立数字化资源进校园监管机制。推动"互联网＋教育"大平台建设。启动中小学教师信息技术应用能力提升工程 2.0。召开中国慕课大会。出台《在线开放课程建设与应用管理办法》。推动更多高校课程在国际著名课程平台上线。系统推进国家虚拟仿真实验教学项目建设工作。

二、培养德智体美劳全面发展的社会主义建设者和接班人

1. 增强德育针对性实效性

目标任务：全面推进习近平新时代中国特色社会主义思想进教材。推进大中小幼一体化德育体系建设。建立德智体美劳教育有机融合、协调发展的长效机制。完善教材审查机制。

工作措施：研制《习近平新时代中国特色社会主义思想进课程教材指导纲要》。编好审好用好《习近平总书记教育重要论述讲义》，组织开展培训，做好宣传推广。全面落实大中小学教材建设规划。出台中小学、职业院校、高等学校教材管理及学校选用境外教材管理办

法。研究制定中小学教材审查工作细则。推进义务教育道德与法治、语文、历史教材使用全覆盖。加强中小学道德与法治（思想政治）教材、高校思想政治理论课教材一体化建设。印发中等职业学校思想政治、语文、历史课程标准。完成普通高中三科统编教材编审和14个学科非统编教材审查工作。继续编好、审好、用好马工程重点教材，研制党的领导进教材编写指南，推荐一批相关学科哲学社会科学优秀教材。加强少数民族文字教材建设和管理。研制中华优秀传统文化、革命传统教育进中小学课程教材指导纲要。强化资助育人理念，构建资助育人质量体系。加强大学生网络素养教育，继续实施中华经典诵读工程。落实《中小学德育工作指南》。研制加强改进新时代中等职业学校德育工作的意见。继续开展"学宪法讲宪法"活动。

2．提高基础教育质量（略）

3．促进学生身心健康（略）

4．大力加强劳动教育（略）

5．强化家庭教育（略）

6．切实减轻中小学生过重课外负担（略）

三、提升人民群众教育获得感

1．推进学前教育普惠发展

目标任务：采取多种措施扩大普惠性学前教育资源供给，健全学前教育体制机制和政策保障体系，完善监管体系。

工作措施：全面贯彻落实《中共中央国务院关于学前教育深化改革规范发展的若干意见》，推动各地出台实施意见，会同有关部门推动各地完善小区配套园管理、公办园生均拨款制度与收费标准、普惠性民办园补助扶持、教师配备与待遇保障、规范监管等政策制度。开展小区配套园、民办园过度逐利行为和纠正幼儿园"小学化"专项治理。实施好第三期学前教育行动计划，发挥中央财政支持学前教育发展资金引导作用。继续开展幼儿园办园行为督导评估，推进幼儿园实行责任督学挂牌督导制度。研制出台普及学前教育督导评估办法。

2．提高义务教育城乡一体化发展水平（略）

3．推进高中阶段教育普及攻坚（略）

4．提升民族教育质量（略）

5．办好特殊教育（略）

6．坚决打好教育脱贫攻坚战（略）

7．加强国家通用语言文字推广普及和语言资源科学保护（略）

四、坚决破除制约教育事业发展的体制机制障碍

1．深化教育评价体系改革

目标任务：推动构建更加科学有效的教育评价制度体系，着力破除教育评价中存在的"五唯"问题，促进党的教育方针、立德树人根本任务落实到教育的各阶段、各环节、各方面。

工作措施：深入开展教育评价体系改革调查研究，分类推出评价改革相关举措，形成相对完整的教育评价改革制度框架。推动高校思想政治工作评价改革融入"双一流"建设、教学审核评估、学科评估的核心指标。进一步健全高中学生综合素质评价制度。研究建立一流大学和一流学科建设成效评价体系和评价办法。规范科研评价结果使用，进一步改革高校科技奖励工作。实施国家义务教育质量监测，研究制订县域义务教育质量、学校办学质量和学生发展质量评价标准，完善义务教育评价体系。

2．进一步深化高考改革（略）

3．深化管理方式改革（略）

4. 系统推进教育督导体制机制改革（略）

5. 规范民办教育发展（略）

6. 实施国家职业教育改革实施方案（略）

7. 深化高等教育内涵式发展（略）

8. 办好继续教育（略）

9. 全面推进依法治教（略）

10. 推进教育现代化区域创新试验（略）

11. 扩大教育对外开放（略）

五、加强教师队伍建设提振师道尊严

1. 强化师德师风建设

目标任务：严格贯彻执行教师职业行为准则，深入推进师德师风长效机制建设，强化对学术不端行为监督查处。

工作措施：贯彻落实新时代教师职业行为十项准则，督促各地出台实施办法。研制出台加强新时代师德师风建设的意见，深化师德师风综合整治。开展2019年全国教育系统表彰奖励工作。推动创作反映教师时代风貌的影视作品和文学作品。严肃查处学术不端、招生考试弄虚作假等违反十项准则的行为。

2. 深化教师管理与教师教育改革（略）

3. 营造教师安心、静心从教的环境（略）

六、加强党对教育工作的全面领导

1. 纵深推进教育系统全面从严治党（略）

2. 在教育系统全面贯彻新时代党的组织路线（略）

3. 加强教育系统基层党建工作（略）

4. 把思想政治工作贯穿教育教学全过程

目标任务：着力推进精准思政，创新思想政治工作方式方法，继续打好提高高校思想政治理论课质量和水平的攻坚战。

工作措施：组织用好《习近平总书记教育重要论述讲义》。深入实施高校思想政治工作质量提升工程，开展"一站式"学生社区综合管理模式建设试点，推动"三全育人"综合改革，加强高校思想政治工作体系建设。持续开展"弘扬爱国奋斗精神、建功立业新时代"活动。实施高校思想政治理论课"创优行动"和"一省一策思政课"集体行动。组织开展高职高专马工程重点教材高校思政课和部分文科类专业课教材专项调研。推动高校按要求配齐专职思政和党务工作队伍。落实意识形态工作责任制，推动直属高校意识形态工作责任制落地生根。

（资料来源：中华人民共和国教育部网站 http://www.moe.gov.cn/jyb_xwfb/gzdt_gzdt/s5987/201902/t20190222_370722.html，略有删减）

［简评］这是一篇非常典型的工作计划，开头部分总起全文，指出了2019年的特质，提出了当年全国教育工作总体要求；主体部分从夯实教育发展基础、培养德智体美劳全面发展的社会主义建设者和接班人、提升人民群众教育获得感、破除教育事业发展的体制机制障碍、加强教师队伍建设、加强党对教育工作的全面领导等六个方面明确了全年教育工作的34项任务及其措施，条理清晰，任务明确，措施具体，言简意明，语言得体。

【知识聚焦】

"凡事预则立，不预则废。"这句话深刻说明了计划的重要性。一个科学合理、切实可行的计划，往往能使工作事半功倍，有了计划，实践工作才能有目的、有组织、有步骤地开展，才能合理安排人力、物力、财力和时间，才能提高工作效率和效果；没有计划，实践工作将陷入盲目性和随意性，容易导致失败。因此制订计划，对单位和个人都有着十分重要的现实意义。

一、计划的含义

计划一般是指党政机关、企事业单位、社会团体或个人在工作、学习或生活中，对未来一定时期要做什么和准备怎样去做所制定的目标、任务、要求和措施。这里所说的计划则主要指工作计划。

二、计划的类型

计划的种类较多，按照不同的分类标准，可以划分不同的类型：按内容分，有工作计划、学习计划、生活计划等；按性质分，有综合性计划和单项计划，指导性计划和指令性计划等；按范围分，有国际间、国家的、地区的、系统的、部门的、单位的、个人的计划等；按时间分，有远景规划、年度计划、季度计划、月计划、周计划、每日安排以及阶段计划等；按写法分，有条文式计划、图表式计划和条文兼图表式计划等。

按文种划分，广义计划类文种主要包括规划、设想、计划、要点、安排、方案、预案等，各自适用的范围有所不同：

其一，规划。规划是计划中最宏大的一种，带有方向性、战略性、指导性，一般都要在三五年以上，且大都是全局性工作或涉及面较广的重要工作项目，其内容和写法上往往是粗线条的，比较概括，如《中华人民共和国国民经济和社会发展十年规划》《国家教育事业发展第十二个五年规划》等。

其二，设想。设想是一种初步的、粗线条的、非正式的计划，是为制定某些规划、计划作出准备的，是一些初步想法。一般说来，时间长远些的称"设想"，范围较广泛的称为"构想"，时间不太长、范围也不太广的则称为"思路"或"打算"。设想与规划一样，在内容和写法上比较原则和概括，不会写得太细、太具体。

其三，计划。这里的计划是狭义的计划。狭义的计划是广义计划中最适中的一种，其特点表现在：时间一般在一年、半年左右；范围一般都是一个单位的工作或某一项重要工作；内容和写法比规划具体、深入，比设想正规、细致，比方案简明、集中，比安排阔展、概要。

其四，要点。要点实际上是狭义计划的摘要，即经过整理，把主要内容摘出来的计划。一般以文件下发的计划都采用"要点"形式。

其五，方案。方案是计划中内容最为复杂的一种，一般包括指导思想、主要目标、工作重点、实施步骤、政策措施、具体要求等内容。

其六，安排。安排是计划中最为具体的一种格式：由于其工作比较确切、单一，不作具体安排就不能达到目的，所以写得比较详细。安排和方案有共同之处，即写作题材都是单项的工作，这也正是方案、安排与规划、设想、计划、要点的根本不同。但二者在内容范围上也有个大小之分：方案的内容范围适合于上级对下级或涉及面比较大的工作，安排的内容范围则适合于单位内部或涉及面较小的工作。

其七，预案。预案则是为应对某种突发性紧急重大事件或情况而事先制定的处置办法。

不管计划类文种如何划分，其内容一般都是重点阐述"做什么""怎么做"和"做到何种程度"。

三、计划的特点

第一，预见性。计划不是对已经形成的事实和状况的描述，而是在行动之前，对行动的任务、目标、方法、措施所作出的预见性确认。这种预想不是盲目的，而是以上级部门的规定和指示为指导，以单位或个人的实际条件为基础，以过去的成绩和问题为依据，对今后的发展趋势作出科学预测之后作出的。可以说，预见是否准确决定了计划写作的成败。

第二，针对性。计划要么根据党和国家的方针政策、上级部门的工作安排和指示精神而定，要么针对本单位的实际情况而制定，要么根据个人主客观条件而制定。总之，从实际出发制定的计划，才是有意义、有价值的计划。

第三，可行性。可行性和预见性、针对性密不可分，预见准确、针对性强的计划，在现实中才真正可行。如果目标定得过高、措施无力实施，该计划就是空中楼阁；反之，目标定得过低，措施方法都没有创造性，虽然很容易实现，但成就不大，也算不上具有可行性。

第四，约束性。计划一经通过、批准或认定，在其所指向的范围内就具有了约束作用，在这一范围内，无论是集体还是个人都要按照计划开展工作和活动，不得违背和拖延。

视频 4-1 计划的写作要点

四、计划的写作格式

计划一般由标题、正文、落款三部分构成。

（一）标题

计划的标题一般有三种写法：

一是完整式。由"单位名称、适用时限、计划内容、计划种类"四个要素构成，如《××公司 2019 年营销工作计划》《××大学 2019 年植树节活动方案》。这种标题最常见、最规范。

二是省略式。根据实际情况省略某些要素：省略单位名称，如《2019 年纪委工作要点》，标题省略了单位名称的一般在正文后署名；省略时限，如《××学院毕业生就业工作计划》；省略单位名称和时限，如《科研工作计划》，同样需要在正文后标注单位名称。越是基层单位的计划，省略要素的情况越普遍，因为涉及范围小，有些要素不写大家也明白。越是大单位的正规计划，要素越不可省略。

三是公文式。即由"发文机关＋事由＋文种"构成，如《××大学关于开展新春联欢会的工作方案》。

若计划尚不成熟或未经批准，则在标题后或标题正下方用圆括号标注"草案""讨论稿"等。

（二）正文

计划的正文一般由前言、主体、结尾三部分构成。

1. 前言

前言是计划的开头部分，简明扼要说明制定计划的背景、根据、目的、意义、指导思想等，一般一两个自然段即可。

2. 主体

主体部分一般写清三个方面的内容：一是在某计划时限内要完成的目标任务，即写清楚"做什么"，要清楚表明要达到的指标（数量要求）和做到什么程度（质量要求）；二是写清楚工作的方法和措施，即写明"怎么做"，包括要做哪些具体的工作，采取的措施、步骤、时间分配、人力安排等；三是其他事项，包括完成计划应注意的问题、检查和修订计划的办法等。主体部分一般需要分条列项，常见的结构形式为：用"一、二、三……"的序码分层次，用"（一）、（二）、（三）……"加"1.2.3……"的序码分条款。具体如何分层递进，依内容的多少及其内在的逻辑性而定。

3. 结尾

结尾可以用来提出希望、发出号召、展望前景、明确执行要求等，也可在主体之后就结束全文，不写结尾部分。

有的计划还有附件，即附带与计划有关的材料，如正文里表述不方便的附表、附图等。

（三）落款

计划在结尾之后，一般还要在右下方署明单位名称和制定计划的具体时间，如果标题已经包含了单位名称的，此处可不再署名。如果以文件形式下发，还要加盖公章。若加盖公章，则单位名称也可以省略。

五、计划的写作要求

第一，实事求是，切实可行。制定计划必须以党和国家的方针政策为依据，结合本单位实际情况，提出工作目标和任务，要切实可行，具有科学性和可操作性。如果脱离实际，硬把目标订得过高，就难以贯彻落实，甚至使计划落空；而订得太低，则不利于取得良好工作业绩。

第二，调查研究，突出重点。制定计划切忌闭门造车，一定要进行深入细致的调查研究，听取各方面意见，这样才能掌握情况，制订出完成任务的最佳方案。内容上不可面面俱到，要突出重点，兼顾一般，没有重点的工作计划，就没有主攻方向，就不能集中力量完成重大任务。而只有重点不兼顾一般的计划是不完整的，同样不利于任务的全面完成。

第三，内容具体，语言简洁。制定计划是为了指导工作，完成任务，故提出的任务、指标、措施、方法、步骤等要具体明确，用语要力求准确，言简意赅，切忌含糊不清，模棱两可。

第四，责任明确，留有余地。为了保证任务的完成，必须明确责任，使任务落到实处。同时在任务、指标、措施上应留有余地，留存上升的空间，以便在实施过程中超额完成计划或有所回旋，对其作必要的调整、补充、完善。

任务二

总 结

任务驱动

2019年6月11日至17日，中国2019世界集邮展览在湖北省武汉市举行。这是中国继1999年、2009年之后，第三次举办世界集邮展览，来自84个国家和地区的代表携4683框优秀集邮展品相聚武汉。武汉某职业学院青年志愿者协会在校团委领导下，以"奉献、友爱、互助、进步"为准则，开展了深受赞誉的世界集邮展志愿服务活动。活动结束后，协会会长杜向礼需要分析盘点志愿服务活动开展情况，总结经验和不足，撰写一份工作总结。你知道这份总结应该如何写作吗？

【范文赏析】

××县××镇人民政府2018年工作总结

2018年是全面贯彻落实党的十九大精神的开局之年。一年来，在县委、县政府和镇党委的正确领导下，在镇人大的监督支持下，在全体干群的共同努力下，全镇上下认真贯彻党的十九大及十九届二中、三中全会精神，以习近平新时代中国特色主义思想为指导，紧紧围绕镇三届人大三次会议确定的目标任务，坚定信心，务实作风，扎实推进，较好地完成了县委、县政府下达的工作任务。

一、坚持以发展为中心，统筹推动经济社会健康发展

1. 经济指标平稳增长

截止9月份，累计完成财政收入5118万元，占年度任务7150万元的71.5%；固定资产投资4.75亿元，占年度任务7.5亿元的63%；亿元以上省外项目到位资金2亿元，占年度任务2.5亿元的80%；新引进项目4个（分别为：宏达汽配、博通汽贸、依然农产品、硒菇食品科技），占年度任务5个的80%。预计全年完成：财政收入7200万元，增长0.7%；固定资产投资7.5亿元，增长7.9%；省外亿元以上项目到位资金2.5亿元，与上年基本持平；新引进项目5个，增长20%。

2. 项目建设持续发力

按照"重点项目建设年"活动部署，突出工作重点，紧盯关键环节，加快推进项目建设。做好城西加油站安保整治、润昇康养园等项目的协调服务，推进党校业务用房、金钱山体育场、碧桂园、金山阳光小区、中医院医养中心、职高实训基地、伍石公路升级改造、秋浦河防洪治理、愉景大厦、宏达汽配等项目的建设进度，棚户区改造征迁协议130户全部签订，贡溪敬老院新建项目完成招标工作。全力推动G3W德上高速先行开工区域征迁工作，30户房屋征收工作全部完成，完成征地250余亩，迁坟130余棺，缘溪高速安置点建设正在扎实推进。

3. 全域旅游发展加快

贯彻《××市创建国家全域旅游示范区工作方案》，落实《2018年××县全域旅游发展行动计划》，不断完善配套基础设施和服务。推进××景区景观茶庐二期、入洞口景观提升工程建设，生态停车场、游客服务中心等基础设施建设工程已完成招标手续。醉山野景区玻璃桥6月1日对外开放，慈云洞7月1日正式营业，游客服务中心顺利摘地。水云洞接待中心装修、污水管网铺设、酒店配套设施建设等基本完工。结合旅游扶贫政策，鼓励新发展农家乐12家，带动乡村旅游升温。畅通旅游招商渠道，推进养生休闲林场等优质项目尽快落地。支持东山举办传统年俗节，筹备三增"菊花节"系列活动，提升乡村旅游扶贫新形象。

二、坚持以脱贫为目标，深入推进脱贫攻坚精准落实

1. 扶贫排查全面开展

积极配合省级互查、市级巡查、县级督查，落实三级书记遍访行动，开展"两精准"大排查活动，逐户上门、逐项排查、逐人核对，形成"拉网式大排查、麻雀式大解剖、排雷式大整改、清单式大销号"的脱贫攻坚攻势，不断夯实基础台账。累计走访贫困户2800余户次、一般农户1100余户次，发放《××镇脱贫攻坚应知应会》1500余本，举办农民夜校28场次，征集建议意见1845个，完成问题整改3225条，建立边缘户"一户一档"资料110户，完善全国、全省扶贫开发系统。

2. 扶贫措施落实到位

贯彻落实县委书记走访高宝村的重要指示精神，出台《支持深度贫困村脱贫攻坚工作实施方案》。党群服务中心挂网招标、分中心建成运行，第一批到户光伏电站并网发电，新增

高宝 60kW 村级集体光伏电站，东山村坡里过水桥等 9 个财政扶贫项目顺利竣工，拨付 2018 年贫困户到户产业项目资金 210 万元，实施"春季雨露计划"，救助贫困大学生，累计发放 12.6 万元。全额代缴贫困户个人医疗保险费用，补贴新农合 65 万元。发放扶贫小额信贷资金 480 万元。毕家冲易地扶贫搬迁集中安置点项目主体完工，推进易地扶贫搬迁省级示范点建设，加大拆除旧房和土地复垦工作力度，拆除旧房 21 户。

3. 产业扶贫助力增收

把培育产业作为坚决打赢脱贫攻坚战的关键措施和主攻方向，按照"核心是精准、关键在落实、确保可持续"的工作思路，着力发挥产业扶贫的"造血"功能，持续激发贫困村、贫困户自我发展的内生动力。开展创业培训 3 期，"送岗位下乡"活动 6 次，打造杏溪村扶贫驿站，建成惠诚科技扶贫车间，提供就业岗位 210 个，拓展"互联网＋"电商平台农村业务，实现 5 个重点贫困村网店建设全覆盖。引导高宝土地流转 100 亩，培育西山焦枣种植项目，发展三增有机花卉种植等农业特色产业，带动贫困户 39 户 107 人稳定增收。

三、坚持以民生为根本，持续提升人民群众幸福指数

1. 民生福祉日臻提升

优化农村生态宜居环境，三增新桥中心村全面提升，缘溪黄岩、杏溪郑村建设有序推进，东山坡里建设正式启动。加快补齐农村人居环境突出短板，共拆除危旧小脚屋 278 处，面积约 2.1 万平方米，新建围栏 460 余米、广场 3600 平方米，扩宽道路 5.7 公里，投入资金 113 万元完成以工代赈、一事一议等 12 个项目建设。农村危旧住房完工 164 户，农村改厕完工 113 口。打造贡溪农民文化乐园，成功举办文化活动 4 次。落实农村集体资产清产核资、第四次全国经济普查等工作，创建医养结合试点乡镇，新建农产品质量安全监管站。杏溪长田通组路建成通车，同心宋村安全饮水竣工通水。办结法律援助案件 49 件，挽回 237 名困难群众损失 253 万元。实施广播电视"户户通"工程，调试安装 178 台。发放农村居民最低生活救助资金 268.8 万元，农村五保供养资金 87.4 万元，城乡困难居民医疗救助资金 27.1 万元，计划生育家庭奖（特）扶资金 63.4 万元。实现全镇城乡居民医疗保险参保 17384 人，城乡居民基本养老保险缴费 4990 人，家庭医生签约服务履约 9525 人。做好受灾农田理赔工作，合计赔偿 375 亩 35000 元，惠及 57 户次。

2. 生态环境明显改善

牢固树立和切实践行"绿水青山就是金山银山"的理念，重点解决危害群众健康的突出环境问题。落实固体废物排查整改 37 处，清运各类垃圾 1415 吨，整治"小散乱污"企业 11 家，依法关闭拆除禁养区畜禽规模养殖场 13 个，拆除面积 4683 平方米。深入推进第二次全国污染源普查工作，累计普查工业企业和产业活动单位 92 家，集中式污染治理设施 7 家。全面完善河长制、林长制体系建设，累计治理河道环境 9 次，清理非法制砂采砂点 7 处，聘任生态护林员 110 名，严格生态空间管控，强化环境区域管理，实现秸秆禁烧和森林防火"零火情"。深入推进殡葬改革，依法拆除"两沿六区"范围内"活人墓"10 棺，牛角弄公墓道路完成硬化。全面排查非洲猪瘟疫情，强化防控监管，辖区内无疫情发生。

3. 社会大局和谐稳定

全力做好省委领导走访调研、全国两会、传统节假日等关键时期的信访维稳。落实领导带班接访制度，畅通群众信访渠道，办理上级交办和镇级受理的信访案件 38 件。巩固"长安杯"创建成果，深入开展"综治集中宣传月"活动，吸引更多社会力量共同参与，提升群众安全感和政法队伍满意度。大力宣传烟花爆竹禁限放政策，教育引导群众共同守卫"蓝天白云"。推进安全生产攻坚行动，全面巡查 9 次，排查隐患 45 处，责令停产整改企业 2 家。

积极应对"7·5"洪涝灾害，统筹资金26.9万元修复水毁项目8个，保障人民群众生命财产安全。组织"八一"集中慰问，输送应征入伍新兵6名，巩固军民"同呼吸、共命运、心连心"的大好局面。创建农村社会治安防控体系，实现村（居）监控全覆盖。推进"扫黑除恶"专项斗争，落实"深督导、重化解、促落实"专项行动，开展"三车"摸底调查，累计宣传走访3000余户次，登记"三车"255辆。

四、坚持以服务为宗旨，全面促进自身建设提质增效

深入学习宣传贯彻党的十九大精神和习近平新时代中国特色社会主义思想，严格落实"三会一课"制度，推进"两学一做"学习教育常态化制度化，扎实开展"讲忠诚、严纪律、立政德"专题民主生活会。镇党委理论中心组学习10次，累计轮训镇村干部150人，受教党员500余人次，网上知识问答活动参与人数1800余人次，镇村两级新时代文明实践站成功揭牌。结合党员活动日，开展志愿服务、党课宣讲、文明创建等各类活动30余次。

1. 党建基础不断夯实

贯彻落实省市县明确的人选条件及"七不能、六不宜"的情形，圆满完成村（社区）"两委"换届选举工作，4个村、3个社区实现"一肩挑"。成功打造马村社区"党群共建妇女之家"、金钱山社区"党建标准引领彰显特色服务"、杏溪村"杏溪思源"三个党建品牌。

2. 作风建设持续加强

紧盯脱贫攻坚、工程项目等重要领域，瞄准责任落实、工作作风等关键环节，坚决整治查处侵害群众利益的不正之风和腐败问题，诫勉谈话9人，约谈1人，立案4件，办结4件，其中党内警告2人，党内严重警告2人。杜绝"车轮上的浪费"，完善公务用车制度，基层公务出行保障平台规范运行。

3. 行政效能切实提高

依法公开政府信息，保障行政权力透明运行，累计公开信息1062条。推进"互联网＋政务服务"工作，录入240项政务服务事项。发挥为民服务中心作用，办结业务2409件，受理咨询925件。坚持科学民主决策程序，严格遵从党委领导，自觉接受人大监督，认真办理人大代表建议14件，办复率和满意率均达100%。

（资料来源：石台县人民政府网站 http：//www.ahshitai.gov.cn/DocHtml/1/18/12/xxgk_2018120452443.html，略改）

［简评］这是一篇政府年度工作总结，开头部分非常精要地概括了全年工作的组织领导、指导思想、工作目标、举措和成效，总领全文；主体部分从经济建设、脱贫攻坚、服务民生、自身建设四个方面总结了2018年的主要工作及成绩。全文条理清晰，层次分明，重点突出，格式规范，语言得体。本文略显不足之处在于没有在结尾处点明工作中存在的不足，首尾没有形成呼应。

【知识聚焦】

毛泽东同志指出，人类总得不断总结经验，有所发现，有所发明，有所创造，有所前进。可见总结是指导和推动各项工作的重要步骤，利于人们客观评价功过得失，总结经验，发扬成绩，反思过去，展望未来，沟通信息，共同提高。

一、总结的含义

总结一般是指单位或个人对前一阶段的工作、学习、思想或生活等进行回顾、检查、分析和评定，从中找出经验教训，寻出规律性认识，用以指导今后实践而形成的书面文字材料。这里所说的总结则主要是指工作总结。

二、总结的类型

和计划一样，根据不同的标准，总结可以划分出不同的类型：

按范围分，有地区总结、单位总结、部门总结、个人总结等。

按时间分，有年度总结、季度总结、月份总结、阶段总结等。

按内容分，有工作总结、生产总结、会议总结、活动总结等。

按性质分，有综合性总结和专题性总结。综合性总结又称全面总结，是对一定时限内所做的各方面工作进行的综合性分析、评价，内容包括基本情况、过程、成绩、经验、缺点、教训等诸多方面，既要全面，又要重点突出；专题性总结又称经验总结，是对完成的特定任务进行的总结，内容集中、单一，重点突出，针对性强，对实践有很强的指导意义。

三、总结的特点

总结的特点主要表现在以下四个方面：

第一，客观性。总结是对过去工作、学习、思想或生活的回顾与评价，要尊重客观事实，以事实为依据，不得弄虚作假。尤其是典型事例和确凿数据是一篇总结得出正确结论的前提。

第二，经验性。总结旨在把实践中的经验教训归纳出来，得出科学结论，以增强今后工作的自觉性和主动性。但总结所反映的对象一般只限于本地区、本单位、本部门或本人特定时限内的实践，采用第一人称阐述，因而得出的经验带有较强个性色彩。

第三，说理性。总结不仅要陈述工作、学习情况，更要揭示理性认识，不仅要回答"是什么""怎么做"，还要回答"为什么""怎么办"。能否进行理性分析，能否找出带有规律性的东西，是衡量一篇总结写得好坏的重要标准。

视频4-2　总结正文写什么

第四，简明性。在回顾过去的实践时，总结往往作概括叙述，不具体描写；作简要说明，不旁征博引；作直接议论，不多方论证。

四、总结的写作格式

同计划一样，总结一般也由标题、正文和落款三部分构成。

（一）标题

标题的写法有三种：

一是公文式标题。即由"单位名称＋时限＋事由＋文种"等要素构成，如《××职业学院2018年工作总结》。在这一类标题里，有时可以省略单位名称或者时限等，如《四季度工作总结》。

二是新闻式标题。即以总结的主要内容或全文主旨作为标题，如《我省干部选任制度改革的一次成功尝试》。

三是双标题。即采取正副标题形式，正题揭示主题，副题则指明总结的单位、时限、内容、文种等，如《辛勤拼搏结硕果——××物流公司2018年工作总结》、《一本书一页纸一句话——职业技能考证学习方法浅谈》。

（二）正文

典型的总结正文包括基本情况、取得的成绩、经验体会、存在的问题、今后的打算等内容，要根据总结的目的要求，全面具体回答"为什么做""做了什么""做得怎样"三个问题。就结构来说，正文分为前言、主体和结尾三部分。

1. 前言

这是总结的起始段落，一般简明扼要概括总结事项的基本情况或中心内容，为主体部分内容的展开举起一个"纲"，使读者获得总体印象。

2. 主体

这是总结的核心部分，主要内容包括两个方面：一是成绩收获，要写得实在、充分；二是做法体会，也就是经验，要上升到理性层面。这两方面内容既可以分开写，也可杂糅在一起，即既可以寓经验于做法之中，写做法、成绩的同时写出经验，也可以写出做法、成绩之后再写经验。有的总结没有结尾，则在主体部分往往还要简要分析存在的问题。

主体部分有以下三种结构方式：

一是并列式结构，即将全部工作情况和经验分成几个方面来谈，以"一、二、三……"序号排列，逐条阐述，每一条就是一个方面的工作。这种结构条文间的逻辑关系较为严密。

二是层递式结构，即按"基本情况—成绩—经验体会—问题—今后打算"写作（有的总结将问题和打算放在结尾部分），或按"做法—效果—体会"写作。

三是阶段式结构，即按时间顺序，将工作的整体进程划分为几个阶段来写，各部分以块式结构来安排内容。这种方式适用于时限较长又有明显阶段性的工作总结。

3. 结尾

结尾部分一般谈存在的问题和今后的打算，它是在主体部分总结出经验之后，根据已经取得的成绩和新形势、新任务，提出今后的想法和打算，成为新一年制定计划的依据。内容包括如何发扬成绩、克服存在的问题及明确今后的努力方向，也可以展望未来，明确新的奋斗目标。

（三）落款

落款包括署名和日期。署名写在结尾右下方，在署名正下方写上总结的年月日，如果标题里或标题下方已经点明了单位名称或个人姓名的，结尾则只落上日期即可。标题或标题下方已经点名了日期的，结尾则省略日期。

五、总结的写作要求

第一，实事求是。总结要求内容真实，事实和数据都要准确无误，不能主观臆断、以偏概全或随意拔高。

第二，重点突出。工作总结要抓主要矛盾，侧重写主要工作或有体会的工作。无论谈成绩还是问题，都不要平铺直叙、不分主次、堆砌材料、面面俱到。

第三，条理分明。工作总结，尤其是综合性总结，往往内容多，篇幅长，安排结构一定要严谨，层次一定要分明，通篇一定要连贯，一般需要分条列项。

第四，凸显个性。任何单位或个人在开展工作时都有不同于别人的方法，经验体会也各有千秋，要认真分析、比较，抓住重点和特色，总结新成绩、新经验、新体会，不写通用化、老一套、观点材料缺少新意的总结。

第五，语言简明。总结的表达方式以叙述、议论为主，说明为辅，可以夹叙夹议。用词要准确，用例要确凿，评断不含糊，做到文字朴实，简洁明了，切忌笼统、累赘。

任务三
述职报告

任务驱动

张凡担任某职业技术学院青年志愿者协会会长近两年。2019年春天，临近毕业的他即将奔赴工作岗位，需要卸任青年志愿者协会会长一职。协会定于下周召开全体会员大会，选举产生新的会长，张凡也要在大会上作个人述职。晚自习时间，他端坐在宿舍里，认真盘点自己担任协会会长的得失，凝神思索述职报告的写作。你认为张凡应该如何起草个人述职报告？

【范文赏析】

××职业技术学院××学院院长2018年度述职述廉报告

2018年学校任务重、要求高、管理细，我和许多同志一样，"5+2""白+黑"地工作。主持××学院行政工作，1万多名学生的通识课教学，70名教职工的发展，肩负着沉甸甸的责任。一年来，在校党委和行政坚强领导下，在各部门、各学院鼎力支持下，我和班子成员精诚团结，以文化建设为引领，以教学质量为根本，以绩效管理为抓手，带领全院教职工干事创业，教科研成果取得历史突破。

一年工作实事主要有：抓牢、抓实优质校项目建设和质量诊断与改进工作，各项任务较好完成；在学校领导下牵头组建人文社科智库，搭建校内外专家联合开展科学研究、人才培养、学术交流、资料信息建设、咨询服务的平台；通过建智慧教室、培训师资、参加业务竞赛、线上线下混合教学，课程信息化教学改革取得长足进步；大学生数学建模竞赛获奖数量和等次居全省高职院校榜首；"我爱大武汉"之学、思、说、写、摄、访六大活动精彩纷呈。

一、提高政治站位，落实"一岗双责"

我坚持把学好党的理论作为基本功和必修课，通过专题研学、党总支（支部）学习、自学等方式，不断拓展学习习近平新时代中国特色社会主义理论的广度和深度，坚定正确的政治方向、工作导向、价值取向，树牢"四个意识"，坚持"两个维护"，严守政治纪律和政治规矩，严守领导干部廉洁从政若干准则，勇于担责，尽职尽责。深刻领会上级党组织重大决策部署并坚决贯彻落实。

密切配合党总支书记抓党建，坚定不移推进学院"两学一做"学习教育常态化制度化，聚焦推动学院发展的初心使命，在提高育人水平上谋实事、出实招、见实效。通过明责任、定措施、重检查、严奖惩，坚持不懈抓作风建设，注重调动教职工积极性、主动性、创造性，营造讲政治、讲团结、讲正气，比创新、比奉献、比贡献的良好氛围。抓好学院党风廉政建设和反腐败工作，把好教材选用和经费使用重要关口，严格执行组织制度，"三重一大"事项和重要问题都召开党政联席会议研究决策，作风民主，公开透明。制定学院意识形态管理办法，使之与教学工作同部署、同落实、同检查、同考核。牢记安全责任重于泰山，通过制度约束、宣传教育、安全检查与隐患整改，强化意识，严密防范，确保学院安全稳定。

二、强化担当作为，开创工作佳绩

我不断增强大局意识、服务意识、协作精神，努力提升决策能力、组织能力和协调能力，和班子成员一道，尽己所能为教师发展创造条件，搭建平台，在全院凝心聚力，形成攻坚合力。

（一）抓文化建设，增强全院凝聚力

精神、物质、制度建设三维发力，凸显人文学院"人本、文心、慧学、雅院"特质。和班子成员思想上相互沟通，工作上相互支持，生活上相互关心，同心谋事，和谐共事，始终坚持以人为本，用事业发展凝聚人心，用真诚友善对待教职工，营造学院和谐氛围。陈自良老师常年病休，为他发动院内捐款8732元。在后勤处支持下，会议室装修改造，功能叠加。在实习实训中心、信息中心支持下，7间语音室旧貌换新颜，建成开放共享、交互协作的学习环境。力推信息化教学改革，8门课程构建线上线下混合教学模式，精心组织"十百千工程"10门在线人文素质公选课教学。制定、修订十余个学院制度，坚持用制度管人管事。和全院教职工签署绩效目标责任状，细化师德师风、意识形态、教学科研、安全稳定等要求，使之自觉遵循，主动作为。

（二）抓队伍建设，增强核心竞争力

××学院现有教职工70人。努力创造条件，让教职工接受优质培训，外派及请进名师培训近300人次。教师屡获大奖：××老师的微课作品获全国数学建模微课程（案例）教学竞赛决赛全国三等奖。××老师获湖北省第六届大学生艺术节艺术教育科研论文三等奖，她率领的百万大学生留汉生活满意度调研团队被团省委评为2018年暑期社会实践优秀团队。四位老师的论文分获武汉市教育科学"十三五"规划优秀论文一、二、三等奖。教师指导四名学生获全国百万学生英文同题写作决赛优秀奖、两名学生获"外研社杯"全国高职高专英语写作大赛湖北赛区公共英语组二等奖、20名学生获全国大学生数学建模竞赛湖北省赛区一等奖2个、二等奖4个和三等奖1个。开展全院"新时代新师能"学术征文，经查重审修后将32篇优秀征文汇编成册。公开发表论文59篇、校学报刊发表19篇，新增市级以上课题5项，出版主编（副主编）教材3部。

（三）抓重点工程，增强教学吸引力

较好完成优质校项目建设。创新创业教育专门课程开发、基本职业素养、物流专业英语等3个省级课程建设项目和应用写作、职业指导、创新与创业教育、创业实务等4个校级在线开放课程建设项目按期完成。其中基本职业素养课程实施"三原四阶"职业素养沙盘教学法深受好评，2018年访问量880702人次、社会用户574人。

扎实推进内部质量诊改工作。深刻剖析内部管理、课程建设、队伍建设及促进学生发展等存在的问题，准确把握诊改工作目标、任务和要求，精心组织、分工明确、团结协作，较好完成规划制定、制度修订、课程诊改、队伍诊改、管理诊改等各项任务，初步构建学院质量目标体系、标准体系、内控体系，努力形成全方位、多元化质量保证机制。

（四）抓品牌活动，增强育人影响力

公共课服务专业，××学院甘当绿叶，苦练内功。为提升教学效果，精心组织匹配课程教学的学习竞赛活动，联合教务处及学工处开展社会主义核心价值观征文、学宪法讲宪法征文和演讲、职业生涯规划、英文美文朗诵、英语写作、英文翻译、数学、创意、心理剧微电影创作等10项全校学生学习竞赛，单项比赛多达数千人。

联合校团委开展"我爱大武汉"之学、思、说、写、摄、访系列活动；开设"认识武汉"公选课（学）；举办7期"武汉文化论坛"（思）；在选修"认识武汉"的学生中举办"武汉故事会"活动（说）和讲述"我与大武汉的那些事儿"（写）；举办"武汉姿'摄'"摄影比赛收到学生作品2500份（摄）；组织2017级5000余名学生以"当武软学子爱上大武汉……"为题专访我校留汉优秀毕业生，深入了解他们在武汉的工作和生活（访），激发莘莘学子爱汉之情、留汉之意。邀请专家开办15期高层次人文讲座，听讲学生逾3000人次。

三、直面自身问题，整改落实到位

针对2017年自身存在的精细化管理不够、对教职工关心不够等问题，在2018年积极整改，取得明显进步。

一是推进管理精细化。主导成立创新创业教研室，选聘教研室主任，组建专门师资队伍并大力培训。修订人文学院内设机构和岗位职责，使管理责任具体化、明确化。通过制度约束、纪律要求和绩效考核，使管理人员到位、尽职。日常工作做到事前研究决策、指令清晰，事中检查督办，事后审核把关，效率与质量兼顾，发现问题及时纠正和处理。

二是对教职工给予更多关心和关爱。始终践行"管理就是服务"理念，一贯将自己视为教职工的服务员，用真心、诚心和耐心对待他们。主动联系学院教职工，经常和他们交心谈心，倾听他们的心里话、烦心事、真想法、好建议，增进了解和感情，吸纳合理建议，及时改进工作。多次看望生病住院的教职工，为常年病休教师组织院内捐款，在与全院教职工和谐相处中汲取智慧和力量。

2018年××学院奋发有为，我为之付出辛勤汗水。个人性子急，工作还不够细致，面对艰难工作和棘手问题有时有畏难情绪，今后要努力改进或弥补。2019年学校优质校建设项目验收、质量诊改工作省级复核、军运会摔跤竞赛承办，面对艰巨任务，唯有尽心竭力。

[简评] 这是一位大学管理干部的年度述职报告。报告全面概况了自己2018年在德、能、勤、绩、廉五个方面的表现。报告层次清晰，结构严谨：开头简要概括了一年工作概况和主要成绩，总领全文；主体部分则概述了自己的工作态度、工作能力、工作内容、工作业绩、勤政廉洁以及2017年自身存在的问题2018年得到整改的情况；最后的结尾指出了个人还存在的问题和今后努力的方向。全文目的明确，思路清晰，语言通俗，工作具有创新性，成绩较为突出，较好凸显了述职报告的自述性、自评性和报告性。

【知识聚焦】

《孟子·梁惠王下》中就有"述职"一词及其解释："诸侯朝于天子曰述职——述职者，述所职也。"这种述职可以是口头的，也可以是书面的。改革开放以来，述职报告最初曾用"总结"或"汇报"的形式出现，经过一段时间的使用，并随着社会的发展和干部体制改革的不断深入，逐步形成了独具特色的体式，最终形成了一种新的应用文体。

一、述职报告的含义

述职报告是党政机关、企事业单位、社会团体的领导干部和领导集体向所在单位或上级机关陈述本人或单位在一定时间内履行岗位职责情况的书面报告。述职报告一般汇报德、能、勤、绩、廉五个方面的表现。

二、述职报告的类型

按报告主体分，有集体述职报告、个人述职报告。
按述职时间分，有年度述职报告、任期述职报告和阶段述职报告。
按述职内容分，有综合性述职报告、专题性述职报告。

三、述职报告的特点

述职报告的特点主要体现在以下三个方面：

一是自述性。自述性，也称个人性，就是要求报告人使用第一人称，采用自述的方式，向有关方面报告自己在一定时期内履行职责的情况。

二是自评性。自评性就是要求报告人依据岗位规范和职责目标，对自己任期内的德、能、勤、绩、廉等方面的情况，作自我评估、自我鉴定、自我定性。

三是报告性。报告性是指报告人在述职时，是以被考核、被评议的身份向上级或同事作报告，是让他人了解自己，评审自己工作的得失，要放下架子接受评议。

视频4-3 述职报告的写作要点

四、述职报告的写作格式

述职报告一般由标题、正文和落款三部分组成。

（一）标题

述职报告的标题通常有以下五种方式：

一是由"述职对象＋时限＋文种"构成，如《××职业学院党委班子2018年述职报告》《2018年××厂长的述职报告》，这种标题最为常见。

二是由"时限＋文种"构成，如《2018年述职报告》，这种标题方式往往需要在标题下方或落款处标注述职对象。

三是由"述职对象＋文种"构成，如《××大学校长的述职报告》。这种标题方式往往需要在标题下方或落款处标注述职时间，在正文中说明述职时限。

四是只写文种"述职报告"，述职对象和时间在标题下方或落款处标注，在正文中说明述职时限。

五是双标题，正题阐明述职报告的主旨，副题补充说明述职对象、时限和文种等。

（二）正文

正文由导言、主体和结尾三部分组成。

1. 导言

导言力求简洁明了，主要包括两方面内容：一是任职介绍，说明自己的任职时间、担任职务和主要职责，简要交代述职的内容和范围；二是任职评价，扼要介绍任职以来的工作情况。

2. 主体

这是述职报告的核心，主要陈述履行职务的情况，包括三个方面的内容：一是任职期间的任务完成情况，取得的主要工作成绩；二是存在的问题及经验教训；三是今后工作的努力方向、目标或打算。

3. 结尾

述职报告一般要求用格式化的习惯语来结束全文，多采用总结归纳式结尾、谦逊式结尾或表决心式结尾等形式。如果主体部分已经包括了这些内容，结尾则可省略。

（三）落款

在正文右下方写明述职对象及职务、成文或述职时间。如果标题或标题下方已经标注，此处一般省略。

五、述职报告的写作要求

第一，实事求是。述职报告所写内容必须真实，是实实在在已经进行了的工作和活动，事实确凿无误，切忌弄虚作假。

第二，重点突出。述职报告要突出自己谋事干事的能力、态度和水平，要写好典型工作业绩，突出自己的特点和贡献，不能把已经发生过的事实简单地罗列在一起，事无巨细写成流水账。

第三，语言得体。报告人要认识到自己是在汇报工作，是严肃的、庄重的，应礼貌、谦逊、诚恳、朴实、掌握尺度，切不可自以为是、盛气凌人、浮华夸饰。

六、述职报告与个人工作总结的区别

第一，写作主体不同。述职报告的写作者是党政机关、企事业单位、社会团体的领导干部或领导集体，这是对写作者身份上的要求。工作总结的写作主体则没有身份限定，任何人都可以对本人一定时期内工作取得的成绩、存在的问题以及今后努力的方向进行总结。

第二，写作目的不同。述职报告是群众评议组织或领导，组织人事部门考核干部职工的重要文字依据，不仅有利于述职者明确职责、总结经验、吸取教训、提高素质、改进工作，也有利于营造民主监督氛围。个人工作总结既是为了总结出带有规律性的理性认识，以指导今后的工作，也是为了分析存在的问题，以便于有针对性地加以解决。

第三，主要内容不同。述职报告要阐明自己承担什么职责，是如何履行职责的，称职与否，既要说明履行职责的过程与结果，又要介绍履行职责的出发点和思路，以及处理问题的依据和理由。个人工作总结则是对一段时间的工作或某一项工作所作出的归纳，要回答做了哪些工作，取得了哪些成绩，获得了哪些经验，存在哪些问题，要吸取哪些教训，今后有哪些打算等。

第四，写作重点不同。述职报告以汇报德、能、勤、绩、廉等方面的表现为主，重点在于展示履职的思路、能力和业绩，仅限于职责范围之内，职责范围外的概莫涉及。个人工作总结一般以归纳工作事实、汇报工作成果为主，重点在于阐述主要工作及业绩。

任务四
调查报告

【任务驱动】

根据青年志愿者协会2019年工作计划，协会上半年要开展一次"珍爱校园，从我做起"的志愿活动。杜向礼负责活动的策划与组织，他与协会几位骨干成员精心设计了一份关于本校学生爱校意识与行为的调查问卷，并于5月间上传到"问卷星"网络问卷调查平台，实施了调查，进行了统计分析。此外，他们通过图书馆、互联网查阅了相关资料，访谈了学校众多师生。根据掌握的信息，他需要起草一份关于大学生爱校情况的调查报告。你知道应该如何设计这份调查问卷、如何实施调查、如何撰写调查报告吗？

【范文赏析】

公立高职院校章程实施调查报告
——基于江苏高职院校的调查研究
陈寿根

【摘要】章程的尊严、价值和生命力在于实施。围绕章程推动办学思想统一、内部治理现代化建设、管理制度体系完善、办学自主权规范运行的调查表明，有效发挥章程办学的"宪章"功能，高职院校需要加强宣传学习、激发章程实施的内生动力，明确职责、强化中层以上干部的责任，注重监督、建立章程实施的问责机制，推进"废改立释"、深化建设章程统领的管理制度体系；教育行政部门需要完善政策机制，强化章程实施的指导和监管。

【关键词】公立高职院校；大学章程；设计与组织；结论与结果；对策与建议

落实《高等学校章程制定暂行办法》《教育部办公厅关于加快推进高等学校章程制定、核准与实施工作的通知》精神，我国高职院校普遍完成了章程的制定及其核准工作。有道是，"在实现制度目标的过程中，方案确定的功能只占10%，而其余的90%取决于有效的执行"[1]，章程的尊严、价值和生命力在于实施，为此，我们在江苏公立高职院校开展了章程实施的调查研究，旨在以此发现章程实施中的问题，找到解决问题的方法。

一、公立高职院校章程调查设计与组织

《高等学校章程制定暂行办法》《教育部办公厅关于加快推进高等学校章程制定、核准与实施工作的通知》，阐明了高等学校章程的性质、功能、建设原则、内容要素和制定程序，提出了章程实施及其监督的基本要求。《办法》和《通知》是高职院校制定、实施和监督章程的指南，教育行政部门核准章程、实施和监督章程的指南，教育行政部门核准章程、实施监管的标准，是我们调查研究的主要依据。经过教职工代表大会讨论、院长办公会审议、党委会审定、省级教育行政部门核准的章程，厘清了利益相关者的职权，确立了学校的办学理念，完善了内部治理的结构和过程、谋划了管理制度体系建构的原则、阐述了办学自主权运行的规范、总结了学校长期形成的文化特质。我们的调查研究主要围绕章程推动学校办学思想统一、内部治理现代化建设、管理制度体系完善、办学自主权运行等四个方面展开，举办者与管理者履行职权、学校历史文化传承创新的情况，没有纳入本次调研。

截至2015年年底，江苏省教育厅官方网站向全社会发布了46所公办高职院校的章程，屈指算来，这些学校实施章程已经超过一年，课题组选择了其中的28所学校作为调查对象，包括国家示范（骨干）院校9所，占32.1%，省骨干院校15所，占53.6%，其他类型院校4所，占14.3%。我们向每所学校发放调查表20份，共计560份，收回有效调查表532份，占95.0%。参与调查的人员中，学院党政领导36人，占6.8%，党政职能部门、教育辅助单位领导264人，占49.6%，二级学院（部）领导180人，占33.8%，学术委员会中的普通教师52人，占9.8%。对调查获得的数据处理后，课题组成员分头就典型问题，与12所学校的34位中层干部进行了电话交流、面对面探讨。

二、公立高职院校章程调查结果与结论

（一）章程推动学校办学思想统一

1. 章程的宣传学习没有得到足够重视

调查表明，认真或比较认真组织中层以上干部、教师学习章程的学校分别为65.0%和46.6%，没有在中层以上干部、普通教师中启动学习活动的学校分别占8.3%和17.7%。交流中发现，绝大部分学校在章程制定过程中，开展了征求教职员工意见的工作，但收集到的意见寥寥无几。

2. 干部和教师认识章程缺乏广度和深度

调查者认为，中层以上干部中，全面系统或较为全面系统了解章程者占56.8%，对章程确立的办学定位、特色定位、发展目标及其策略理解或基本理解者占71.3%；普通教师中，相关比例分别为29.7%和23.1%，大部分教师对章程内容一知半解。

（二）章程推动内部治理现代化建设

1. 党委领导下的院长负责制有效落实

面对我们列举的党政领导班子九项职责，89.8%和87.9%的调查者认为，党委、行政领导班子履行职责好或比较好；党委会、院长办公会执行章程确立的议事规则一样可圈可点，好评率（好或比较好）分别达到93.6%和92.9%；党委书记、院长的领导力也为被调查者肯定，人格威信、人文涵养和民主作风，学习研究、改革创新和组织协调能力，把握教育方针、教育规律和工作边界的总体好评率达到87.2%和86.7%；分别有83.9%和82.8%调查者认为，党委会、院长办公会议人员心存统一的目标，具有较强的大局意识和批判精神，党委会、院长办公会的议事生态好或比较好。

2. 学术委员会建设亟待重视制度化

开展学术委员会换届的学校占78.6%，学术委员会成员中普通教师超过半数的学校只有22.2%，由教学、科研一线教师或二级教学单位领导担任学术委员会主任的学校仅占9.1%；学术委员会履行职责的好评率为79.4%，被调查者反映，学术委员会在学校发展中的应有地位尚未完全确立，政治权力、行政权力侵蚀学术权力的现象仍然比较严重。

（三）章程推动学校管理制度体系建设

1. 管理制度的科学性有待提高

实施章程，80.5%的学校启动了管理制度"废改立释"工作，着力建立章程统领的、科学的管理制度体系，专业建设、素质教育、科技研究、人财物管理的制度正在不断完善；76.8%的被调查者认为，学校没有梳理制度体系的层次及其相互关系，制度缺失、重叠、矛盾的"病症"没有因"废改立释"而根治。

2. 制度的程序公正意识需要强化

80.9%的被调查者反映，章程颁布后，学校的重要制度出台都注重听取教职员工意见，但管理制度建设规划、合章程审查、征求利益相关者意见、权威决策机构审定的长效机制尚未建立，学校重规则合理性、轻程序公正性的思维习惯没有多大改变。

（四）章程推动办学自主权运行

1. 专业设置与调整、招生计划编制日益规范

伴随着章程建设的推进，《高等教育法》赋予高等学校的专业设置、招生计划编制权回归到了高职院校，87.2%的被调查者反映，学校建立并认真执行了专业设置与调整制度；90.2%的被调查者反映，招生计划编制制度已经形成，整个工作规范或比较规范。

2. 人才培养、科技研究管理普遍认可

围绕人才培养要素、建立和执行制度的整体好评率达到82.9%，人才培养方案制定、课程标准开发、教学资源配置、教学管理与改革、教学团队建设、实践基地建设等环节的好评率接近或超过80.0%；科技研究管理制度设计及执行的整体好评率达到84.4%，除课题（项目）成果推广好评率75.6%以外，课题（项目）立项、开题、过程、结题管理好评率接近或超过85.0%。

3. 资源管理全面首肯

教师队伍建设制度设计及执行的整体好评率为82.5%，除绩效评估与奖惩外，队伍发展规划、人员招募、入职与岗位培训的好评率都超过80.0%；财务与资产管理制度设计及执行的整体好评率为86.7%，财务预算、经费使用管理、物资采购、固定资产管理好评率均接近或超过85.0%，年度财务审计、领导离任审计和重大项目审计好评率达到88.4%。

三、公立高职院校章程贯彻落实的对策与建议

（一）加强宣传学习，激发章程实施的内生动力

章程的实施是高职院校全体师生乃至校内外利益相关者的集体行动，"集体行动的前提是取得观念的一致，宣传学习是不可忽视的有效方式。"[2]史蒂芬·科维的研究表明，一种习惯的养成依赖于知识、技巧和意愿的统一，知识指知道这种习惯是什么，为什么要培养这种习惯；技巧指在实践中如何实践这种习惯；意愿则是习惯的最高层次，表明发自内心认同并实践这一习惯[3]。当我们期待教职员工养成自觉执行章程的习惯时，首先要在章程的宣传学习上下功夫，应当通过会议动员、专题讲座、新媒体传送、集体学习、小组讨论等多种

形式，帮助大家认识章程的意义，理解章程的内涵，掌握执行章程的要求，建立起实施章程的共同目标和愿景，使得章程实施沿着"共识—共鸣—共行"的路径前行。高职院校需要总结分析章程实施的经验教训，正视章程宣传学习上存在的问题，切实改进工作，打牢宣传学习这个基础，唯有如此，才能使章程的思想内植于教职员工之心、外化于教职员工之行，固化于教职员工之性。

（二）明确职责，强化中层以上干部的责任

章程实施非一朝一夕，落实责任、明确任务，建立长效机制是应然选择。就章程功能而言，章程作为国家法律法规的"下位法"，学校制度体系中的"最高法"，引导和规制的是学校办学中的基本问题、基础工作，而解决基本问题、推进基础工作主要依靠学院领导和中层干部。从质量管理的视角审视章程实施，把增强学院领导、中层干部的章程意识、章程知识和执行技能摆在突出位置，因为"任何质量管理必须从改善组织管理和管理者素质入手"[4]。因此，学院领导和中层干部对待章程的态度、认知和技能，是章程实施的关键。

（三）注重监督，建立章程实施的问责机制

实证研究表明，由于种种原因，高职院校的制度规矩经常会因人因事改变，制度权威时常受到挑战，高职院校管理中的制度严肃性亟待加强。事实上，"在每一个群体中，都有不顾道德规范，一有可能便采取机会主义行为的人；也都存在这样的情况，其潜在收益是如此之高，以至于极守信用的人也会违反规范，有了行为规范也不可能完全消除机会主义行为"。正因为如此，《高等学校章程制定暂行办法》《教育部办公厅关于加快推进高等学校章程制定、核准与实施工作的通知》，对建立章程实施监督制度提出了明确的要求，章程实施的监督不可或缺。应当充分发挥教职工代表大会及其执行委员会、纪委、监察室、审计处、教学督导室等监督机构的监督作用，强化他们监督章程实施的责任和要求，形成网络化的章程实施监督体系，分工负责、各司其职，有条不紊监督章程的实施。要建立相应的问责制度，强化监督结论的应用，把章程执行与教育事故惩处、绩效工资分配、岗位聘任、职称评定、职员晋级、干部选拔任用、先进个人和集体表彰等结合起来，使得遵从章程的行为得到肯定，违反章程的人员付出代价。

（四）深入推进"废改立释"，完善章程统领的管理制度体系

高职院校制度由上下衔接的章程、基本管理制度和具体规章制度构成，上位制度引领下位制度建设，下位制度深化上位制度精神。缺乏基本管理制度、具体规章制度的支撑，章程的思想和要求将无法落地。高职院校要以章程统摄管理制度"废改立释"，着力消除业已存在的管理制度缺失、重叠和矛盾现象，增强管理制度的科学性。

制度是规则、对象、理念构成的整体，规则和对象是显性的，理念是隐性的。理念是制度所蕴含的价值追求和目标理想，理念之于制度犹如灵魂之于身体，人不可一日无魂，制度不可一时无理念，很大意义上，制度不过是一定理念的实体化和具体化，日常所说的好制度与坏制度之分，实质是好理念与坏理念之别。作为"纲领法"的章程，确立了学校办学的系统理念，基本管理制度和具体规章制度建设要将这些理念渗透在字里行间，使得章程确立的理念在制度运行开花结果。

（五）完善政策机制，强化章程实施的指导和监管

无论是从教育行政部门的工作职能、高等学校共同治理的应然逻辑，还是从章程上承国家法律法规、下启学校内部规章制度的基本性质、高职院校工作动力激发的思维习惯，当前，为深入推进高职院校章程实施，省级教育主管部门必须加强指导、强化监督，唯有如此，高职院校章程实施才能取得事半功倍的成效。

应当围绕统一学校办学思想、推动内部治理结构现代化、完善章程统领的管理制度体系、规范行使办学自主权、塑造高职院校精神、健全章程执行的监督体制机制等方面提出指导意见，指导高职院校以章程实施为契机，规范办学行为，提升办学能力和水平。

应当深入落实《教育部等五部门关于深化高等教育领域简政放权放管结合优化服务改革的若干意见》，将涉及专业、编制、岗位、进人用人、职称、薪酬、经费、资产管理等八个方面的十六项自主权切实下放给学校；推动完善行业企业参与高职教育制度，为高职院校依法自主办学创造良好的外部环境。

我们告别了无章程办学的时代，我们也完成了章程的制定，毋庸讳言，章程的实施比章程的制定更加重要、更加复杂、更加艰巨。只有我们进一步凝聚共识、落实责任、强化监督，才能开创一个依法治理、依章办学的新时代，才能提高技术技能型人才培养的质量，从而办出人民满意的高等职业教育。

【参考文献】

[1] 张金马. 政策科学导论 [M]. 北京：中国人民大学出版社，1992：205.

[2] 刘益东，周作宇，张建锋. 论"大学章程现象"[J]. 中国高教研究，2017（3）：21-26.

[3] [美] 史蒂芬·科维. 高效能人士的七个习惯 [M]. 高兴勇，等译. 北京：中国青年出版社，2012：61.

[4] 张彦通. 高等教育评估与质量保障研究 [M]. 北京：北京航天航空大学出版社，2011：30.

（资料来源：《职教论坛》2018年07期，略有删减）

[简评] 这是一篇发表在全国中文核心期刊上的调查报告，全文分为开头和主体两大部分，开头简介在江苏公立高职院校开展章程实施调查的目的、主体部分从公立高职院校章程调查设计与组织、公立高职院校章程调查结果与结论和公立高职院校章程贯彻落实的对策与建议等三个层面写作，问题分析切中要害，措施办法具体可行，给全国公立高职院校及其举办方提供了有价值的参考信息。全文分条列项，思路清晰，逐层推进，数据准确，语言平实。

【知识聚焦】

调查报告是在实际工作中经常使用的一种文体，它可以用来总结一个地区、一个单位或一个部门的经验，揭露某一个方面的问题，探明某一事件的真相，也可以用来介绍某一事物的发展过程等。一篇好的调查报告，通过数据或事例的分析，能够总结带有方向性和普遍性的经验，揭示事物发展规律，从而指导和推动工作。

一、调查报告的含义

调查报告是对某种情况、某一事件、某些问题，经过深入、细致、周密的调查，并将调查中收集到的材料加以系统整理，分析研究后，所撰写的反映调研结果的书面材料。调查报告主要在单位内部使用，有时也可在公开刊物上发表。

二、调查报告的类型

从调查研究的对象和内容划分，一般将调查报告分为以下三类：

第一，反映情况的调查报告。是比较全面、系统地反映本地区、本单位基本情况的一种调查报告，目的是为了弄清情况，供决策者使用。随着社会的飞速发展，新事物层出不穷，人们经常对新生事物展开调查，也可划归此类调查报告。

第二，介绍经验的调查报告。是对先进单位或个人进行调查，通过分析典型事例，总结工作中出现的新经验，从而指导和推动某方面工作的一种调查报告。

第三，揭露问题的调查报告。是针对某一方面的问题进行专项调查，澄清事实真相，判明问题的原因、性质、危害，并提出解决问题的办法，为问题的最后处理提供依据，也为其他有关方面提供参考和借鉴的一种调查报告。

三、调查报告的特点

调查报告具有以下几个特点：

第一，针对性。调查报告一般有比较明确的意向，相关的调查取证都是针对和围绕某一综合性或专题性问题而展开的，其反映的问题要集中而有深度。

第二，写实性。充分了解实情和全面掌握真实可靠的素材是写好调查报告的基础，调查者要在占有大量现实和历史资料的基础上，主要用叙述性语言，实事求是反映某一客观事物，不能对客观事实随意引申或渲染。

第三，典型性。调查报告无论是总结经验还是反映问题，都应具有典型性，要能起到以局部反映全局或以点带面的作用。不具有典型性的事例则难以对工作产生指导意义。

第四，规律性。调查报告的价值不仅仅在于调查和报告，更在于研究，研究的结果就是得出规律性认识。这就需要对事实进行严密的逻辑论证，探明事物发展变化的原因，预测事物发展变化的趋势，提示本质性和规律性的东西，得出科学的结论。

四、调查报告的写作格式

调查报告主要由标题、正文、落款三部分构成。

文本 4-1　调查报告写作巧谈

（一）标题

调查报告的标题有三种写法：

1. 公文式标题

公文式标题又分为完整标题和省略标题两种：完整标题由调查者、调查事由和文种构成，如《××街道办事处关于维护社会稳定工作情况的调研报告》；省略式标题由调查事项和文种构成，如《农村留守儿童调查报告》《关于乡镇农村开展法制教育的调查报告》。

2. 新闻式标题

一般由正副双标题构成，正题陈述调查报告的主要结论或提出中心问题，副题标明调查对象、范围、事由、文种等，如《为了造福子孙后代——××县封山育林调查报告》。

3. 论文式标题

这类标题表述比较自由，一般不出现文种，或提出问题，或概括中心，或点明结论，如《为什么大学毕业生择业倾向沿海和京津地区》《贫困线下的沉思》《中国的"订单农业"举步维艰》。

（二）正文

正文一般分前言、主体、结尾三部分。

1. 前言

前言要精练概括，直切主题，起到画龙点睛的作用，主要有三种写法：第一种是首先概述调查的原因、目的、时间、地点、对象、范围、经过、方法，以及人员组成等基本情况，然后提出中心问题或基本结论；第二种是阐述调查对象的历史背景、大致发展经过、现实状况、主要成绩、突出问题等概况，并提出中心问题或主要观点；第三种是开门见山，直接概括调查的结果，如肯定做法、指出问题、提示影响、说明中心内容等。

2. 主体

这是调查报告最主要的部分，这部分详述调查研究的基本情况、做法、经验，分析调查研究材料中得出的各种认识、观点和结论。主体部分按照内容表达的层次，其结构方式一般有四种：反映基本情况的调查报告一般采用"情况—成果—问题—建议"式结构；介绍经验的调查报告一般采用"成果—具体做法—经验"式结构；揭露问题的调查报告一般采用"问题—原因—意见或建议"式结构；揭示案件是非的调查报告多采用"事件过程—事件性质结论—处理意见"式结构。

3. 结尾

结尾的写法也比较多：或总结全文主要观点，进一步深化主题；或提出问题，引发人们进一步思考；或提出改进工作的建议或解决问题的方法、对策；或展望前景，发出鼓舞和号召。

（三）落款

在正文右下方署上调查者名称和日期。如果发表在公开刊物上，一般在标题下一行署名。如果标题或标题下面已注明调查者，则落款时可省略。

五、调查报告的写作要求

第一，调查与研究结合。调查报告是调查研究的报告，首先是调查，其次是研究，最后才是报告，没有调查就不会产生报告，仅有事实调查，没有深入细致的分析研究，也不可能写出有价值的报告。

第二，观点与材料统一。观点是调查报告的灵魂，调查报告必须用鲜明的观点统帅材料，且用典型的材料印证观点。要依据此原则对材料进行取舍。一般来说，调查报告在开端和每部分小标题里标明观点，再用材料加以说明，这些材料既包括典型材料、对比材料，还包括统计数据等。

第三，叙述与议论并用。调查报告以叙述为主，要概述调查对象的基本情况、调查经过、调查的典型事实，叙述事实是调查报告的主体，这种叙述有别于文学作品的具体描绘和形象刻画，而是基于事实材料的概述。除此之外，调查报告还要使用议论的表达方式，要对事实进行分析和评价，从材料中归纳出观点。叙是议的基础，议是叙的升华。

任务五
规章制度

任务驱动

杜向礼新当选为学校青年志愿者协会会长，他决定汇编协会管理制度。经过清理审核，他发现协会现有管理制度中除《章程》《公章会旗使用制度》等少数几个制度较为规范外，有多个制度需要补充或修订，他决定组建专班，用一个月的时间完成此项工作。那么，这本《学校青年志愿者协会管理制度汇编》究竟应该包括哪些制度？杜向礼应该如何完成这项工作呢？请你查阅相关资料，并和同学们讨论，解答这两个问题。

【范文赏析】

互联网新闻信息服务管理规定

第一章　总则

第一条　为加强互联网信息内容管理，促进互联网新闻信息服务健康有序发展，根据

《中华人民共和国网络安全法》《互联网信息服务管理办法》《国务院关于授权国家互联网信息办公室负责互联网信息内容管理工作的通知》，制定本规定。

第二条　在中华人民共和国境内提供互联网新闻信息服务，适用本规定。

本规定所称新闻信息，包括有关政治、经济、军事、外交等社会公共事务的报道、评论，以及有关社会突发事件的报道、评论。

第三条　提供互联网新闻信息服务，应当遵守宪法、法律和行政法规，坚持为人民服务、为社会主义服务的方向，坚持正确舆论导向，发挥舆论监督作用，促进形成积极健康、向上向善的网络文化，维护国家利益和公共利益。

第四条　国家互联网信息办公室负责全国互联网新闻信息服务的监督管理执法工作。地方互联网信息办公室依据职责负责本行政区域内互联网新闻信息服务的监督管理执法工作。

第二章　许可

第五条　通过互联网站、应用程序、论坛、博客、微博客、公众账号、即时通信工具、网络直播等形式向社会公众提供互联网新闻信息服务，应当取得互联网新闻信息服务许可，禁止未经许可或超越许可范围开展互联网新闻信息服务活动。

前款所称互联网新闻信息服务，包括互联网新闻信息采编发布服务、转载服务、传播平台服务。

第六条　申请互联网新闻信息服务许可，应当具备下列条件：

（一）在中华人民共和国境内依法设立的法人；

（二）主要负责人、总编辑是中国公民；

（三）有与服务相适应的专职新闻编辑人员、内容审核人员和技术保障人员；

（四）有健全的互联网新闻信息服务管理制度；

（五）有健全的信息安全管理制度和安全可控的技术保障措施。

第三章　运行

第十一条　互联网新闻信息服务提供者应当设立总编辑，总编辑对互联网新闻信息内容负总责。总编辑人选应当具有相关从业经验，符合相关条件，并报国家或省、自治区、直辖市互联网信息办公室备案。

互联网新闻信息服务相关从业人员应当依法取得相应资质，接受专业培训、考核。互联网新闻信息服务相关从业人员从事新闻采编活动，应当具备新闻采编人员职业资格，持有国家新闻出版广电总局统一颁发的新闻记者证。

第十二条　互联网新闻信息服务提供者应当健全信息发布审核、公共信息巡查、应急处置等信息安全管理制度，具有安全可控的技术保障措施。

第十三条　互联网新闻信息服务提供者为用户提供互联网新闻信息传播平台服务，应当按照《中华人民共和国网络安全法》的规定，要求用户提供真实身份信息。用户不提供真实身份信息的，互联网新闻信息服务提供者不得为其提供相关服务。

互联网新闻信息服务提供者对用户身份信息和日志信息负有保密的义务，不得泄露、篡改、毁损，不得出售或非法向他人提供。

互联网新闻信息服务提供者及其从业人员不得通过采编、发布、转载、删除新闻信息，干预新闻信息呈现或搜索结果等手段谋取不正当利益。

第十四条　互联网新闻信息服务提供者提供互联网新闻信息传播平台服务，应当与在其平台上注册的用户签订协议，明确双方权利义务。

对用户开设公众账号的，互联网新闻信息服务提供者应当审核其账号信息、服务资质、服务范围等信息，并向所在地省、自治区、直辖市互联网信息办公室分类备案。

第十五条　互联网新闻信息服务提供者转载新闻信息，应当转载中央新闻单位或省、自治区、直辖市直属新闻单位等国家规定范围内的单位发布的新闻信息，注明新闻信息来源、原作者、原标题、编辑真实姓名等，不得歪曲、篡改标题原意和新闻信息内容，并保证新闻信息来源可追溯。

互联网新闻信息服务提供者转载新闻信息，应当遵守著作权相关法律法规的规定，保护著作权人的合法权益。

第四章 监督检查

第十九条 国家和地方互联网信息办公室应当建立日常检查和定期检查相结合的监督管理制度，依法对互联网新闻信息服务活动实施监督检查，有关单位、个人应当予以配合。

国家和地方互联网信息办公室应当健全执法人员资格管理制度。执法人员开展执法活动，应当依法出示执法证件。

第二十条 任何组织和个人发现互联网新闻信息服务提供者有违反本规定行为的，可以向国家和地方互联网信息办公室举报。

国家和地方互联网信息办公室应当向社会公开举报受理方式，收到举报后，应当依法予以处置。互联网新闻信息服务提供者应当予以配合。

第二十一条 国家和地方互联网信息办公室应当建立互联网新闻信息服务网络信用档案，建立失信黑名单制度和约谈制度。

国家互联网信息办公室会同国务院电信、公安、新闻出版广电等部门建立信息共享机制，加强工作沟通和协作配合，依法开展联合执法等专项监督检查活动。

第五章 法律责任

第二十二条 违反本规定第五条规定，未经许可或超越许可范围开展互联网新闻信息服务活动的，由国家和省、自治区、直辖市互联网信息办公室依据职责责令停止相关服务活动，处一万元以上三万元以下罚款。

第二十三条 互联网新闻信息服务提供者运行过程中不再符合许可条件的，由原许可机关责令限期改正；逾期仍不符合许可条件的，暂停新闻信息更新；《互联网新闻信息服务许可证》有效期届满仍不符合许可条件的，不予换发许可证。

第二十四条 互联网新闻信息服务提供者违反本规定第七条第二款、第八条、第十一条、第十二条、第十三条第三款、第十四条、第十五条第一款、第十七条、第十八条规定的，由国家和地方互联网信息办公室依据职责给予警告，责令限期改正；情节严重或拒不改正的，暂停新闻信息更新，处五千元以上三万元以下罚款；构成犯罪的，依法追究刑事责任。

第六章 附则

第二十七条 本规定所称新闻单位，是指依法设立的报刊社、广播电台、电视台、通讯社和新闻电影制片厂。

第二十八条 违反本规定，同时违反互联网信息服务管理规定的，由国家和地方互联网信息办公室根据本规定处理后，转由电信主管部门依法处置。

国家对互联网视听节目服务、网络出版服务等另有规定的，应当同时符合其规定。

第二十九条 本规定自2017年6月1日起施行。本规定施行之前颁布的有关规定与本规定不一致的，按照本规定执行。

（资料来源：中华人民共和国国家互联网信息办公室网站 http：//www.cac.gov.cn/2017-05/02/c_1120902760.htm）

［简评］ 新修订的《互联网新闻信息服务管理规定》经国家互联网信息办公室室务会议审议通过，2017年5月2日以国家互联网信息办公室1号令对全国发布，自2017年6月1

日起施行。这是一部万众瞩目、非常典型的行政法规性制度。全篇分为六章 29 条，结构上采取总（第一章总则）、分（第二章至第五章）、总（第六章附则）形式，层次清晰，内容具体，语言严谨规范，法律依据清楚，具有非常强的可操作性。

【知识聚焦】

没有规矩，就不会有方圆。规矩就是一定的法律法规、规章制度，其中也包含着我们的工作职责，方圆则是我们所生活的社会的正常秩序。无论是历史还是现实，无论是党政机关、企事业单位，还是社会团体，规矩无处不在。

一、规章制度的含义

规章制度是党政机关、企事业单位、社会团体因实施管理的需要，依照国家法律、法令、政策，在自己权限范围内制定的具有规范性、指导性和约束力的应用文书。

对任何组织来说，没有制度，其管理必将陷入困境。制度更是用人单位的内部"法律"，是用人单位行使管理权的重要依据，劳动者严重违反的，用人单位可解除劳动合同。

二、规章制度的特点

第一，规范性。规章制度对实现工作程序的规范化，岗位责任的法规化，管理方法的科学化起着重要作用。制度的制定必须以有关政策、法律、法规为依据。制度本身要有程序性，为人们的工作和活动提供可供遵循的依据。

第二，约束性。规章制度对相关人员做些什么，如何做，不得做些什么，如果违背了会受到什么样的惩罚做出了明确规定，一经生效，有关单位和个人都应该严格遵守，如果违反有关条款，就要受到相应的处罚。

第三，稳定性。规章制度既然是一定范围内人们的行为准则，就不宜经常变动和修改，不能将脱离实际的条文，临时性、个别性问题，暂时没有条件实行的问题列入规章制度。但这并不意味着规章制度应该一成不变，在条件成熟或环境发生变化时，应该及时修订完善。

三、规章制度的类型

按照适用范围的不同，规章制度分为行政法规、制度、章程、公约四大类。

（一）行政法规

这一类规章制度主要包括条例、规定、办法、细则等。现行公文处理实践中，条例、规定、办法等具有法规性质的公文，其特殊的法定效力仅次于法律，是国家权力机关和党政机关运用法律的规范形式，将国家的方针、政策依法予以肯定的应用文种，具有法律条文和党政机关公文双重属性，既有法律的指导作用，又有严格的法律约束力，成为机关、单位、个人在有关方面的行为准则。

1. 条例

条例是国家权力机关或行政机关依照政策和法令而制定并发布的，针对政治、经济、文化等各个领域内的某些具体事项作出的，比较全面系统、具有长期执行效力的法规性公文。它具有法的效力，是根据宪法和法律制定的，是从属于法律的规范性文件，人人必须遵守，违反它就要带来一定的法律后果。如《中华人民共和国政府信息公开条例》《广东省人口与计划生育条例》。

条例的特点有三：一是内容的法规性，条例一经颁布实施，其所涉及的对象，必须依条款办事，否则将要受到法律、行政或经济的处理；二是时效的稳定性，条例一经颁布实施，在一个相当长时限内，对其所涉及的对象行为起约束作用；三是制发的独特性，条例的制发者必须是国家权力机关或行政机关，以及受这些机关委派的组织，企事业单位的职能部门和党派团体不能用条例行文。

2. 规定

规定是领导机关或职能部门对特定范围内的工作和事务制订相应措施，要求所属部门和下级机关贯彻执行的法规性公文。规定是局限于落实某一法律、法规，加强某项管理工作而制定的，具有较强的约束力，而且内容细致，可操作性较强。如《国家公务员录用暂行规定》。

规定的特点有三：一是约束力强，规定具有极强的约束力，其效力是由法定作者的法定权限与规范的公文内容决定的，一旦制定，必须严格遵守；二是程序规范，规定产生的程序极为严格，需要履行严格的审批手续和正式公布的程序；三是语言准确，规定的语言讲究高度的准确、概括、简洁、通俗、规范。

3. 办法

办法是国家行政主管部门对贯彻执行某一法令、条例或进行某项工作的方法、步骤、措施等，提出具体规定的法规性公文。如《国家行政机关公文处理办法》《互联网信息服务管理办法》。

办法也是具有约束力的规范性文件，但法规约束力不如条例和规定，内容更具体，往往是针对某项具体工作或具体问题专门制定，或依条例、规定中某些项的具体实施制定。如国务院《产品质量监督实施办法》就是根据《标准化管理条例》中的有关条文制定的，但比原条例更具体。

4. 细则

细则也称实施细则，是有关机关或部门为使下级机关或人员更好地贯彻执行某一法令、条例和规定，结合实际情况，对其所做的具体解释与补充。如《中华人民共和国发票管理办法实施细则》《医疗机构管理条例实施细则》《山东2019年新交规实施细则》等。

细则一般由原法令、条例、规定的制定机构或其下属职能部门制定，是主体法律、法规、规章的从属性文件，它对法令、条例、规定或其部分条文进行解释和说明，制定细则的目的是为了补充法律、法规、规章条文原则性强而操作性弱的不足，以利于贯彻执行。

（二）制度

制度类公文包括制度、规则、规程、守则、须知等文种。

1. 制度

这里的"制度"指的是狭义的制度概念。制度是机关团体、企事业单位及其部门对具体事项、具体工作制订的必须遵守的行为规范。如《××酒店管理制度》《××公司办公室管理制度》。

2. 规则

规则是机关团体、企事业单位及其部门为了维护劳动纪律和公共利益而制订的要求大家共同遵守的工作原则、方法和手续等的条规。如《人民检察院刑事诉讼规则（试行）》《中国福利彩票"双色球"游戏规则》《淘宝网规则》。

3. 规程

规程是机关团体、企事业单位及其部门为使工作、生产、活动正常进行而制订的一些具体规定。如《煤矿安全规程》《幼儿园工作规程》《田径运动员竞赛规程》。

4. 守则

守则是国家机关、人民团体、企事业单位为了维护公共利益，向所属成员发布的一种要求自觉遵守的约束性公文。在各行各业的事务管理活动中，守则使用范围很广，如《全国职工守则》《高等学校学生守则》《考试巡视员守则》。

5. 须知

须知是有关单位、部门为了完成某项工作，搞好某项活动，维护正常秩序而制定的具有指导性、规定性文书。如《新生学籍注册须知》《××大学教师期末阅卷须知》《学校春节联欢会须知》。

（三）章程

章程是政党、团体、企业或其他组织依据法律法规，对本组织的性质、宗旨、任务、组织机构、组织成员、职权范围、活动规则以及就某项业务所制定的规章，是这一组织（或业务活动）的纲领性文件。如《中国共产党章程》《××有限公司章程》《秦商联合会章程》。

章程的主要特点有二：一是约束性，章程作用于组织内部，要求其下属组织及成员共同信守，有一定的规范作用和约束力；二是稳定性，章程是组织或团体的基本纲领和行动准则，在一定时期内稳定地发挥其作用，如须修订，应履行特定的程序与手续（经组织全体成员或其代表审议通过），即使是有关单位开展业务工作的章程，也是基本的办事准则，应保持相对稳定。

（四）公约

公约是一定范围内的群体为了维护公共利益，经过平等协商讨论后所自愿订立的共同遵守的道德规范或行为规定。如《日内瓦公约》《联合国人权公约》《首都市民文明公约》。

公约的主要特点有三：一是公众约定性，是订约单位或订约人自愿协商缔结公共约法，一般不产生于行政管理部门，而是产生于社会团体或民众之间，对参与者只有道德约束力，没有法律效力；二是一致认同性，公约在公共协商的基础上拟定，应得到每个缔约者的认同，就一般情况而言，有弃权票不影响公约的通过，但有否决票则公约不能被通过，即每个制定者拥有"一票否决权"，特殊情况下，在有否决票的情况下可以强制通过，但投否决票者可以选择不加入该公约，如《联合国海洋法公约》美国就没有加入该公约，所以美国科考船进入中国南海而不受该公约的约束；三是集体监督性，公约一经认定，订约单位和个人都有履行公约的义务，一旦发现有违背公约的行为，大家都有权进行批评和谴责。

四、规章制度的写作格式

规章制度一般由标题、正文、落款三部分构成。

1. 标题

规章制度的标题一般由"单位名称＋事由＋文种"组成，如《××市房地产市场管理细则》。这里的单位或是制定、颁发规章制度的单位名称，或是规章制度适用的单位或范围。

2. 正文

规章制度的正文结构一般有两种形式：

一是分章列条式（章条式）。这是将规章制度的内容分成若干章，每章又分若干条。第一章是总则，中间各章叫分则，最后一章叫附则。总则一般写制定依据、指导思想、制定目的、宗旨、任务、适用范围、基本原则、有关定义、主管部门（该项有时也可视具体情况置于分则或附则中）。分则指紧跟总则之后的具体内容，通常按事物间的逻辑顺序，或按各部分内容的联系，或按工作活动程序以及惯例分条列项，集中编排。附则是规章制度的最后一章，是主体部分的补充和说明，一般写明规章制度的生效日期、修改及解释权限，以及未尽事宜的处理办法、有关说明（该文书与其他文书之间的关系，规定附件的效用，数量以及不同文字文本的效用等）等。

二是条款式。这种规章制度只分条目不分章节，适用于内容比较简单的规章制度，一般开头说明缘由、目的、要求等，主体部分分条列出规章制度的具体内容。条款式规章制度的第一条往往相当于分章列条式写法的总则，最后一条相当于其附则。

3. 落款

规章制度的落款包括具名和日期，有时也可以省略，尤其是标题里已经包含单位名称时，结尾则不需要再具名。

五、规章制度的写作要求

第一，内容要严密。规章制度约定人们共同遵守的特定事项，其内容必须有预见性、科学性，就其整体而言，必须通盘考虑，使其内容具有严密性，否则无法遵守或执行。

第二，体式要规范。规章制度在体式上较其他事务文书更具规范性。不论是章条式，还是条款式，都采用逐章逐条写法，条款层次由大到小依次可分为"编、章、节、条、款、目、项"七级，且以章、条、款三层最为常见。

第三，语言要简洁。规章制度的用语都要逻辑严密，通俗易懂。

【写作实训】

一、判断分析

1. 计划要力求概括、简明，一般不叙述过程。
2. 计划要写明做什么、怎么做、达到什么标准。
3. 总结既要全面，又要突出重点。
4. 总结的语言不仅要准确，而且要优美，要采用多种修辞手法。
5. 调查报告要目的明确、精心选材、语言准确平实。
6. 述职报告的语言要简明扼要，生动形象。
7. 规章制度不具有强制力和约束力。
8. 规章制度的行文要概括，不能具体。

二、案例评改

1. 请从互联网上下载一份规范完整的公司章程，分析其写作特点。
2. 病文评改：请分析下列总结的不足之处并提出修改建议。

大学一年级个人总结

大一的大学生活已经结束，在这短短的一年里，我学会了很多，也让我从高中校园渐渐融入了大学校园，大学的生活教会了我很多，为我将来步入社会积累了很多经验。

大学的学习完全不同于以往的学习方式，它完全是依靠我们自己去学习，大学里的学习再也没有了高中那样的束缚，但同时也给我们带来了挑战。在大学里，更广阔的知识领域，到图书馆里，我们可以借阅各类书籍，从而使我们的知识面得到更多的补充。

在我们成长的过程中，在我们即将步入社会前，需要的不仅是知识的积累，还需要有正确的人生观、为人处世的行为。知识可以不断地学，但怎样与人交流，与人沟通，怎样树立正确的人生观，对我们今后步入社会有着重大影响。在这一年的大学生活里，它给了一个我们锻炼的舞台，为今后更好地步入社会打下了基础。

学校经常举办一些丰富多彩的文艺活动来活跃校园生活。大学的各种文艺活动不仅快乐了我们自己，丰富的校园生活，也可以让我们的才艺得到展示，让我们的大学生活更加充实。

大一的这一学年，它让我更深刻地明白了自信、自尊，它也让我学到了很多很多，这也为我以后踏入社会积累了丰富的经验。

三、单项写作

1. 你班将于"五一"小长假期间组织开展一次春游活动，请制订一份班级春游活动方案。

2. 你的大学一年级已经结束了，请撰写一份大学一年级的个人学习总结或某门课程的学习总结。

3. 请制订一份学校多媒体教室（或寝室）管理制度。

4. 遨游网络已经成为大学生必不可少的生活内容，请就此设计一份调查问卷，在本校学生中开展抽样问卷调查，分析研究后撰写一份调查报告。

5. 为了创建良好的校园环境，请代表全校学生起草一份校园学生文明公约。

四、综合写作

武汉软件工程职业学院书法协会有会员400多人，参加全国、省、市比赛获奖100多项，公开发表优秀书法作品80余幅，被评为"全国优秀艺术社团""湖北省大学生优秀社团"。每年3月至5月，该校书法协会举办一年一度的"翰墨杯"书法大赛，全体会员皆可报名参赛。决赛现场活动还会邀请华中师范大学、武汉科技大学、中南民族大学、武汉职业技术学院、武汉城市职业学院等高校书法协会代表参加。"翰墨杯"书法大赛活动自发起、初赛、复赛再到现场决赛，历时两个多月，为广大书法爱好者搭建了交流展示平台，为师生提供了精彩文化大餐，使校园文化氛围更加浓厚，成为该校传统赛事和特色文化活动。你知道完成此项活动需要起草运用哪些应用文吗？请一一指出，并请写作其中三种文书。

模块五

宣传文书

情境导入

上海某软件公司是中国领先的信息技术外包和业务流程外包服务提供商。公司和武汉某职业学院深度合作多年,每年从学校引进订单人才数十名。2018年11月,60多名经过订单培养的学生奔赴该公司接受三个月的岗前培训,培训结束,考核合格后,将开始顶岗实习。为了保证培训质量,公司对培训工作进行了精心设计和部署,还特意从印度请来软件开发与项目管理方面的培训专家。李国强担任该公司培训部部长助理,在培训工作前后,他需要完成以下任务:

任务1 内外沟通协商后,制定详细周密的培训工作计划;
任务2 就培训工作的新闻动态随时采写消息投稿《公司报》;
任务3 采编一则培训工作通讯,投稿《公司报》作深度报道;
任务4 编发三期培训简报呈送相关领导,传阅相关部门和人员;
任务5 撰写培训工作总结。

【知识聚焦】

俗话说"酒香也怕巷子深",这一语道破了宣传工作的重要性。信息宣传也被喻为单位的喉舌,正确的宣传不仅能创造有形价值,而且能创造无形价值,它可以在一定程度上提升一个单位、一个地区乃至一个国家的文化软实力,进而提升其核心竞争力,带动经济、文化多方位发展。

任务一

消息

任务驱动

武汉软件工程职业学院承办了2012年湖北省大学生田径运动会,经过几个月的精心筹备,运动会于11月9日至11日举行,其中开幕式在9日上午进行,众多省市领导和兄弟院校的领导出席开幕式,88所高校的1000多名运动员参加。程欣怡是学校大二的学生,也是校报的记者,他在学校体育场见证了气势恢宏、精彩绝伦的开幕式表演。现在,他需要采写一则大运会开幕的消息。请你搜集相关资料,代他起草这则消息。

【范文赏析】

创造港珠澳大桥的"极致"
世界最长海底隧道"最终接头"二次"精调"实现毫米级偏差

（珠江晚报　陈新年　廖明山 2017 年 5 月 11 日 03 版）

本报讯（记者　陈新年　廖明山）港珠澳大桥海底隧道工程近日完成"最终接头"的安装，已经可以步行穿越了。昨天，记者来到这条世界最长的海底隧道采访，除了兴奋之外，还得到了一个令人震惊的消息：在"最终接头"成功安装后，还进行了一次耗时 34 小时"返工"式的精密调整，最终误差缩小到了"毫米"，建设者们说："我们没留遗憾"。

港珠澳大桥海底隧道是世界最长的海底深埋隧道，沉管总长度 5664 米，由 33 节混凝土预制管节和 1 节 12 米长的"最终接头"组成。其中，"最终接头"所采用的"小梁顶推"技术和装备为自主研制并属世界首创。

5 月 2 日，"最终接头"在 10 多位外国专家和 99 名媒体记者的见证下，在 28 米深的海水中实现成功安装，南北向线形偏差控制在正负 15 厘米的标准范围内，实现了"日出起吊、日落止水、滴水不漏"的奇迹。

欢呼祝贺过后，最终接头的线形偏差引起了争论。"港珠澳大桥是 120 年设计使用寿命的超级工程，就像之前曲曲折折的 33 根沉管安装一样，这一次也绝不能留下任何遗憾。"3 日早上，中国交通建设股份有限公司总工程师、港珠澳大桥岛隧项目总指挥林鸣提出了一个大胆的想法——重新安装调整。

"这么好的结果，我反对再调整！"决策会上，"最终接头"止水带供应商荷兰特瑞堡公司工程师乔尔表示，"虽然止水带仍然可以再压缩一次，但是为了精调一个方向，就可能将这些来之不易的完美创新置于不确定性之中，一旦发生碰撞，不仅损失超亿元，甚至会造成重大事故。"

上午 10 时许，多方讨论的结果是"偏执"占了上风。乔尔被这些为了精益求精而甘愿承担极大风险的中国工程师的情怀而感动，他感叹"这是一个非常艰难的决定"。

4 日晚 8 时 43 分，执着的大桥建设者们经过 34 小时的奋战，将"最终接头"的线形偏差成功缩小到东侧 0.8 毫米、西侧 2.5 毫米。

"这就是我想要的结果"，一天没上厕所、连续 34 个小时没合眼、指令发出上万次的林鸣终于笑了。"在我参与的 15 座沉管隧道建设中，这个是最棒的，没有之一，港珠澳大桥是世界造桥技术的最高体现，"乔尔感慨万千。

荷兰隧道工程咨询公司 TEC 是世界沉管隧道领域的佼佼者，曾笑称"中国企业不会走路就想跑"。5 日，该公司发来贺电，向精准完成这一世界级难度安装的工程建设者们致敬。贺电中说，中国建设者的最终接头施工方案，是对世界沉管隧道技术的重大贡献。

（资料来源《珠江晚报》，2017 年 5 月 11 日 03 版）

［简评］　伶仃洋上，一桥飞架。港珠澳大桥，它是世界上最长的跨海大桥，拥有世界上最长的海底沉管隧道，被英国《卫报》评为"新世界七大奇迹"之一。这座大桥，犹如一条巨龙，飞腾在大海之上。港珠澳大桥全长 55 公里，在多个领域填补了空白，形成了走向世界的"中国标准"，是中国造桥技术和大国工匠精神的最高体现。《创造港珠澳大桥的"极致"》这篇新闻作品，题材重大、采访扎实、视角独到、语言精练，背景材料运用得当。以记者现场穿越海底隧道的最新事实为由头，引出"二次精调"这一鲜为人知而又惊心动魄的创举。从中既可以感受到记者在"走转改"活动中积极深入一线的采访作风，又让读者读出了敬业、严谨、果断的大国工匠精神，切身感受到超级工程建设的伟大成就和重大意义。这

篇914字的新闻报道，经过104位评委的严苛审核，最终成为第二十八届中国新闻奖文字消息类一等奖的两篇作品之一。

【知识聚焦】

一、消息的含义

消息是以简明扼要的文字，对新近发生的、有社会意义的事实予以及时报道的新闻体裁。消息是新闻的主体，报纸的主角，是诸多新闻体裁中使用范围最广、使用频率最高、数量最多的新闻文体。

二、消息的类型

按照不同的分类标准，消息可以划分不同的类型：从篇幅上分，消息可以分为长消息和短消息；从反映对象上分，消息可以分为人物新闻、事件新闻；从报道内容上分，消息可以分为政治新闻、经济新闻、文教新闻、体育新闻、社会新闻等。

从写作特点来分，消息可以分为动态消息、综合消息、经验消息、述评消息。

动态消息是最常见的消息类型，它迅速及时地报道国内外正在发生或新近发生的新闻事实，是反映新事物、新情况、新动向的主要的消息体裁。

综合消息报道的不是发生于一时一地的具体事件，而是对较长时间和较大空间范围的某一重要问题、某一方面工作进行综合性报道。

经验消息也称典型消息，是对一些行业、单位、部门的典型经验、成功做法集中报道的一种文体。它不以一个独立的事件为中心，而是由一件以上的事实，经过综合、归纳、概括、提炼而成。

述评消息就是在报道事实的同时，夹叙夹议，分析评说。新闻综述、新闻展望、新闻分析等均属于述评性新闻。

三、消息的特点

消息的特点主要有以下四点：

第一，真。"真"是指内容真实，这是新闻的第一性征。真实是新闻的生命，消息的时间、地点、人物、事件、原因、结果，所有要素都要真实，所有的数据都要确凿，决不允许添枝加叶、移花接木、虚构编造。

第二，新。"新"是指内容的新鲜感，消息要反映新人物、新事物、新思想、新动向、新趋势，要成为最为敏感的时代晴雨表，如果报道司空见惯的事情，就没有多大价值和意义了。

第三，快。"快"是指报道的迅速及时，尽量让读者在第一时间里了解到最新情况，如果延迟报道，新闻就失去了应有的价值。新闻界有个说法叫"抓活鱼"，时间拖久了，鱼不活了，味道也不鲜美了。

第四，简。"简"是指内容集中、篇幅短小、提纲挈领、不枝不蔓，主要体现在叙述事实概括准确，描述细节典型精练，段落和句子简短而有力。消息通常采取一事一报原则，常见的消息多为几百字，短消息只有百来字。

四、消息的写作格式

（一）消息的构成

消息通常由标题、导语、主体、结尾、背景等部分构成。

1. 标题

标题是消息的眉眼，它要求用非常准确、凝练的语言揭示或评价消息的主题，点明其深刻的含义，以此来吸引大众的注意，激发读者在瞬间作出阅读决策以及阅读的兴趣。俗话说，看报看题，生动、醒目的标题不仅能吸引读者的注意，还能对报道的内容起到画龙点睛的作用，能揭示出所报道内容的深远意义及价值所在。消息的标题一般分为引题、正题、副题。

视频 5-1 消息的写作要点

（1）引题。又称肩题、眉题、上副题，它与正题搭配，烘托、引导、说明和渲染正题。引题文字少于副题，字号小于正题。

（2）正题。正题也称主标题、主标、主题，它是标题中最主要、最受人注意的部分。在复合型标题中，一般字号大，居主位，点明消息中最主要的事实或观点。如《"光棍堂"引来了四只"金凤凰"》。

（3）副题。副题又称辅题、子题、下副题，它与正题搭配，是置于正题后的次要标题，用于补充、注释、深化、完善正题。

消息标题的写作可以有三种形式：一是单行标题，即只有正题；二是双行标题，即由引题和正题或正题和副题组合而成；三是多行标题，即引题、正题、副题齐全的标题，多行标题往往出现在重大或复杂新闻报道中。例如：

国家人口发展战略研究报告发布（引题）

男多女少　我国青年婚姻问题凸现（正题）

计划生育使我国少生 4 亿人 2033 年人口将达到 15 亿（副题）

2. 导语

导语是消息中的第一句话或第一自然段，是新闻的重要组成部分。导语一般用生动凝练的语言点明消息中最重要、最新鲜、最有意义的事实，从而揭示全文主旨。通常情况下，导语写明消息的时间、地点、人物、事由和结果等内容，但也可以灵活多变。一般来说，导语可以采用叙述型、描写型和议论型三种。

（1）叙述型导语。叙述型是消息写作中最常见、最基本的导语类型，是直接用叙述的方法，把新闻中最重要、最吸引人的事和思想，经过提炼、概括，简明扼要地写出来。

（2）描写型导语。描写型导语也称见闻式、目击式或细节式导语，是在消息中对主要事实或某一有意义的侧面、细节，作简洁朴素而又有特点的描写，以造成气氛，增添声色，引人入胜。

（3）议论型导语。议论型导语是在消息的开头就对事物发表评论，使消息事实的意义更加明确，或者把事物的结论写在开头，揭示事物的意义和目的，以引起读者的好奇，引导读者尽可能读下去，起到提要、提示的作用。

3. 主体

消息的主体是消息的核心部分和中心部分，也有称之为"正文"或"新闻躯干"。主体部分承接导语，围绕主题全面展开消息的事实，针对导语所概括的内容进行具体阐述、补充和解释，并可以对所述的事物或问题加以评价和议论，进一步深化主题。消息导语写作固然重要，但消息躯干部分的写作切不可轻视。古人为文时，把文章的开头，中间，结尾喻为"凤头，猪肚，豹尾"，即特别强调中间部分的充实饱满。

主体写作要求如下：

第一，与导语相辅相成。导语是主体的提要和浓缩，主体是导语的展开和深化。消息的导语和主体必须相互补充、相互印证，绝不能相互脱离、相互抵触。

第二，主题集中明确。集中是指消息要围绕一个主题来写，不管有多长的篇幅、多丰富的材料，都只能有一个中心，要围绕这个中心选择材料、使用材料。明确是说消息的主题即使不能让人一目了然，也应该在稍加思索之后就豁然开朗。不能像文学作品的主题那样，含蓄、隐蔽，有着某种程度的不确定性。

第三，材料典型充分。典型材料就是那些有广泛的代表性和强大说服力的材料。主体部分的材料不能贫乏干瘪，即使是一篇短小的消息，也要写得丰富多彩。

第四，结构层次分明。消息虽然篇幅短小，主体部分也要做到层次分明，要有很强的逻辑性。

4. 结尾

结尾作为消息的有机组成部分，在消息的最后可以用来总结全文，深化主题，加深读者的印象和感受。结尾不宜过长，但要发人深省。有些篇幅短小的消息，由于导语和主体已较详细地报道了事实，结尾部分可以省略。

5. 背景

消息背景指对新闻事件发生的历史、环境和原因的说明，它解释事件发生或人物发展的主客观条件及其实际意义，为烘托和表现主题服务。

背景的写作一要紧扣主题，起到衬托主题、突出主题、深化主题的作用，它虽不是新闻事实本身，但是新闻事实离开它就难以产生应有的思想意义和社会价值；二要言简意赅，尽管背景有它的重要价值，但它在消息中毕竟是"宾"而不是"主"；三是位置灵活，背景没有固定的位置，可以灵活穿插在任何一个需要的地方。

（二）消息的结构

消息通常采取以下三种结构形式。

1. 倒金字塔式结构

倒金字塔式结构就是把最重要、最新鲜、最精彩的新闻事实放在最前面，然后依次后推，形成"虎头蛇尾"形状。这是一种最常见的传统新闻结构方式，比较适宜写时效性强、事件单一的突发性新闻，便于受众迅速掌握全篇精华，满足受众尽快获取最新消息的需求。

2. 金字塔式结构

金字塔式结构即上小下大的形式，按事件发展的顺序，把最重要的结局放到后面去写。这种结构叙事条理清晰，现场感强，很适合写那些故事性强、以情节取胜的新闻，尤适合写现场目击记。其缺点是开头平淡，难以一下子吸引受众，消息的精华也可能淹没在长篇叙述中。

3. 自由式结构

自由式结构是以不拘一格、自由灵活的表现方式打破成规写作新闻的方式。常见的方式有目击式、散文式和对话式等。

任务二

通讯

任务驱动

武汉软件工程职业学院承办的2012年全省大学生田径运动会取得了巨大成功。其中，开幕式上3320名学生表演的大型文艺节目《扬帆远航》展现了当代大学生在新的历史时期奋勇争先的气魄和志向，并表达了他们对本次省大运会的祝福之情，获得参会者和新闻媒体的高度赞誉。为了这场文艺表演，学校数千名学生和众多领导、老师付出了几个月的心血和汗水。大运会结束后，程欣怡和校报几位记者一道，深度采访了参加该项活动的师生，合作撰写了一篇关于这场文艺表演的通讯，刊发在校报上。请你采集相关信息，撰写这则通讯。

【范文赏析】

<h3 style="text-align:center">焊花灿烂亮征程</h3>

　　正如其名，39岁的胡志宏是个志向宏大的人。从19年前初次握起焊枪那一刻起，他就立志要做个"顶呱呱"的好焊工。6500多个日日夜夜，他经历了艰辛的砥砺磨炼，实现了从一个普通的技校毕业生到历次技术比武的佼佼者，从沧州市的焊工技能大赛"状元"到中石化集团公司"优秀焊工"的飞跃，他倾情付出了自己对焊工专业全部的爱，他在甘于寂寞、苦中作乐中锻铸了坚韧的品格，他就是渤海维修分公司电焊工胡志宏。

醉心钻研　厚积而薄发

　　1987年，进厂后不久，胡志宏被派往石家庄锅炉厂等企业学习焊工技术，精学理论知识加上苦练实践技能。也就是从那时起，那把焊枪和焊工专业书籍就没有离过他的手。白天专心地投入基本功训练，虚心地向老师傅们请教；夜晚伴着书香入眠，就连做梦都在想着遇到的技术问题；难得有空闲上街时，他也总是一头扎进书店里，寻找焊工技术方面的书籍。他最喜欢的是那城墙砖一般厚的专业书，可书的价钱实在太贵了，他买不起，就站累了蹲、蹲累了站地在书店里看，一看就是几个小时，那叫一个"过瘾"——这也是他多年来唯一的嗜好。

　　"三更灯火五更鸡"，熟悉胡志宏的人都钦佩他股子里那种勤奋好学的劲头儿。在钻研焊接技术过程中遇到难题时，他总是锲而不舍地展开攻坚，哪怕不吃不睡也要把难题解开。单是一项仰脸板焊接工艺，他就潜心钻研了整整两年，终于把这一技术练到了炉火纯青的地步。无论平焊、立焊，还是仰焊、横焊，各种焊接位置的施焊技术，他都一项一项烂熟于心；氩弧焊也好，手工电弧焊也罢，凭着超人的悟性和"一个汗珠儿摔八瓣儿"的毅力，他的水平都称得上达到了技艺非凡的水准。

　　"在质量过硬的基础上，小胡的焊接速度是最快的！"身边的焊工弟兄们心服口服地翘起大拇哥——别人是焊完一根焊条，摘下焊帽再续另一根焊条；而他却从不摘焊帽，右手施焊，左手又稳又准地续焊条，一根接一根，哪能不快呢?!别人两天才能干完的活儿，他只要半天就完成了，要问这其中的诀窍，他会诚恳地告诉你："熟能生巧而已！"

　　妻子眼中的胡志宏是个只对焊工技术着迷的"邋遢大王"，结婚多年来，家务事儿他从未操过半点儿心，用妻子的话说："他心里只有那把焊枪，别的甭想指望他！"孩子都上小学三年级了，可从小到大当爸爸的没有接送过几回；家里老人们身体不舒服了，也都是妻子替他照顾着……"没办法，他太忙了，我理解他，更心疼他，家里的事我全包了！有时心疼得还想在工作上帮帮他，可是俺帮不上忙呀！"

　　每到夜阑人静时，妻子习惯了这样的情景：胡志宏钻在被窝里，手捧一本焊工技术专业书，倚着床头啃得津津有味，那盏压得低低的小台灯，常常默默地亮到天明。

　　就凭着这样的钻劲儿，《全国焊工技能竞赛试题》这本书他不但可以倒背如流，而且还通过深层次的研究，琢磨出一些目前国内焊接行业存在争议的问题，与技术员反复切磋，最终选择出了最佳的答案。一个技术顶尖的好焊工，就是这样用百分之一百的爱岗精神，加上百分之二百的刻苦钻研换来的!

倾情付出　好钢出利刃

在单位里，谁都知道胡志宏的通讯设备是自费的，谁都知道他的手机是24小时全开的，只要有了"急、难、险、重"的活儿，谁都知道他是随叫随到的!

作为沧炼自己培养的一代青年焊工，胡志宏正像一块材质好、韧性强的好钢，被时时处处用在刀刃上——2004年大检修期间，从车用液化气装置到催化装置的铬五钼合金钢管线焊接工程，可谓一项前所未有的难活儿。焊接性能差、材质偏脆、极易氧化产生冷裂纹而造成返口或探伤不合格，首次承揽如此艰巨任务的渤海一公司调集了所有精兵强将，胡志宏理所当然也在其中。在密密麻麻罗列的管排上高空作业，焊接位置是"溜缝儿"而行，常年在外施工的中石化四化建专业焊工看了活儿，都连连摇头，但胡志宏却迎难而上，以他为首的突击队24小时连轴转施焊，克服焊接层数多、探伤要求严等困难，600多米管线、200多道焊口，创造了焊接合格率92%的奇迹，这在沧炼检维修历史上也是前所未有的!

2005年3月，焦化装置加热炉注水线更换工程，作业空间狭小、现场能见度极低，多排炉管并列、很多部位要凭感觉摸着施焊。块头大的焊工进不去，身量麻利的胡志宏勉强被塞了进去，他把焊条弄弯，憋足了一口气开始焊接，一道、二道、三道……不一会就喘不上气来了，大家把他拉上来呼吸点新鲜空气，他又蜷缩在铁盒子里接着干……越到里面难度系数越大，换了最小号的焊枪把儿，手还是拐不过弯儿来，他灵机一动，把钨极拉长5mm，再拉长一点，最后手伸不进去了，就用食指和中指捏着焊把儿焊……就在这样夹手夹脚的作业条件下，140道$\phi89\times6mm$的焊口，他竟焊出了100%探伤，合格率94%的好成绩!

这些年来，他的手握焊枪的身影遍及沧炼的各个装置检修现场：无论是催化抢修中的提升管修补，还是新上第七套聚丙烯的突击施工；无论是天寒地冻的高空中施焊，还是挥汗如雨的容器内奋战……他都如"过五关斩六将"般摘得了叫人艳羡的胜利果实，自己也在焊花飞灿的倾情付出中获得最大的满足和快乐。

锐意进取　登攀无止境

正月初三，当人们还沉浸在浓浓的节日气氛里，胡志宏却打起背包，踏上了去往中石化第四建筑安装公司的道路，专程学习药芯CO_2气体保护焊技术。

药芯CO_2气体保护焊技术具有焊接工艺性能好、生产效率高、能耗和综合成本低等多种优点，这项新技术在我国20世纪80年代初一些重大工程项目上才开始运用，从近几年我国药芯焊丝的发展趋势来看，将进入高速发展阶段，药芯焊丝以它技术和经济方面的优势将逐渐成为焊接材料的主导产品，是21世纪最具有发展前景的高技术焊接材料。这次派胡志宏前往学习，就是打算推广使用这项先进技术。胡志宏深知自己肩上的重担，在半个多月的学习中，他虚心学习，潜心钻研。白天实地学习实践，晚上和伙伴们谈论的话题也是他最心爱的焊工专业，根本无暇顾及美丽的异地风光。这次充电学习，使胡志宏受益匪浅，他不仅增强了自信，掌握了全套先进焊接技术，而且在与同行们的切磋中，学到了很多东西。

由于这项焊接技术光、热辐射强，要在无风的作业条件下进行，胡志宏带领几个人戴上长及肩膀的劳保手套，在密闭不透风的厂房内埋头苦干着。刺鼻的浓烟笼罩在厂房内久久不散，汗水一会儿就湿透了衣服，汗渍印得几个人衣服后背上大圈套小圈。经过夜以继日的研究实践，他们加工的样品各方面检查都通过了本公司工艺评定。公司决定由胡志宏当老师，在短时间内完成对几十名焊工的技术培训。于是，胡志宏实心实意地进入了"教师"角色，他自己还特意准备了一个新笔记本，结合相关书籍和自己学习记录的笔记，精心准备教案，从理论到实践，工工整整写了将近一本，还请技术人员帮助补充、完善，人们让他大致列下大纲即可，他却说，必须对学员们负责。每天他手把手地耐心传授技术，严格要求学员们，大家都夸他这个老师当得称职。

与他同在培训班学习的一位同学打来电话，邀他到南方某企业工作，年薪高达十几万。胡志宏毫不犹豫地拒绝了，同时，他又与沧炼签定了15年用工合同，他说，是沧炼培养了我，我要用自己全部的光和热来回报沧炼！

高高的炼塔上，胡志宏手握焊枪正在紧张作业，他在用手中的那柄焊枪，书写着心中的梦想与阳光。望着光影中的他，笔者眼前幻化出这样一幅动人的画面：一个坚毅的汉子，背负着已装有累累硕果的行囊，在焊花铺成的闪光征途上行进着，越走越快，越攀越高……

（资料来源：中国石化新闻网 http://www.sinopecnews.com.cn）

[简评] 这是一篇典型的人物通讯。通讯的主人公胡志宏是一位普通的电焊工，他在平凡的岗位上十九年如一日，干一行专一行，成长为行业专家，作出了不平凡的贡献。文章通过很多具体的事例和生动的细节，凸显了胡志宏醉心钻研、倾情付出、锐意进取的优良职业道德和职业精神。全文主题鲜明，选材精当，语言形象生动，通讯的新闻性、文艺性特征十分明显。

【知识聚焦】

魏巍的战地通讯《谁是最可爱的人》大学生们都不会陌生，作者的全部血肉与记忆，都来自最可爱的人。这篇通讯闪烁着理想与人性的光芒，也留给了读者最绚烂的历史记忆。也因为这篇文章，很多人对通讯有了较深的了解，产生了浓厚的兴趣。较之消息，通讯比较详细和完整，能够立体再现新闻事件，传神地塑造人物形象。

一、通讯的含义

通讯是运用叙述、描写、抒情、议论等多种手法，具体、生动、形象地反映新闻事件或典型人物的一种新闻报道形式。它是记叙文的一种，是报纸、广播电台、通讯社常用的文体。

二、通讯的类型

通讯按形式分为一般记事通讯、访问记（专访、人物专访）、小故事、集纳、巡礼、纪实、见闻、特写、速写、侧记、散记、采访札记。按内容则一般分为人物通讯、事件通讯、工作通讯、风貌通讯等。

（一）人物通讯

人物通讯是以报道各条战线上的先进人物为主的通讯。它从不同角度反映人物的事迹和思想，有的写一人一生的，为人物全面立传，有的写一个人的一个或几个侧面，集中反映人物的某一思想品质，也有的写人物群像。通讯也报道转变中的人物和某些有争议的人物，但不是人物通讯的主流。

（二）事件通讯

事件通讯就是详细地报道具有典型意义的新闻事件的通讯。它一般都比较详细，能全面地、客观地介绍事件的来龙去脉与发展过程，具体地、形象地描述其细节，即使是那些篇幅短小之作，也要求把事件叙述清楚，使读者对整个事件能够有比较完整清晰的印象。

（三）工作通讯

工作通讯是报道和分析当前实际工作中的经验、问题、教训等的通讯。它可以通过报道各种生动、典型的事例，介绍各地区、各单位在某项工作中的一些先进做法和具体经验，对其他地区或有关单位的工作开展有启发和借鉴的作用。它也可以批评和揭露实际工作中存在的问题，研究解决这些问题的思路或对策。

（四）风貌通讯

风貌通讯又称概貌通讯，是着重描绘社会变化、时代风尚及风土人情的通讯报道。它一般是反映新貌，抓住特色，点面结合，开阔读者视野，增长读者知识，给人以美感和现场感。风貌通讯的表现形式比较丰富，报刊上常见的"见闻""巡礼""侧记""纪行""掠影""纪游"等，都属于风貌通讯的范围。

三、通讯的特点

通讯的特点主要体现在：

第一，现实性。通讯要求报道新近发生的有意义的事实，新时代涌现出来的新人、新事、新经验、新成就，顺应社会发展形势，为现实中心工作服务。

第二，形象性。通讯采用叙述、描写、抒情、议论相结合的手法，对人对事进行具体形象的描写，人物要具有音容笑貌，事情要有始末情节，以此来感染读者。

第三，评论性。消息是用事实说话，除述评消息外，一般不允许作者直接发议论。通讯则要求在报道人物或事件的同时，表露作者的感情和倾向，一般采取夹叙夹议的手法。

四、通讯的写作格式

通讯一般由标题和正文组成。

（一）标题

消息的标题要实，通讯的标题可虚。通讯的标题以单行标题和双行标题为主，很少有三行题。

根据内涵和功能的不同，通讯的标题分为四类：一是概述基本内容类，如《第一颗原子弹爆炸纪实》《我们将继续扩大在华投资——施耐德电器公司领导人访谈》；二是直接昭示主题类，如《生命之柱——张海迪之歌》《为人民服务的精神》；三是含蓄点化主题类，如《焊花灿烂亮征程》《贫困生有了阳光》；四是启发读者理解主题类，如《谁是最可爱的人》《他为何走上了不归路》。

（二）正文

通讯正文又分为开头、主体和结尾三部分。

1. 开头

通讯的开头不一定要像消息那样，概括新闻事件或揭示主题，一般是在紧扣主题的前提下以灵活多样的表达方式引出新闻信息，成为启迪读者思路的一把钥匙。较常见的是下列三种方式：

第一，用鲜活的事例开头。如通讯《是否改掉了社会主义的"优越性"》的开头："'教导员，请您立马给俺狗蛋办理提前退伍手续。'5月22日，早饭刚过，刚刚来队的某师修理营中士韩明全的父亲还没来得及洗上把脸，就急匆匆地找到教导员王希岭，一边恳请王教导员照顾他家的实际困难，一边解释说：'单位搞房改，需要25000元，家里七拼八凑，连彩电都卖了，还差18000元，老汉实在没招了，只好让儿子提前退伍回家挣钱买房子……'"

第二，用鲜明的对比开头。一篇反映全国模范军转干部的通讯是这样开头的："1992年初春，正是日照机械化工五矿进出口公司面临考验最为严峻的时刻：国家给外贸'断奶'，由原来的国家'供米做饭'改为由自己'寻米下锅',公司正在蹒跚学步,刚刚送走了两周岁生日,便失去了'母亲'的庇护,而接过这副担子的偏偏又是一位在军营里度过 18 个春秋的'老转'。宋朝旭就任经理一个月内,先后有半数以上的业务骨干离开了公司。剩下的 58 双眼睛眼巴巴地望着他们的新老板,看他怎么样用操了 18 年枪炮的手来收拾这个只有几间租赁办公室和几张缺胳膊少腿桌凳组成的'烂摊子'。"

第三,用浓郁的抒情开头。通讯《霜打的"花儿"又逢春》这样开头:"'春天来了,花儿开了,我多么想和你们一样在这软软的草地上欢欢快快地打个滚,撒一会欢呀!'面对一个个蹦蹦跳跳的小伙伴和美丽的大自然,从小被小儿麻痹症夺了直立行走权力的秦绪柳一次又一次的喃喃自语,每每都是阵阵酸楚伴着咸咸的泪水搅碎了这美好的梦境。"

2. 主体

通讯主体部分内容安排没有固定的模式,但都要用丰富的材料、典型的事例、生动的描述、形象的语言,报道新闻对象,拓展、深化报道主题。

由于通讯内容较多,篇幅较长,主体部分常常划分为若干层次,并冠以小标题。主体部分的结果通常有三种形式:

(1) 纵式结构。即按新闻事件发展的时间顺序、作者观察、认识报道对象的逻辑顺序来组织材料、安排层次,是一种发展、延伸、推进的结构方式。如《工人日报》记者郭萍、吴晓向采写的通讯《北京有个李素丽——21 路公共汽车 1333 号车跟车记》就采用了以时间为脉络的纵式结构。

(2) 横式结构。即运用空间转换,或者采用并列铺排的方式组织材料、安排层次,是一个多视角、多侧面扩展的结构方式。如魏巍的《谁是最可爱的人》就是通过松骨峰战斗、马玉祥勇救朝鲜孩子、战士在防空洞卧冰吃雪等三个小故事,突出"志愿军是最可爱的人"这一主题。

(3) 纵横式结构。即运用时间和空间交替的方式组织材料、安排层次,又被称为电影分镜头式结构,往往以时间为经线、空间为纬线布局谋篇,兼有纵式结构和横式结构的特点。如《中国青年报》刊登的长篇事件通讯《为了六十一个阶级兄弟》就是这种结构的典范,文章写的是抢救 61 个食物中毒民工的过程,从 2 月 2 日民工中毒开始,直写到 2 月 5 日民工被抢救脱险为止。而在同一时间内,北京、山西、河南的多个不同单位和无数工作人员,都在为抢救民工而奔忙。作者多次用"在同一时间内"作小标题,分别表现不同地方人们的行动。

3. 结尾

通讯结尾常用三种写法:一是总结全篇,深化主题;二是蕴含哲理,发人深省;三是含蓄委婉、回味无穷。无论哪种写法,都要紧扣主题和事实,自然奇妙加以收束,不可画蛇添足。

五、通讯的写作要求

第一,确立好主题。主题是通讯的灵魂,要确立体现时代精神,表现时代风尚的主题,确立反映人物和事物本质和规律的主题。选好典型对通讯主题十分重要,要选那些具有代表性,具有普遍意义,具有宣传价值和教育意义的人和事,选那些在一定时期内人们所关注的问题。

第二,写好人和事。写好人物是通讯写作的重要任务,无论是人物通讯还是事件通讯,都要把人物写好,要用人物自己的语言、行为、活动来表现人物,人物要写得有血有肉,有音容笑貌,有内心活动。写人必写事,要写人物自己所做的事,写能揭示人物内心世界的事。写事要具体形象,有原委、有情节。

第三，安排好结构。采用纵式结构要详略得当，布局巧妙，富有变化，避免平铺直叙。采用横式结构要注意不同空间的变换，恰当安排通讯所涉及的各方面的问题，采用空间变换的方法组织结构时，要用地点的变化组织段落；按事物性质安排结构时，要围绕主题，并列地写出不同的几个侧面。采用纵横结合式结构，是以时间顺序为经，以空间变化为纬，把两者结合起来运用。

六、通讯与消息的异同

通讯与消息都是新闻的主要文体，它们的共同点是都要求具有严格的真实性和播发的及时性。但二者存在较大不同：

第一，时效性不同。消息要争分夺秒，第一时间播发，迟写慢发就丧失了新闻的价值。通讯的时效性没有消息那样强，同一题材的内容，往往是先发消息，后发通讯。

第二，题材不同。消息选材范围广泛，通讯选材较严，它一般只报道有意义的、人们普遍关心的事实。

第三，内容含量不同。消息通常只作概括、简要的报道，通讯不但要告诉读者生活中发生了什么样的事情，而且还要将事情的来龙去脉交代清楚。

第四，结构形式不同。消息通常要遵守一定的格式，按照导语、主体、结尾、背景材料等几个部分来写，通讯往往根据写作对象不同而采取灵活多样的结构。

第五，表达方式不同。消息以叙述为主，较少用描写、议论、抒情，通讯则以叙述、描述为主，兼用议论、抒情等表达方式。

第六，语言风格不同。消息要求简洁朴实，一般不用修辞手法；通讯则要求形象生动，可用修辞、可修饰，以增强感染力。

第七，人称使用不同。消息只能用第三人称，通讯则第一、第二、第三人称皆可用。

任务三

简报

武汉软件工程职业学院承办的2012年全省大学生田径运动会创下该赛事多项历史之最。尤其是开幕式文艺表演，获得巨大成功。11月11日，大运会在场上运动员和观众的欢呼声中圆满落下帷幕。程欣怡和校报其他编辑记者，活跃在大运会的各个角落。运动会前前后后，他们专门编发了多期简报。请你搜集相关资料，编制一期大运会成功举办的简报。

【范文赏析】

工作简报

2019年第7期（总第51期）

湖北省教育信息化发展中心
湖北省电化教育馆

2019年7月24日

2019年宜昌市"e教能手"信息化引领力提升培训顺利举办

7月5至7日,2019年宜昌市"e教能手"信息化引领力提升培训顺利举办。此次培训是宜昌市教育局年度教师培训计划项目。宜昌市首届"e教能手"150人、各县(市、区)教育技术部门技术应用教研员参加培训。

培训以"技术的力量"为主题,从"技术与课堂""技术与资源""技术与评价""技术与我们"四个维度进行集中培训研讨,全面提升骨干教师的信息化教学应用水平。

培训期间,华中师范大学教育信息技术学院郑旭东教授、昌市教育科学研究院教研员张钦博士分别作了题为《信息时代的教学设计——从学习的科学到教学的技术》《数据,帮我们更懂教育教学》的专题讲座,武汉市楚才中学潘岚主任介绍了如何利用教育云空间创新课堂教学。一线编程专家还介绍了智能化时代编程语言学习(以python为例)及编程思维。部分首届"e教能手"优秀代表作了交流发言。学员们还参加了专题研讨、晚间沙龙和实操展示等活动。

宜昌市教育局在省内率先建立教育信息化人才荣誉制度,首批在全市遴选150位教育优秀人才,授予"e教能手"称号,并将其纳入市人社局和市教育局管理的教育人才体系。目前已有6个区(县)建立了区(县)级"e教能手"教育人才荣誉制度。

(供稿:宜昌市教育信息技术中心)

孝感市成功举办2019年创客骨干教师实训班

6月29日,2019年孝感市创客骨干教师实训班举行开班仪式。来自孝感市各县(市、区)教育装备站、各学校的120余名骨干教师参加本次实训。

市教育局局长殷世德同志在开班仪式上致辞,市教育技术装备站站长严友田同志主持开班仪式。实训班特邀武汉市教科院现代教育技术中心副主任王康等6位专家授课。培训内容包括micro:bit板python语言编程、micro:bit板图形化编程、掌控板图形化编程等。

(供稿:孝感市教育技术装备站)

远安县持续推进"网络学习空间人人通"应用

2019年,远安县在全县中小学和幼儿园持续推进"网络学习空间人人通"应用,网络学习空间普及率不断提升,为中小幼学校推广网络学习空间提供有益借鉴。

一是做好统筹安排。2月,县电教仪器设备站印发《关于2019年春季学期推进宜昌教育云空间深度应用的通知》,对宜昌教育云应用推进工作作出周密安排,要求全县中小学和幼儿园以学期为单位推进这项工作。

二是严密过程督导。坚持巡查工作日常化,由专人负责在线巡查全县中小学和幼儿园"三大空间"(机构、教师和学生空间)的建设应用情况,发现问题及时通过"远安教育云管理群"反馈给相关管理员,督促整改。

三是开展竞赛活动。3月至5月,在全县中小学和幼儿园中开展网络赛课和"教学助手"课件制作竞赛活动,以竞赛形式促进应用推广,推进网络学习空间和常规教学充分融合。

四是实施教学考核。7月,对全县36个中小学和幼儿机构空间、1300余个学校幼儿园教师空间、学生空间进行逐一检查考核,检查考核结果在全县公示,并与教育局"绿色教育评价"挂钩。

五是举办业务培训。3月,远安县顺利举办教学助手应用技能网络培训,培训通过视频会议系统分两期进行,全县近1000名教师参加。

(供稿:远安县电教仪器设备站)

报:中央电化教育馆、教育部教育管理信息中心、厅有关领导及有关处室

发:各市、州、神农架林区教育信息中心(电教馆)(电子版见湖北教育信息网 http://xx-dt.e21.cn/e21web/1ist.php)

[简评] 这是一份典型的工作简报。简报由多条新闻构成,及时反映湖北省教育信息化建设方面的最新动态。每条新闻都简洁明了,采取了类似新闻消息的写法,一般突出交代"5W1H",即何人、何时、何地、何事、为什么、怎么样六要素。每一条简讯的标题也都概括了新闻事件的核心内容,使人一目了然。

【知识聚焦】

简报是一种比较古老的文体,可以溯源到汉代。汉武帝初年,出现了名为"邸报"的手抄报,简明扼要地反映情况、交流信息。及至唐代,已经出现了印刷的邸报。发展到现代,形成了公开出版的报纸和内部传阅的简报两种形式。简报也是运用得非常广泛的一种文体,对掌握信息、推动工作、改进作风具有很大意义。

一、简报的含义

简报是党政机关、企事业单位、社会团体为及时反映情况、汇报工作、交流经验、揭示问题而编发的一种内部文件,是传递某方面信息,具有汇报性、交流性和指导性的简短、灵活、快捷的内部小报。

简报又称"动态""简讯""要情""摘报""工作通讯""情况反映""情况交流""内部参考"等。简报主要用于向上级反映情况,平级之间交流经验、沟通情况,向下级通报情况,传达上级意图等。可以说,简报就是简要的调查报告,简要的情况报告,简要的工作报告,简要的消息报道等。

简报不是一种文章体裁,因为一份简报,可能只登一篇文章,也可能登多篇文章。这些文章可能是报告、专题经验总结、讲话、消息等。

二、简报的类型

简报的种类繁多,按照不同的分类标准,可以划分为不同类型。按时间划分,简报可分为定期简报和不定期简报;按内容划分,简报则可以分为工作简报、生产简报、会议简报、信访简报、科技简报、教学简报等;按发送范围分,有供领导阅读的内部简报,也有发送较多、阅读范围较广的普发性简报。下面四种是比较常见的简报类型:

(一)工作简报

这是为推动日常工作而编写的简报,其目的是反映工作开展情况,介绍工作经验,报告工作中出现的问题等。按照简报内容的涉及面,工作简报又可分为综合工作简报和专题工作简报两种。

(二)会议简报

这是会议期间为反映会议进展情况、会议发言中的意见和建议、会议议决事项等内容而编写的简报。一些规模较大的重要会议,会议代表并不能了解会议的整体情况,譬如分组讨论时的重要发言、有价值的提案等,需要依靠简报来了解会议的基本面貌。重要会议的简报往往具有连续性特点,即通过多期简报将会议进程中的情况接连不断地反映出来。会议简报

一般由会议秘书处或主持单位编写。

（三）动态简报

这是为反映本单位、本系统的思想、政治、经济、文化等方面情况、信息而编写的综合性简报。动态简报着重反映与本单位工作有关的新情况、新动向、新问题，为领导和有关部门研究工作提供鲜活的第一手资料，向群众通报思想、学习、工作、生产的最新动态。

（四）科技简报

这是为反映最新科学技术研究成果、介绍推广新产品、新工艺、新技术、新设备、新理论、新动向而编写的简报。科技简报内容新、专业性强，有的属于经济情报或技术情报，有一定的机密性，必要时需加密级。

三、简报的特点

简报的内容和任务决定了它的特点，概括来说，其特点主要有：

第一，专业性。简报一般由有关单位、部门主办，专业性十分明显。如《中国残联简报》《人口普查简报》《深入开展创先争优活动简报》《校庆简报》等，分别由主办单位组织专人撰写，传递该项工作的各种信息，包括情况、经验、问题和对策等，专业性的东西多说，一般性的东西少说，无关的东西不说。

第二，新闻性。简报要反映单位里新情况、新问题、新经验、新动态、新事物的苗头、错误倾向的端倪、有启发的新鲜经验，写出来，就是及时配合单位中心工作、重点工作，跟上时代的步伐。

第三，简明性。简短是简报区别于其他报刊最显著的特征。简报的语言简明精炼，一期简报或者只登一篇文章，几段信息，或者几篇文章，总共不过一两千字，长的也不过三五千字，读者可以用较短的时间把它读完，适应现代快节奏工作的需要。

第四，限制性。简报一般在编报机关管辖范围内各单位之间交流，不宜甚至不能公开传播，特别是涉外机关和党政机关主办的简报更是如此。有的简报，往往是专给某一级领导人看的，有一定的保密要求，不能任意扩大阅读范围。

四、简报的编写格式

简报一般由报头、报核、报尾三部分构成。

（一）报头

简报首页间隔横线以上称为报头，由简报名称、期数、编发机关、日期、保密提示等项目组成。简报报头类似公文的"红头"，一般套红印刷，但也不尽然。间隔横线一般为红色。

简报除用"××简报""××动态""情况反映"等常用名称之外，还可加上单位名称、专项工作等内容，如《烟草行业职业技能鉴定工作简报》。简报名称用大号字套红印刷。

期数位于简报名称下方正中，可加括号。如果是综合工作简报，一般以年度为单位，统编顺排；如果是专题简报，按本专题统编顺排。如有特殊内容而又不必另出一期简报时，就在名称或期数下面注明"增刊"或"××专刊"字样。

编发机关位于期数下面、间隔横线上方左侧。印发日期处于与编印单位平行的右侧。

秘密等级写在左上角，也有的写"内部文件"或"内部资料，注意保存"等字样。

（二）报核

报头以下、报尾以上的部分都是报核，一般包括目录、编者按和报道。

1. 目录

集束式的简报可编排目录。由于简报内容单纯，容易查找，目录一般不需标序码和页码，只需将编者按、各篇标题排列出来即可。

2. 编者按

简报必要时可加编者按，主要内容是工作任务来源、本期重点稿件的意义和价值、征稿通知、征求意见等。编者按不可过长，短者三五行，长者半页即可。

3. 报道

一期简报可以只有一篇报道，也可以包含多篇报道，按顺序依次排列。简报报道的写法灵活多样，除了消息，还有计划、总结等别的文体。如果是消息，则一般包括标题、导语、主体、结尾和穿插在叙述中的背景材料。

（1）标题。简报的标题类似新闻的标题，要揭示主题，简短醒目。

（2）导语。导语通常用简明的一句话或一段话概括全文的主旨或主要内容，给读者一个总的印象。导语的写法多种多样，有提问式、结论式、描写式、叙述式等。导语一般要交待清楚谁（某人或某单位），什么时间，干什么（事件），结果怎样等内容。

（3）主体。主体用足够的、典型的、有说服力的材料，把导语的内容加以具体化。

（4）结尾。结尾或指明事情发展趋势，或提出希望，表达今后打算。如果主体部分已经把事情说清楚，则不必加结尾。

（5）背景。即对人物、事件起作用的环境条件和历史情况。背景可以穿插在各个部分。

（三）报尾

报尾在简报末页，用间隔横线和报核分开。报尾内容比较简单，只需写明报送什么机关、单位即可。

五、简报的编写要求

第一，简明。简明是简报存在的基础。这就要求简报一要主题集中，精选材料和概述事件过程；二要文字凝练，一句能说明白的，绝不用两句，力避行文唠叨；三要力求通俗易懂，不用不规范的缩略语，避免用费解和生造的词语、欧化句子、意思不确定的话。

第二，扼要。扼要是从简报内容方面说的，即反映情况不能求全贪多，要抓住重点、要害。首先要求抓住重要问题，如典型性事物，值得注意的苗头，有意义的材料，有启发性的经验、做法等。其次要突出重点，使人一眼就能看清问题所在，不可胡子眉毛一把抓，写成"流水账"。

第三，及时。及时就是简报编写者要有强烈的时间观念，要发现问题快，写得快，印送快。当然也不能毛毛糙糙，粗制滥造。会议简报更是如此。要帮助领导了解会议情况，及时地引导会议；代表们或各组间要通气，这样就要求简报快马加鞭。

第四，实在。实在是简报的生命。编写简报时，一要严禁虚构伪造，也不能报喜不报忧；二要防止主观片面，以偏概全；三要注意分寸尺度，事实本身怎样就应怎样写，不能拔高嫁接，也不能添枝加叶；四要文风朴实，切忌"假、大、空、套"。

任务四
解说词

任务驱动

　　武汉软件工程职业学院承办了 2012 年全省大学田径运动会，11 月 9 日的开幕式上，3000 多名学生要表演大型文艺节目《扬帆远航》，表演共四十多分钟，由"集结出发""青春律动""千帆相竞"三个篇章组成。程欣怡作为校报记者，被学校选中，参与文艺表演解说词的撰写。他深深地感到责任的重大和使命的光荣，决心竭尽全力，精心撰写。请你查阅相关资料，观看学校刻制的大运会开幕式视频，代他起草这份解说词。

【范文赏析】

导游黄山解说词

　　在大自然神斧的造化下，黄山以其独特的风貌耸立在皖南山区。它似一幅天然的画卷，一首无声的诗。它广积华山之险峻、岱岳之雄伟、衡岳之烟云、匡庐之瀑布，是中国名山中一颗璀璨的明珠。我国明代著名的旅行家徐霞客曾这样评价黄山："五岳归来不看山，黄山归来不看岳。"北京人民大会堂客厅内亦悬挂一幅黄山迎客松；国画大师刘海粟曾于 1988 年实现了十登黄山的夙愿，可见黄山是以多么瑰丽的雄姿吸引天下的游人。特别是近几年，四海嘉宾，五洲游客都慕黄山之美名，千里迢迢辗转逗留，共赏这座值得中华民族骄傲的天下名山。

　　黄山，位于中国安徽省南部，属中国南岭山脉的部分，全山面积约 1200 平方公里。我们要游览的黄山风景区是黄山的精华部分，面积约 154 平方公里。它在黄山市境内，南邻歙县、徽州区、休宁县和黟县，北连黄山区；这五个县、区也都属于黄山市管辖。

　　黄山在中国唐代以前叫黟山，黟是黑样子，因为山上岩石多青黑青黑的，古人就给它起这样一名字。传说咱们中华民族的先祖轩辕黄帝在完成中原统一大业、开创中华文明之后，来到这里采药炼丹，在温泉里洗澡，因而得道成仙。唐朝著名的皇帝明皇李隆基非常相信这个说法，就在天宝六年（747 年）下了一道诏书，将黟山改名黄山。意思是，这座山是黄帝的山。从那以后，黄山这个名字就一直到现在。

　　朋友们，你们不远千里，甚至万里到这里，不就是要亲眼看一看黄山的美吗？不就是要感受一次人生快乐吗？是的，黄山是绝美的，可谓天下奇山，能够登临它，亲眼看看它，确实是人生的一大乐事。在很久很久以前，在漫长地质历史中，大自然的无穷力量，塑造了黄山那绝美的风采和奇特的景观，令人倾倒，令人心醉。

　　黄山的美，首先就美在它的奇峰。这里千峰竞秀，峰峰称奇，各有特色，各具神韵。黄山奇峰到底有多少，还没有一个确切数字。历史上先后命名的有 36 大峰、36 小峰，近年又有 10 座名峰入选《黄山志》。这 80 多座山峰的高绝大多数都在海拔千米以上，其中莲花峰最高（1864 米），光明顶次之（1860 米），天都峰排行老三（1810 米），这三大峰和风姿独秀的始信峰（1668 米），前往黄山的朋友，哪怕登上这四座奇峰中的一个，也算不虚此行了。

　　下面，我再把黄山"四绝"分别作个介绍。

　　说起黄山"四绝"，排在第一的当是奇松。黄山松奇在什么地方呢？首先是奇在它无比顽强的生命力，你见了不能不称奇。一般说，凡有土的地方就能长出草木和庄稼，而黄松则是从坚硬的黄冈岩石里长出来的。黄山到处都生长着松树，它们长在峰顶，长在悬崖峭壁，长在深壑幽谷，郁郁葱葱，生机勃勃。千百年来，它们就是这样从岩石迸裂出来，根儿深深扎进岩石缝里，不怕贫瘠干旱，不怕风雷雨雪，潇潇洒洒，铁骨铮铮。你能说不奇吗？其次是，黄山松还奇在它那特有的天然造型。从总体来说，黄山松的针叶短粗稠密，叶色浓绿，枝干曲生，树冠扁平，显出一种朴实、稳健、雄浑的气势，而每一处松树，每一株松树，在长相、姿容、气韵上，又个个不同，都有一种奇特的美。人们根据它们的不同形态和神韵，分别给它们起了贴切自然而又典雅有趣的名字，如迎客松、黑虎松、卧龙松、龙爪松、探海松、团结松等。它们是黄山奇松的代表。

怪石，是构成黄山胜景的又一"绝"。在黄山到处都可以看到奇形怪异的岩石，这些怪石的模样儿千差万别，有的像人，有的像物，有的反映了某些神话传说和历史故事，都活灵活现，生动有趣。在121处名石中，知名度更高一些的有"飞来石""仙人下棋""喜鹊登梅""猴子观海""仙人晒靴""蓬莱三岛""金鸡叫天门"等。这些怪石有的是庞然大物，有的奇巧玲珑；有的独立成景，有的是几个组合或同奇松巧妙结合成景。还有些怪石因为观赏位置和角度变了，模样儿也就有了变化，成了一石二景，如"金鸡叫天门"又叫"五老上天都"，"喜鹊登梅"又叫"仙人指路"，就是移步换景的缘故。也还有些怪石，在不同条件下看，会产生不同的联想，因而也就有了不同的名字，如"猴子观海"又叫"猴子望太平"便是。

再说云海。虽然在中国其他名山也能看到云海，但没有一个能比得上黄山云海那样壮观和变幻无穷，大约就是这个缘故。黄山还有另外一个名字，叫"黄海"。这可不是妄称，是有历史为证的。明朝有位著名的史志学家叫潘之恒，在黄山住了几十年，写了一部60卷的大部头书——黄山山志，书名就叫《黄海》。黄山的一些景区、宾馆和众多景观的命名，都同这个特殊的"海"有关联，有些景观若在云海中观赏，就会显得更加真切，韵味也更足了。这些也都证明，"黄海"这个名字是名副其实的。

最后，介绍一下温泉。我们常讲的和游览的温泉是前山的黄山宾馆温泉，古时候又叫汤泉，从紫石峰涌出。用它命名的温泉景区，是进入黄山南大门后最先到达的景区。温泉水量充足，水温常年保持在42度左右，水质良好，并含有对人体有益的矿物质，有一定的医疗价值，对皮肤病、风湿病和消化系统的疾病，确有一定的疗效。但是只能浴，不能饮。过去说它可以饮用，是不科学的。

其实，黄山温泉不止一处。在黄山北坡叠嶂峰下，还有一个温泉，叫松谷庵，古称锡泉。它与山南的宾馆温泉水平距离7.5公里，南北对称，遥相呼应。这也够奇的了。不过因为它地处偏僻目前还未开发利用。

除了"四绝"之外，黄山的瀑布、日出和晚霞，也是十分壮观和奇丽的。

黄山，山高坡陡，溪流从高山峡谷中奔涌出来，从陡谷悬岩上飞落下来，就形成瀑布。"山中一夜雨，处处挂飞泉"，就是黄山温存的生动写照。黄山瀑布很多，最壮观的有"九龙瀑""人字瀑"和"百丈瀑"。

黄山四季分明：春天青峰滴翠，山花烂漫；夏季清凉一片，处处飞瀑；秋天天高气爽，红叶如霞；寒冬则是银装素裹，冰雕玉砌。黄山确实是一个旅游、避暑、赏雪的绝好去处。

黄山素以"奇松、怪石、云海、温泉"四绝闻名天下。那72峰、24溪、2湖、3瀑，峰峰奇特，溪溪曲折，极尽天下山水之美，更聚名山大川之胜。据考证，100多万年前，黄山是一个冰封雪飘的世界。第四纪冰川时期，那尖硬的冰层挟着石砂，撞开岩石的裂缝，冲刷掉风化的岩石，自然之力似无数把锋利的刻刀雕琢着各种岩体，塑造成多种优美的形态，经风雨剥蚀，剩下的尽是黄山的风骨，黄山的灵魂。

（资料来源：传媒配音网 http://www.cmpy.cn，略改）

[简评] 黄山历来享有"五岳归来不看山，黄山归来不看岳"的美誉，是中国唯一拥有世界文化遗产、自然遗产和世界地质公园两顶世界桂冠的景区。这篇介绍这一风景名胜的解说词，不仅抓住了黄山奇松、怪石、云海、温泉等自然风貌的"四绝"特征，也渲染了它的历史文化底蕴。解说词文辞优美，引人入胜，即使不看画面，也能让人充分领略黄山的磅礴气势、雄伟壮丽，堪称一篇绝佳的写景散文。

【知识聚焦】

2012年，央视纪录片《舌尖上的中国》风靡大江南北，电视画面呈现的美食生态固然赏心悦目，倘若没有解说词的画龙点睛，恐怕也不会令人垂涎欲滴。解说词就是结合事物的实物、图像等进行解释说明的文辞，广泛应用于科技、艺术、文教、旅游等领域，有着强大的生命力和广泛的实用价值。

一、解说词的含义

解说词是对人物、画面、展品或旅游景观进行讲解、说明、介绍的一种应用性文体，采用口头或书面解释的形式，或介绍人物的经历、身份、所做出的贡献（成绩）、社会对他（她）的评价等，或就事物的性质、特征、形状、成因、关系、功用等进行说明。解说就是解释说明。解说的范围非常广泛，如影、视、剧的解说，文物古迹的解说，专题展览的解说，商品知识的解说，某个典型人物、某个问题或事件的解说等。

解说词的作用主要有：一是发挥对视觉的补充作用，让观众在观看实物和形象的同时，从听觉上得到形象的描述和解释，从而受到感染和教育；二是发挥对听觉的补充作用，即通过形象化的描述，使听众感知故事里的环境，犹如身临其境，从而达到情感上的共鸣。

二、解说词的类型

根据解说对象的不同，解说词可以分为：

第一，实物解说。被解说的对象是各种静态的实物。如文物藏品、人物图片、历史遗迹、各种产品、标本等。

第二，画面解说。解说对象是动或静的画面。如电影、电视、美术作品等。

第三，音响解说。解说对象是音乐、广播剧以及电影录音等。

按照解说词语言特色，又可分为文学性解说词和平实性解说词。电影电视风光片的解说词、参观游览的导游词多用文学手法，语言绚丽多彩，情感真挚浓郁；而新闻纪录片、科普影片以及生产成就等的解说词，语言多朴实真挚。

三、解说词的特点

无论是口语解说词还是书面解说词，都具有如下特点：

第一，实用性。解说的目的是让听众或观众对解说对象加深认识，增进了解，受到教育或感染，其目的非常明确，实用性非常强。

第二，说明性。解说词是配合实物、图画或音响的文字说明，客观存在既要便于讲解，又要便于听众或观众一目了然。一般用简洁的文字把对象介绍给听众或观众，使其借助简明的文字介绍，对实物、图画或音响获得深刻认识。

第三，文艺性。解说词不是干巴巴的说明和说教，而是通过富于感染力的、形象的语言对实物和形象进行描绘，使其生机勃勃，甚至震撼人心，感人肺腑。因此，人们常常认为一篇好的解说词就是一首感人的诗词。

四、解说词的写作格式

（一）结构方式

解说词一般包括标题、开头、主体、结尾四部分，通常有以下四种结构形式：

1. 描述型一般以时间的先后作解说的顺序，对说明对象进行内在或外部的说明。
2. 介绍型一般按照事物空间存在的形式，或从外到内，或从上到下，或从整体到局部，把事物的名称、类型、特点、功用等依次解释明白。
3. 分析型一般按照事物的内在逻辑关系安排顺序。这种内在的逻辑关系或为因果，或为递进，或为主次，或为总分，或为并列等。其基本方法是从一般原理到特点结论，或从一系列事实抽提出一般原理。
4. 一般认识型则按照人们认识事物的规律和习惯，由浅入深、由近及远、由抽象到具体等，对事物体进行解释说明。

（二）表达方式

解说词的主要表达方式是叙述和说明，有时是叙述、说明、描写、抒情、议论相结合。优秀的解说词，往往是夹叙夹议兼抒情的散文或散文诗。

五、解说词的写作要求

第一，抓住典型特征。深入了解解说对象，对其作全方位研究，是精确介绍、生动描述的前提。在解说中应恰当地运用对比联想、点面结合、由此及彼、由表及里等多种方法，突出解说事物的特征、揭示事物的本质、说明事物的意义，这是保证解说质量的关键。

第二，感情真挚浓郁。撰写解说词必须倾注真挚的情感，对所解说的事物或褒或贬，爱憎分明，对赞颂的事物充满真心的喜爱，对鞭挞的事物则怀有切肤之恨，这样写出来的解说词才能感染听众或观众，达到移情于人、宣传教育的效果。

第三，语言准确生动。解说词不仅概念、判断要准确，表述要严密，还要力求将静止的事物动态化、枯燥的东西趣味化、抽象的事理形象化、高深的知识通俗化、复杂的程序简单化。除了语言形象外，还可以运用排比、对偶、反复等修辞手段，以增强生动性和感染力。

第四，眉目条理清晰。解说词一般按照实物陈列顺序或画面推移顺序撰写。陈列的各实物或画面有相对独立性，在解说词里，应该节段分明，每一件实物或一个画面有一节或一段文字说明。在书面形式上，或用标题标明，或用空行表示。

【写作实训】

一、简要回答

1. 消息的特点体现在哪些方面？
2. 消息和通讯写作的异同有哪些？
3. 解说词的写作要求是什么？

二、病文评改

1. 请评析并修改下面这则消息。

我校迎来 2017 级新生报到

9月7日至8日是我校2017级新生报到的时间。

初秋的校园，秋高气爽，风和日丽，湛蓝的天空在朵朵白云的映衬下显得格外高远澄澈。看校园内外，彩旗飘扬，喷泉飞溅，人流如织，歌声嘹亮，处处呈现出一派喜气洋洋的气氛。

在学校领导的高度重视及各部门的周密部署下，我校2017年迎接新生各项准备工作提前启动和到位。9月7日早上6点，全部迎新人员均已到位。在新生咨询、注册、报名、收费、饭卡发放、公寓用品领取、绿色通道、维修站、车辆引导等环节，工作人员在图书馆前面的广场及校园内有秩序地展开工作。迎新志愿者们更是用真诚贴心的服务为远道而来的新生及家长消除了旅途的疲惫。整个迎新现场布置合理，工作有序，细致温馨，让新同学一入校就体会到了归属感。

这样看来，迎新是一种情结，迎新是一种文化，迎新是一种互帮互助的精神，迎新是一种无私奉献的情谊。这种精神就飘扬在校园里，通过一届又一届优秀的××学院人不断传承，在你我身边发扬光大。

2. 请评析并修改下列简报报道。

4月8日中午12点，原南苑冷库主任兼党支部书记潘××、副主任史××被丰台区检察院拘传。对此，南苑冷库干部、职工反应强烈。有些人哭了。多年来思想上认为"贪污有罪，浪费无罪"的观念受到冲击。主要有以下几种反应：

一、引咎自责

原冷库主任×××（现退二线）是个老干部，在潘、史二人被拘传后，哭得很伤心，认为自己没有尽到责任，没有带好青年干部。××股长也落泪了，说自己没有给领导当好参谋。现冷库主任×××也哭了，认为潘、史二人被拘传是冷库的耻辱。

二、对潘、史二人抱有同情心

有相当一部分干部对潘、史二人有同情心理，认为南苑冷库烂菜的责任不应由他们二人全部承担。潘××本人不懂业务而被任用为冷库主任，公司有责任；他来冷库工作时间不长，冷库基础又不好，职工素质差，不好管理，前任领导也应负有一定的责任。更多的干部、职工认为，给潘、史二人撤销党内外一切职务的处分就可以了，根本没有想到浪费还要负刑事责任，思想上一时接受不了。

三、有些干部、职工产生后怕心理

潘、史二人被拘传后，一些干部、职工产生畏惧心理，怕继续往下追查，有的基层干部表示不愿再负责任了。有两个女职工劝丈夫不要在单位当领导、负责任了。

针对以上情况，4月8日下午，××办、××局、××公司在南苑冷库的企业整顿工作组召开了冷库全体职工大会，要求冷库干部、职工稳定情绪，维持正常工作秩序，做好工作，并且分别做了家属工作。4月10日上午，调查组×××、×××同志，去冷库了解情况，听取干部、群众的反映，要求冷库领导和工作组要高度重视职工的情绪，做好思想政治工作；坚守岗位，抓好工作；组织职工学习刑法，开展法制教育。4月10日上午，市检查组要求××局××同志亲自去冷库加强思想政治工作，防止发生意外事故，保证冷库生产的正常进行。

三、单项写作

1. 请从近期报刊上搜集至少3种不同的导语，分析其写作特点。
2. 以下材料是一则消息的主体部分，请为其拟写标题和导语。

尽管过去4年留在武汉的大学生数量逐年提升，但对比北、上、广、深，武汉市大学生创业就业工作仍存在一定提升空间。

武汉市委组织部副部长孙志军说，此次新政从大学生安居落户、促进就业、支持创业、高效服务等方面破解大学生留汉痛点，变"以给钱为主"为"以优化环境为重"，变"事前补贴"为"事后奖励"，变"分期零星补贴"为"验收后一次性奖励"，变"以补贴个人为主"为"奖励用人单位为主",以吸引更多年轻学子扎根武汉。

据悉,武汉市将放宽大学生落户条件,毕业3年内普通高校大学生,凭毕业证、创业就业证明即可落户;毕业超过3年的普通高校大学生,在汉有合法稳定住所,与就业单位签订劳动合同、在汉连续参加城镇社保1年以上,创业的正常经营半年以上,可申请登记为武汉市常住户口;每年建设筹集50万平方米以上人才公寓,5年内满足20万人租住需求,每套40至60平方米,可拎包入住;毕业3年内普通高校大学生、在汉创业就业,且家庭在本市无自有住房的,均可申请;同时,以奖励形式发放"人才住房券",可冲抵购、租房款。

在促进就业方面,武汉市5年内组织建设3000个以上大学生实习(训)见习基地,提前让企业与大学生对接;开发1万个基层社会服务岗位,吸纳应届大学毕业生就业。

这些政策措施不仅适用从武汉高校毕业的大学生,同样适用于全国其他高校毕业来汉创业就业的大学毕业生。

3. 请上网观看《舌尖上的中国》,并下载一集解说词予以品读,撰写一篇不少于500字的解说词鉴赏文章。

四、综合写作

2018年12月26日晚,武汉软件工程职业学院在校体育馆召开2017～2018学年度奖学金表彰大会。分管学生工作的校党委副书记,学工处和团委负责人、各系分管学生工作的党总支书记、1000余名获奖学生参加了表彰大会。为了提升通讯员实践能力和写作水平,校团委主办的内部刊物《团学通讯》选派了多名得力干将参与此次活动的文书撰写工作。会前,大家完成了会议通知和会议议程的制定,起草了校领导讲话稿。会后,大家采编了一则消息挂校园网,采访了数位获奖优秀学生,撰写了多则人物通讯,并编发了一期奖学金评选表彰的简报。

请全班同学分成若干学习小组,合作完成上述情境中的文书撰写工作,其中,人物通讯只需完成一则,在本校寻找一位优秀学生进行深度访谈后撰写。

模块六 科技文书

【情境导入】

李霄云是武汉某职业学院 2015 届软件技术专业的毕业生,毕业后进入上海某软件公司从事软件开发工作。大学毕业时,李霄云已经设计好了自己的职业生涯路线,他要管理、技术"两条腿走路":自己具备良好的组织管理、人际沟通能力,将努力在行政管理方面有所作为,争取行政职务几年上一个台阶;他也酷爱软件开发,更要不断提升专业技术职务,他立誓 7 年内评上工程师,再工作 5 年,评上高级工程师,然后争取在 40 岁之前评上教授级高级工程师。为了这一职业生涯目标的实现,李霄云不仅抓紧自修软件技术专业的本科课程,同时积极撰写科技论文。因为他查阅了职称评审文件,获悉无论是评工程师、高级工程师,还是教授级高级工程师,不仅需要创造工程项目的良好业绩,还需要公开发表若干篇科技论文,专业技术职务级别越高,需要发表的论文数量越多、质量越高。功夫不负有心人,投出数篇论文后,2019 年 12 月,一专业学术期刊发来了稿件录用通知书,李霄云难掩内心的喜悦,也坚定了笔耕不辍的信心。

【知识聚焦】

科技文书是科学技术研究、交流、管理、运用等工作中经常使用的,具有特定社会功能、读者对象、专门格式的一类应用文书。

科技文书的种类较多,主要有科技报告类、科技说明类和科技论文类。科技报告类文书主要有实验报告、实践报告、考察报告、科研报告等。科技说明类文书主要有科普文章、专利申请书等。科技论文类文书主要有学术论文、科技论文,通常将表述学术观点的自然科学论文或社会科学论文称为学术论文,将应用技术方面的论文称为科技论文。

科技文书具有如下特点:

第一,科学性。科技文书以科技成果为表述对象,以学术见解为论文核心,在科学实验(或试验)的基础上阐述学术成果和学术见解,探索科技领域的客观真理,推动科学技术的发展。科技文书在内容和形式上都应具有科学性。内容上要求从客观实际出发,真实记录科技领域里的信息和成果,做到材料真实可信、数据确凿,材料必须能够支持观点,结论必须揭示事物的本质和规律,形式上要求遵从严格的逻辑推理,语言表达准确、简明、严谨。

第二,创新性。科技论文必须是在作者本人研究或参与研究的基础上,在科学理论、方法或实践上获得的新进展或突破,应体现与前人不同的新思路、新方法、新成果。

第三,规范性。科技文书不仅要求用事实和数据说话,用语准确,论证严密,结构合理,而且在长期使用过程中形成了比较固定的格式,其写作要遵循国家标准局发布的《科学技术报告、学位论文和学术论文的编写格式》《文后参考文献著录规则》等规定的格式要求。

第四,实用性。科技文书是记载和描述科学技术发展、产品更新换代、交流科技信息的重要工具,具有实用性的特点。如将一项发明转化为产品,该发明的专业论文和专利申请书就具有鲜明的实用性。

任务一

实验报告

任务驱动

王雨林是武汉某职业学院环境与生化工程系生化制药专业2017级的一名学生。大学期间,他和同班同学经常要在老师带领下,在实验室里进行化学实验。每次实验,他们都要根据实验记录,按照实验报告的格式要求,写成一篇实验报告。你知道实验报告如何写作吗?

【范文赏析】

基站接收机射频专题实验报告

一、实验目的

接收信道作为一个单独的功能模块,由于基站设备相较于终端手持设备有更高性能要求,因此在电路方案的设计上对一些关键的性能指标做了冗余考量,因而打算采用一些新的器件选型,针对这些新的器件选型,安排了这次专题实验。

本次专题实验内容主要是针对射频前端链路的预估和验证,通过测试和比较不同电路方案的效果,以便在具体设计时做出合理的详细设计方案。

二、实验过程

射频滤波器

基站接收模块对前端的射频带通滤波器的基本要求是:①带内插入损耗小,具备较低的噪声系数;②矩形系数好,具备良好的带外抑制;③带内波动小,具备一致平坦的频率响应;④功率容限较高,具备一定的功率承载能力。

依据以上几点基本要求,我们考虑了三种射频带通滤波器形式:声表面滤波器、螺旋滤波器和分立元件搭建的滤波器。

通过测试得出:

表1 三种滤波器的性能比较(略)

低噪声放大器

基站接收模块对前端的低噪声放大器的基本要求是:①较低的噪声系数;②较高的增益;③较低输入输出端口反射系数,以便获得高效率的功率传输;④较高的线性度,具备较高的 P1dB 和 OIP3;⑤最好具备自动增益控制功能,以便获得更大的动态范围。

依据以上几点基本要求,我们考虑了两种低噪声放大器形式:MMIC 集成低噪放和以 BFG540W 搭建的低噪放,通过测试得出(Center:353MHz):

表2　两种低噪声放大器的性能比较（略）

射频前端级联链路

射频前端链路包括射频带通滤波器和低噪声放大器级联组成，具体级联形式如图所示：

图1　射频前端链路级联形式（略）

图2　滤波器和放大器级联的性能比较（略）

三、实验结论

通过这次专题实验，我们可以做出以下结论：

螺旋滤波器和MMIC低噪声放大器SPF5043Z级联组成的射频前端链路是一个很好的选择，理由有以下几点：

（1）螺旋滤波器具有很低的带内插损，加之SPF5043Z优良的噪声系数（0.6dB），使得整个射频前端的噪声系数处在一个很低的水平，这对接收机高灵敏度的贡献将十分显著。

（2）螺旋滤波器具有很好的矩形系数，加之SPF5043Z合适的增益，使得接收系统具备良好的选择性和灵敏度。

（3）这个链路组合具有很低带内波动（<0.5dB），对天线端接收到的微弱信号具有较高的保真度。

（4）螺旋滤波器功率容限较声表面滤波器高，加之SPF5043Z较高的1dB压缩点，使得射频前端具备较高的线性度和动态范围，再配合高线性度的无源双平衡混频器，使得系统具备了宽接收动态范围的条件。

但是，目前这个链路设计并没有考虑自动增益控制（AGC），这对实际中频繁出现的进场强信号的接收具有一定的挑战，这一点不可忽视，在具体的设计中将采取一定的措施。

（资料来源：吴希，《商情》，2019年23期）

［简评］　这篇实验报告针对射频前端链路的预估和验证，通过测试和比较不同电路方案的效果，以便在具体设计时做出合理的详细设计方案。全文从实验目的、实验材料、实验过程、实验结论四个方面，也即按照"为什么实验""怎么做实验""实验得出了什么"的逻辑顺序，分析说明了实验的目的、条件、内容、方法、结果等，思路清晰，目的明确，步骤合理，总结部分进行了深入探究和思考，得出了可行性办法和较有价值的结论，是一篇比较好的实验报告。

【知识聚焦】

一、实验报告的含义

实验报告是在科学研究活动中，通过实验中的观察、分析、综合、判断等，如实记录、描述科学实验的目的、方法、过程和结果等的书面记录材料，是科研人员记录、反映科学实验成果的一种形式。

实验报告必须在科学实验的基础上进行，其中常使用术语、符号、公式、并借助图表等来进行表述。

二、实验报告的类型

实验报告的类型因科学实验的对象而异。如化学实验的报告叫化学实验报告，物理实验的报告叫物理实验报告。实验报告也可以根据实验的内容进行分类，如熔点的测定实验报告、光的偏振实验报告等。

实验报告还可以根据实验的类型分为验证型实验报告、设计型实验报告、科学研究型（创新型）实验报告和综合型实验报告。

随着科学事业的日益发展，实验的种类、项目等日见繁多，但其格式大同小异，相对比较固定。

三、实验报告的特点

第一，确证性。实验报告所记录的实验结果，要经得住任何人的重复和验证。

第二，记实性。对实验的过程和结果必须如实记录，不能歪曲事实，捏造实验数据。

第三，程式性。实验报告表达要规范，文字应简明，常使用专用的报告单或比较固定的报告格式。

四、实验报告的写作格式

不同的实验种类、实验方法，其实验报告的写法不尽相同，但一般都包括如下内容：

（一）实验名称

实验名称即实验报告的标题。标题力求明确醒目，一般由"实验内容＋文种"构成，如《气垫导轨上的电磁感应实验报告》。如验证某程序、定律、算法，可写成《验证×××》《分析×××》或《×××实验报告》。

（二）实验目的

实验目的要明确，说明为什么做实验，要解决什么问题。有时候为了更好地说明实验目的，还要交代实验的背景或以前的研究情况。

（三）实验环境、配置和器材

写清实验用的软硬件环境、配置和器材，说明实验中使用的主要仪器设备及试样、材料的种类、数量、材质、处理方式、规格等。

（四）实验步骤及方法

按照实验的先后顺序逐条描写实验的主要步骤及实验操作方法、过程。必要时还应画出实验流程图（实验装置的结构示意图），再配以相应的文字说明，这样既可以节省文字说明，又能使实验报告简明扼要，清楚明白。

（五）实验结果及分析

实验结果包括对实验现象的描述，实验数据的处理等。首先简要说明实验获得的数据（包括数值数据和观察到的现象）。实验数据必须以实验原始记录为依据，并且对原始数据进行加工、整理，然后描述处理数据运用的计算方法、排序的规则等，最后以规范的表格、图形、图像等形式将数据处理的结果展现出来。

对于实验结果的表述，一般有三种方法：

1. 文字叙述

即根据实验目的将原始资料系统化、条理化，用准确的专业术语客观地描述实验现象和结果。

2. 图表

即用表格或坐标图的方式使实验结果突出、清晰，尤其适合分组较多的实验，便于相互比较，使组间异同一目了然。每一图表应有表目和计量单位，应说明一定的中心问题。

3. 曲线图

即应用记录仪器描记出的曲线图，能够使实验结果形象生动、直观明了。

研究者根据实验研究的客观事实和结论，结合自己的经验与认识，讨论与研究与实验结果有关的问题，可以对研究进行解释，也可以提出自己的观点、建议和设想，还可以写出本次实验的心得或针对实验进行讨论。

（六）实验结论或建议

结论是实验报告主体的最后部分，是对实验全过程进行总结。结论不是具体实验结果的再次罗列，是针对这一实验所能验证的概念、原则或理论的简明总结，是从实验结果中归纳出的一般性、概括性的判断。比如实验仪器对本实验的适应性，实验的方法还可以应用于哪些实验，本实验还应在哪些方面进行改进，等等。实验结论应严谨、客观、准确、简练。

五、实验报告的写作要求

第一，认真记录。实验是实验报告写作的依据，在实验中只有细心观察，认真做好记录，才能如实反映出实验过程和结果。实验原始记录包括实验名称、实验地点、实验人员、实验所用的仪器设备、试样及材料、实验过程、实验中观察到的现象、实验获得的数据、实验中遇到的困难及解决困难的方法等各项实验信息，是实验的宝贵资料。

第二，客观分析。实验报告是实验过程和结果的反映，要实事求是地分析各种现象发生的原因。不能为了印证一些实验现象而修改数据，假造实验现象和结果。

第三，详略得当。在撰写实验报告时，要详写研究过程、结果分析、讨论等内容，略写课题研究背景、目的、意义、方法等。

第四，程式规范。实验报告格式要正确，表述要规范，文字要简明，尽量采用专用术语来说明事物，符号、公式要准确。

任务二　实习报告

任务驱动

大学三年级时，由环境与生化工程学院系统一安排，王雨林在湖北一家颇有名气的化工企业进行了为期半年的顶岗实习。实习期间，他踏实勤奋，将所学专业知识运用到实践中，虚心向公司员工学习请教，觉得自己收获很多，专业技能大有长进。实习结束后，他要整理实习日志，撰写一篇实习报告交到学院。

实习并撰写实习报告是每个大学生都要完成的任务，你知道实习报告应该如何写作吗？

【范文赏析】

会计×电算化专业实习报告

一、引言

实习是每个学生都拥有的一段经历，它使我们在实践中了解社会，让我们学到了很多在课堂上学不到的知识，还能开阔视野，增长见识，为我们走向社会奠定坚实的基础。做好会计工作不仅要学好书本里的各种会计知识，而且要认真积极地参与各种会计实习，让理论和实践有机结合在一起,只有这样才能成为一名高素质的会计专业人才。为此,根据学习计划,我于今年12月到一家已实施了会计电算化的单位——××实业有限公司进行了为期一个月的实习。

××实业有限公司主要从事电线电缆的生产和销售业务,公司规模较大,财务分工也比较细。在此次实习中,我的指导老师是一位姓赵的会计师,实习岗位是财务会计,有些时候还会做些杂务,比如打扫卫生和撕贴纸,这些并没有谁要求我去做,但是我自觉去做,且尽自己的努力做到最好。

此次实习的主要目的是尝试把所学的会计电算化专业相关理论知识运用到实践中,熟悉会计的工作流程,掌握会计工作的方法和程序步骤,培养人际沟通能力和团队精神,为步入职场成为财务会计做准备。

二、实习内容

(一)根据经济业务填制原始凭证和记账凭证

1. 原始凭证:是指直接记录经济业务、明确经济责任、具有法律效力并作为记账原始依据的证明文件,其主要作用是证明经济业务的发生和完成的情况。填写原始凭证的内容为:原始凭证的名称,填制凭证的日期、编号、经济业务的基本内容、填制单位及有关人员的签章。

2. 记账凭证:记账凭证是登记账簿的直接依据,在实习计算机处理账务后,电子账簿的准确和完整性完全依赖于记账凭证,操作中根据无误的原始凭证填制记账凭证。填制记账凭证的内容:凭证类别、凭证编号、制单日期、科目内容等。

(二)根据会计凭证登记日记账

日记账一般分为现金日记账和银行存款日记账,它们都由凭证文件生成。计算机账务处理中,日记账由计算机自动登记,日记账的主要作用是用于输出现金与银行存款,日记账供出纳员核对现金收支和结存使用。要输出现金日记账和银行存款日记账,要求系统初始化时,现金会计科目和银行存款会计科目必须选择"日记账"标记,即表明该科目要登记日记账。

(三)根据记账凭证及所附的原始凭证登记明细账

明细分类账簿亦称明细账,它是根据明细分类账户开设账页进行明细分类登记的一种账簿,输入记账凭证后操作计算机则自动登记明细账。

(四)根据记账凭证编科目汇总表

科目汇总表也由凭证文件生成,其编制方法为用户输入需汇总的起止日期,则计算机自动生成相应时间段的科目汇总表。

(五)根据科目汇总表登记总账

根据得出的科目汇总表操作计算机,计算机产生出对应的总账。

(六)对账(编试算平衡表)

对账是对账簿数据进行核对,以检查记账是否正确,以及账簿是否平衡。它主要是通过核对总账与明细账、总账与辅助账数据来完成账账核对。一般来说,计算机记账后,只要记账凭证录入正确,计算机自动记账后各种账簿应该是正确的、平衡的,但由于非法操作、计算机病毒或其他原因有可能会造成某些数据被破坏,因此引起账账不符。为保证账账相符,应经常进行对账,每月至少一次,一般在月末结账前进行。

三、实习结果

通过此次实习,不仅培养了我的实际动手能力,增加了实际操作经验,缩短了抽象的课本知识与实际工作的距离;同时也让我认识到了传统手工会计和会计电算化的共同之处和不同之处。

(一)共同点

1. 无论是传统手工会计还是电算化会计其最终目标仍是为了加强经营管理,提供会计信息,参与经济决策,提高经济效益。

2. 传统手工会计和电算化会计都要遵守会计法规，会计法规是会计工作的重要依据。

3. 传统手工会计和电算化会计都遵循基本的会计理论与会计方法及会计准则。

4. 传统手工会计和电算化会计基本功能相同。基本功能为：信息的采集与记录、信息的传输、信息的存储、信息的加工处理等。

5. 保存会计档案。

6. 编制会计报表。

（二）不同点

1. 运算工具不同。传统手工会计运算工具是算盘或电子计算器等，每运算一次要重复一次，由于不能存储运算结果，人要边算边记录，工作量大，速度慢。电算化会计的运算工具是电子计算机，数据处理由计算机完成，能自动及时地存储运算结果，人只要输入原始数据便能得到所希望的信息。

2. 信息载体不同。传统手工会计所有信息都以纸张为载体，占用空间大，不易保管，查找困难。电算化会计除了必要的会计凭证之外，均可用磁盘、磁带做信息载体，它占用空间小，保管容易，查找方便。

3. 账簿规则不同。传统手工会计规定日记账、总账要用订本式账册，明细账要用活页式账册；账簿记录的错误要用画线法和红字法更正；账页中的空行、空页要用红线画消。电算化会计不采用传统手工会计中的一套改错方案，凡是登记过账的数据，不得更改（当然还是要辅以技术控制），即使有错，只能采用输入"更改凭证"加以改正，以留下改动痕迹。对需要打印的账页的空行、空页可以用手工处理。

4. 账务的处理程序（会计核算形式）不同。传统手工会计处理账务的程序有 4 种，但都避免不了重复转抄与计算的根本弱点，伴之而来的是人员与环节的增多和差错的增多。成熟的电算化会计的账务处理程序用同一模式来处理不同企业的会计业务，成本核算程序以软件固化形式在计算机里，从会计凭证到会计报表的过程都由计算机处理完成后，而任何要求的输出都能得到满足。

以上种种区别，集于一点，就是由于电算化会计数据处理方式的改变，引起了传统手工会计各个方面的变化，这一变化将使得系统功能更为加强，系统结构更为合理，系统管理更为完善。

四、实习体会

以前，我总以为工作只要掌握了规律，照葫芦画瓢准没错，自己的会计理论知识较扎实，当一名出色的会计人员应该没问题。实习中才发现，会计工作其实更讲究的是实际操作和实践。离开操作和实践，其他一切都为零！

其次，就是会计的连通性、逻辑性和规范性。第一，每一笔业务的发生，都要根据其原始凭证，一一登记入记账凭证、明细账、日记账、三栏式账、多栏式账、总账等可能联通起来的账户。第二，会计的每一笔账务都有依有据，而且是逐一按时间顺序登记下来的，极具逻辑性。第三，在会计的实践中，漏账、错账的更正，都不允许随意添改，不容弄虚作假。每一个程序、步骤都得以会计制度为前提、为基础，体现了会计的规范性。

会计工作较为烦琐。实习初期，我曾因整天对着枯燥无味的账目和数字心生厌烦，以至账登得错漏百出，结果越错越烦，越烦越错。但后来我调整了心态，用心地做，细心地做，结果越做越有乐趣，越做越起劲。正如梁启超先生所言：凡职业都具有趣味的，只要你肯干下去，趣味自然会发生。因此，做账切忌粗心大意，马虎了事，心浮气躁。做任何事都一样，有恒心、细心和毅力，才会到达成功的彼岸！

仅仅一个月的会计实习，我将受益终生。

（资料来源：杨文丰. 高职应用写作. 北京：高等教育出版社，2010. 略改）

[简评] 这是一篇专业实习报告,按照"为什么实习""如何实习""实习的成效""实习的体会"的思路行文,条理非常清晰。全文着重介绍了实习内容、实习结果和实习体会,重点突出,根据实习情况进行了总结和思考,体现了实习报告的针对性、专业性、总结性等特点。

【知识聚焦】

实习是大学生学习过程中理论联系实际的重要环节,实习报告的撰写是大学生必须掌握的写作技能,是在实践中运用、整合、升华专业知识、培养综合能力的有效途径。

一、实习报告的含义

实习报告是在某项实习活动结束后,对实习经历进行分析、总结而写成的反映实习过程和结果、总结和收获等的书面报告。

二、实习报告的类型

实习报告按照内容划分,有生产实习报告、课程实习报告和毕业实习报告等。

生产实习报告。生产实习报告是学生通过生产实习直接了解生产过程和生产内容后撰写的实习报告。

课程实习报告。课程实习报告是学生通过课程实习将课堂上学到的知识运用到实际中,撰写的反映实习目的、过程、结果等的书面材料。

毕业实习报告。毕业实习报告是学生参加毕业实习后,反映毕业实习情况并撰写的实习报告,是对毕业实习阶段进行总结与说明的书面材料。

三、实习报告的特点

第一,专业性。实习报告反映了学生在自己所学的专业领域实习的实际情况,是对所学过的专业知识的运用及检视。

第二,总结性。实习报告通过对实习内容和过程的回顾和分析,对专业实习情况、收获体会和有关专业问题进行分析总结,梳理收获,找出不足。

第三,学术性。实习报告不是对实习过程的简单记录,而是在搜集整理实习材料的基础上,对材料进行分析、概括和深化,具有一定的学术价值和规范。

第四,写实性。实习报告是针对实习内容进行的写作,文章内容必须依据自己的实习经历,切忌凭空杜撰。要对材料进行概括和提炼,体现真实性和综合性。

四、实习报告的写作格式

实习报告一般由标题、前言、主体、结尾四部分构成。

(一)标题

实习报告的标题较为常见的是由"实习内容+文种"构成,如《酒店管理实习报告》,或者由"实习单位+文种"构成,如《××公司实习报告》;有的直接用文种名称《实习报告》,或者"专业名称+文种"作为标题,如《商务英语专业实习报告》。

(二)前言

前言也称引言,通常介绍实习的缘由、目的、意义、要求,实习的时间、地点、内容、实习单位的基本情况等,还可以对实习的感受、结果等作简要概括,以引出下文。

（三）主体

实习报告的主体内容一般包括以下三项：

一是实习内容、实习过程。实习内容是实习报告的重点，主要介绍实习者如何将学校学到的理论知识、方式方法运用到实践之中，侧重实际动手能力和实践技能的培养与提高。要求写得具体明确，层次清楚。

二是实习收获。将实习者观察体验的结果进行总结和分析，主要包括完成了哪些实习任务、实习结果如何，取得了什么成绩等，主要写出专业知识与技能应用方面的收获。

三是实习体会。通过实习，发现自己的专业知识和技能存在什么问题，今后努力的方向如何，对所学专业有什么思考和认识，以及对专业建设和课程设计方面的建议等。

（四）结尾

一般是对实习指导老师和实习单位的鸣谢。当然，这部分也可以省略。

五、实习报告的写作要求

第一，认真记录、收集实习资料。真实、丰富的实习资料是写好实习报告的基础。因此，从开始实习的那天起就要注意广泛收集实习资料，并认真记录。一般来说要搜集这三个方面的资料：一是实习单位的基本情况和运行情况；二是所学的理论知识在实践工作中是如何得到运用的；三是自己在实习过程中的收获与体会。

第二，详略得当、层次清楚、重点突出。简单介绍整个实习过程，侧重动手能力和技能的培养、锻炼和提高。着重写出对实习内容的总结、体会和感受，特别是自己所学的专业理论与实践的差距和今后应努力的方向。要求条理清楚、逻辑性强；语言要精练、流畅。

第三，注重严谨性与可读性相结合。要善于将复杂的问题用通俗易懂的语言表达出来，灵活运用各种手法，比如统计表格、图片资料等，增强实习报告的可读性。

任务三
毕业设计报告

任务驱动

王雨林和夏新来自同一所高中，又同时考入武汉××职业学院。夏新在电子工程学院，就读应用电子技术专业。按照专业人才培养方案，2018年年初，电子工程学院要求所有大三学生每人提交一份毕业设计报告，作为大学的一项重要学习任务，并给每位学生指派了专业教师担任论文指导教师。王雨林就读商学院，他并不需要撰写毕业设计报告，而是需要完成一篇毕业论文，他对夏新的毕业设计报告充满了好奇。

你就读的是什么专业？你毕业前需要完成毕业设计报告吗？你知道毕业设计报告如何撰写吗？

【范文赏析】

关于学生成绩管理系统的毕业设计

××大学信息管理系　陈××

【摘要】本文设计了一般学校通用的"学生成绩管理系统"。采用目前通用的小型数据库 FoxBase 语言编写,以适应现行学校内部与外部交换信息的需要。本设计以 FoxBase 为核心模块,开发出菜单模块、运算功能模块,采用数据库文件与功能模块式的组合方式,构建整个系统。

【关键词】FoxBase　学生成绩　管理系统　设计

一、前言

目前,大多数学校在利用计算机管理学生成绩方面,还停留在"单独表格式文件管理""没有形成系统"的水平层面上,即采用的是半手工、半计算机式的管理方式,在计算机上录入编排学生成绩名册,并录入成绩,进行手工统计,最后排版打印。这种方式造成很大浪费,即计算机资源得不到充分利用,且每学期录入一次名单,手工统计一次分数,费时费工。

为解决这一问题,我们先后调查了5所中小学和3所大学,分析了学生成绩管理工作一般过程的需要,设计了本管理系统。

二、系统原理说明

(一) 系统构建依据

本系统构建依据是一般学校的学生成绩管理过程。其过程是:新生学籍登记→年级上下学期成绩登记,包括期中成绩登记、期末成绩登记→补考成绩登记→各个学期成绩登记→毕业成绩汇总。

(二) 系统内容和性能

在这个过程中,各环节所需的功能如下:

学籍登记需要名单录入、修改、查询、打印等功能。

各学期学习成绩需要名单录入、学习科目名称录入、各科成绩登记、各科人均分数、各分数段人数统计、学生个人各科成绩平均分数、各科补考人数统计和补考成绩登记。

毕业成绩汇总需要登记各学期成绩,统计学习总分和平均分,登记毕业实习和论文成绩等。

以上各项必须具有录入、修改、查询和打印的功能。已录入成绩需要具有计算、统计等功能。

整体系统如下图所示(图略)。

三、系统设计

(一) 数据库文件

1. 成绩库文件字段含义

QCJ(ABCD)库

Q101……Q—期中,"1"第一学期,"01"第一门课程。

Q202……Q—期中,"2"第二学期,"02"第二门课程。

F101……F—Q101<60 读入。

FZ……第一学期不及格课程门数。

FZ2……第二学期不及格课程门数。

QZ……第一学期期中总分。

QZ2……第二学期期中总分。
QP……第一学期期中平均分。
QP2……第二学期期中平均分。
KQ01……第一学期期中考试门数。
……

2. 打印库文件

（1）文件名：kcdy，dbf

说明：本库用于打印各类成绩报表有关课程名称、学院名称、专业名称，与其他库的连接字段为"班级"，本库的结构与各个"管理系统"中的课程库（KJKA—BCD）结构相同。（略）

（2）文件名：xjdy，dbf

本库为学籍打印库，与XJKA—BCD库结构相同。（略）

（3）文件名：bydy，dbf

本库为毕业成绩打印库，与BYKA—BCD结构相同。（略）

（二）功能模块设计

1. 软件整体界面与功能模块程序设计。（略）
2. 录入、修改、查询界面与功能模块程序设计。（略）
3. 运算、统计、打印界面与功能模块程序设计。（略）

（三）数据库文件与功能模块文件关系一览表。（略）

附件：1. 软件整体界面程序

2. 录入、修改、查询程序
3. 运算、统计、打印程序

参考文献

（略）

（资料来源：黄丽清、胡赛阳. 应用写作. 北京：教育科学出版社，2012）

［简评］ 这篇毕业设计报告由前言、正文和附件三部分组成，前言简述研究背景和研究目的，正文部分从系统原理说明、系统设计两个方面说明，全篇清晰简要地从"为什么设计""如何设计""设计的成效"等方面报告了学生成绩管理系统的设计原理及各项设计的具体内容，是一篇格式正确、内容科学的毕业设计报告。从写法上，本文整体为总分式，即先概括介绍整体设计思想，然后分项说明各项设计的具体内容，最后将局部设计汇总，采用文字与图表相结合的方法，重点突出，结构合理，条理清晰，语言流畅。

【知识聚焦】

毕业设计是工科类大学生毕业前的总结性实践教学环节，是全面检验基础课教学与专业课教学水平，检验学生的知识与技能，发现问题、分析问题、解决问题的能力，考核学生是否具有工程设计的初步能力的综合性教学实践环节。

一、毕业设计报告的含义

毕业设计报告又称毕业设计说明书，是工科类专业大学生综合运用所学知识对其工程设计进行解释和说明的科技文书。毕业设计报告是记录毕业设计过程和结果的重要文献资料，是学生在教师指导下所取得的毕业设计成果的科学表述，也是学生毕业资格认定的重要依据。工科类专业毕业设计报告实质上是工科类专业毕业生的科技论文。

二、毕业设计报告的类型

根据设计成果的类型，毕业设计报告可分为发明型和改革型两种：发明型毕业设计的产品或成果具有首创性，改革型毕业设计的产品或成果是在原有基础上改进或改良的。

按研究方法，毕业设计报告则可分为理论型、实验型和描述型三种类型：理论型毕业设计报告的主要研究方法是理论分析；实验型毕业设计报告的研究方法是设计实验、实验过程研究和实验结果分析；描述型毕业设计报告的主要研究方法是描述说明，目的是介绍新事物或现象及其所具有的科学价值，重在说明这一事物是什么现象或不是什么现象。

三、毕业设计报告的特点

第一，应用科技性。工科类专业毕业设计报告是学生融会贯通所学的科学技术知识，进行工程设计或解决工程难题的应用成果，具有明显的应用科技性。

第二，解释说明性。对设计成果的解释和说明是毕业设计报告的有机组成部分，报告要对毕业设计成果的原理、应用范围、技术参数、工作流程等进行解释说明，使之明晰，便于理解和接受。

四、毕业设计报告的写作格式

毕业设计报告通常由标题、摘要、关键词、正文、致谢、注释和参考文献六部分组成。

（一）标题

标题通常由设计项目加"设计"或"毕业设计说明书"构成。如《学生公寓信息管理系统的设计》《校园网络安全维护毕业设计说明书》。标题下一行写上设计者的专业、班别和姓名，再下一行写上指导教师及其姓名。

毕业设计报告的标题应体现报告的核心内容、专业特点，符合毕业设计任务的要求。标题应简短、明确、规范，有概括性，不使用标点符号，不使用缩略语或外文缩写词，字数一般不超过20个汉字。

（二）摘要

毕业设计报告的摘要应扼要叙述报告的主要内容、特点，包括主要成果和结论性意见，是一段文字简练且具有独立性、完整性的短文。摘要中不应使用公式及图表，不标注引用文献编号，并应避免将摘要撰写成目录式的内容介绍。摘要一般不超过200字。

（三）关键词

关键词是供检索用的主题词条，应采用能够覆盖报告主要内容的通用专业术语，一般列举3~5个，按照词条的外延层次从大到小排列，并应出现在内容摘要中。

（四）正文

正文又包括前言、主体、结尾三部分。

1. 前言

前言也称导言或引言，一般概括叙述或简要说明四个方面的内容：设计项目的背景与研究意义；设计项目的目的、作用，即本毕业设计解决什么实际问题、具有什么作用和效益；设计项目的原理；设计过程。

2. 主体

主体部分主要包括设计目标、方案论证、技术手段、设计过程、结果分析等内容。

（1）设计目标。阐述本课题的设计要解决的主要问题，及最终要实现的目标。

（2）方案论证。提出设计思路，通过分析、比较不同的设计方案，确定一种技术先进、经济合理的方案，同时阐明选择该方案的理由及其特点。

（3）技术手段。根据设计方案，选取技术手段，包括选择、确定设计的软硬件环境、开发工具、核心技术和主要算法，采用的新技术、新方法、新工艺、新材料及其他创新的内容。

（4）设计过程。叙述设计步骤，论证设计思路。通过对设计步骤与过程的详细描述，对设计方案与原理、实现方法与手段、技术性能与流程详尽准确的说明，借以表明自己对本课题了解、研究的程度，所掌握基础理论知识的深度和专业实践技能的高低，以及综合分析、解决实际问题的能力，同时反映自己在本课题的设计过程中付出的劳动。

（5）结果分析。总结设计结果，分析技术性能。在总结、归纳设计过程的基础上，说明设计的最终结果是否达到预期设计目标，并对设计过程中所获得的主要数据、现象进行定性或定量分析，同时对设计成果所达到的技术指标与技术性能进行必要的阐述、分析，从而得出相应的结论或推论。

3. 结尾

结尾部分也称总结部分，通常综述前面的内容，或强调本设计项目的意义，设计中遇到的主要问题以及存在的不足，或对有关问题作补充说明。如果这些内容在前面部分已经阐述，结尾则可以省略。

（五）致谢

即对指导和帮助自己完成毕业设计的老师、提供帮助的有关单位与个人表示感谢。这部分可以省略。

（六）注释和参考文献

列出主要的参考资料、文献及作者和出版社、出版年度等。凡在毕业设计报告中引用他人的研究成果或文献资料，都应该在此加以说明，以示尊重。

五、毕业设计报告的写作要求

第一，联系实际，精心选题。选题是毕业设计的前提，选题要有利于综合所学知识，符合自己的实际能力，结合学科专业特点，理论联系实际，有一定的应用价值。

第二，解释说明，准确易懂。充分利用数据、图形图表等进行解释和说明，注重解释、说明的技巧，文字尽量准确简明，便于阅读和理解。

第三，重点突出，条理清晰。毕业设计报告的写作重点应放在正文主体部分，即设计的关键部分或技术性强的部分，前言、结尾部分应简明。

第四，反复推敲，细致修改。毕业设计报告初稿写成后，要征求行家的合理建议和意见，反复切磋琢磨，认真细致地修改完善，做到格式正确，结构合理，层次清楚，文从字顺。

任务四

毕业论文

任务驱动

2018年年初，大三的王雨林开始了顶岗实习。与此同时，他要在3个月内完成一篇不少于3000字的毕业论文，学院还给他指定了论文指导老师。大二开设的"应用写作"课程学习过学术论文的写作，自己也写作过一篇论文作为课程练习，他深知要写好这篇毕业论文，可要花相当多功夫。你就读的专业是否需要撰写毕业论文？你知道毕业论文如何选题、如何构思、如何写作吗？

【范文赏析】

论大学生就业能力及其提升途径

李 宪

（焦作大学，河南焦作 460600）

【摘要】 大学生就业能力主要包括专业能力、学习能力、实践能力和创新能力。制约大学生就业能力提升的因素既有大学生自身的因素，也有学校的因素。提升大学生就业能力要加强综合素质教育、加强课程建设、加强职业规划教育、开展创业教育、加强就业指导服务。

【关键词】 大学生；就业能力；提升途径

大学生就业是关系国家、社会稳定的大事。随着我国高等教育由精英阶段转入大众化阶段，大学生的就业形势和就业模式也发生了根本性变化。毕业生就业不再实行国家统一分配的模式，进入了双向选择、自主择业时代。同时，高校毕业生人数也屡创新高，2012年全国普通高校毕业生规模达680万人，大学生就业面临着严峻的挑战。如今，大学生就业难已是不争的事实。究其原因，除了供需结构性矛盾外，大学生就业能力不足也是主要原因之一。

一、大学生就业能力的内涵

大学生就业能力是指大学生在校期间通过知识学习和综合素质开发而获得的实现就业理想、满足社会需求、在社会生活中体现自身价值的本领。笔者认为，大学生就业能力主要包括四个方面的内容，即专业能力、学习能力、实践能力和创新能力。专业能力是指通过系统地掌握专业基础理论知识与方法来指导实践的能力，在毕业生就业能力中占重要地位，主要包括专业基础能力、分析解决问题能力等。学习能力是指大学生掌握科学的学习方法，独立获取知识与信息的能力，是大学生就业能力的主要内容，主要包括观察力、记忆力、理解能力和概括能力等。实践能力是指在实践活动中解决问题的能力，是大学生就业后能胜任工作的一种综合能力，是大学生就业能力的主要内容，主要包括思维能力、实践操作能力、社会适应能力等。创新能力是指大学生运用所学知识与理论，通过实践活动不断提出新思想、新方法的能力，是大学生就业能力的灵魂与核心。

二、制约大学生就业能力提升的因素

当前，就业市场最显著的特点就是"大学毕业生找不到合适的工作，企业招不到合适的人才"。这充分说明高校的人才培养与市场需求是相脱节的，更在一定程度上揭示了大学生就业能力低这一现实情况。而制约大学生就业能力提升的因素，既有大学生自身的因素，也有学校教育的因素。

1. 大学生自身的因素

首先，大学生的自我培养意识不强。一些大学生思想观念落后，眼高手低，轻视就业要求，就业期望脱离实际。他们往往认为，大学的学习和生活就是宿舍—食堂—教室的循环，很少关注就业能力的提升，也就忽视了就业综合能力的培养。其次，大学生自身实力不足。知识经济时代需要的人才不仅要有扎实的专业知识，还要有良好的道德、健康的心理和创新精神。但是一些大学生在学习中往往重视专业知识轻视基础知识、重视书本知识轻视实践知识、重视实用知识轻视人文知识，致使其自身综合素质不高、竞争力不突出、创新精神不足，与社会对人才的需求不相符。

2. 学校的因素

首先，职业生涯规划教育不到位。很多学生在选择大学专业时没有明确的方向，进入大学后也没有接受系统的职业生涯规划教育和指导，造成其择业观念落后，"等、靠"心理严重。而高校对学生就业能力的培养，也主要局限于择业技巧方面，较少有高校进行专门、系统的职业规划教育。其次，专业设置与市场脱节。一些高校办学思想不明确，往往只考虑自己的办学条件与经济效益，很少进行市场需求调查。由于盲目追求在规模、数量上大而全的专业设置，造成一些专业的培养目标与市场需求相脱节。其结果是，培养出来的大学生在激烈的就业市场竞争中不受欢迎，缺乏就业竞争力。再次，就业指导服务工作不力。大学生缺乏社会经验，他们在就业能力的提升、与用人单位的对接等方面都需要高校的指导。但是我国高校毕业生就业指导工作起步较晚，存在就业指导人员短缺、素质不高、投入经费不足等问题。也有一些高校简单地把就业指导服务看成是发布就业信息和政策，忽视了对学生的求职技巧训练和个性化的培养，无法给毕业生提供针对性强、质量高的就业指导服务。

三、提升大学生就业能力的途径

1. 加强综合素质教育，提升就业竞争力

现代企业对人才的要求不再仅仅局限于高学历。与高学历相比，企业更注重个人的综合能力。因此，学校要根据用人单位及社会对人才素质的新要求，帮助学生构建合理的知识结构，使其提高自身的综合素质。首先，要注重培养学生扎实的理论知识和良好的专业技能，这是进入职场的基础。一些学生在大学期间所学的专业与以后自己想要从事的职业无关，或者不喜欢自己所学的专业，就忽视了专业课程的学习。对此，教师要给予正确的引导，激发学生学习的兴趣，让学生充分认识到扎实的专业基础对日后工作的重要性。同时，大学生也应主动拓展自己的知识面，通过参加计算机、外语培训等提高自己的就业竞争力。其次，要注重培养学生良好的个性品质。《国家中长期教育改革和发展规划纲要（2010—2020年）》指出，教育要坚持德育为先。因此，高校要充分发挥思想政治理论课的主导作用，培养学生良好的思想道德素质和高尚的道德情操。要引导学生在马克思主义世界观、人生观的学习中提高思想境界、完善个性品质。再次，要注重提高大学生的综合素质。一般来讲，用人单位比较喜欢综合能力强、责任意识强的大学生。因此，大学生要积极参与各项实践活动，在活动中提高自己的综合能力，进而提高自身的就业竞争力。

2. 加强课程建设，注重实践技能的培养

高校课程建设要以学生就业能力培养为核心，认真分析未来经济社会的人才需求变化趋势，在课程中渗透职业能力的培养，提升学生的实践技能，确保所培养的学生符合经济社会发展的需求。首先，要优化专业课程设置。以学生所学专业中的核心理论与技能为内容的课程，对高校的人才培养具有重要意义。其次，要增加选修课比重。选修课内容涉及广泛，是大学生获取广博知识的重要渠道，也是提升大学生自主学习能力和创新精神的重要途径。再次，注重教学实习环节。实习是学生接触社会的重要渠道。通过实习可以使学生获得大量的感性认识，也能使其有机会将所学知识运用于实践，进而提高其社会适应能力和实践能力。最后，加强社会实践课程建设。开设社会实践课，通过社会实践活动，开阔学生的视野，有利于学生的社交能力、规划能力等实践技能的培养。

3. 加强职业规划教育，提高专业能力

职业生涯规划教育在高校教育中占有重要地位。合理的职业规划能引导学生提早开始规划自身的学习生活，确立人生奋斗方向，会大大提高就业成功的概率。加强职业规划教育对提高学生未来职业发展意识、提高学生能力等具有重要的意义。职业规划教育主要涉及自我认知、职业认知、职业定位、行动计划、计划调整等内容。自我认知是指人首先要认识自己。每一个人都有自己的特性，每一种职业对从业者的要求一般也各不相同，最理想的状态就是做到人职匹配。所以，学生进入大学后就要测评自己的职业兴趣和个性，充分了解自我，为职业规划做好准备。职业认知是指学生在了解自我的基础上，积极探索与之相匹配的职业环境，了解相对应的职业所需要具备的职业素养。职业定位是指在了解自我与职业的基础上，明确自己要干什么、能干什么，自身的条件适合做什么、不适合做什么。通过综合各种因素确定自己未来的职业选择。行动计划是指职业定位后，根据职业要求选择适合自身特点的课程和社会实践活动形式，制订明确的行动计划。一般来讲，行动计划的制订与实施应该贯穿大学学习生活的全过程。计划调整是指行动计划并不是一成不变的，要根据自身发展和职业要求不断地进行调整、完善。这样能帮助学生有意识地运用职业生涯规划理论，规划大学生活，提高自己的专业能力，从而找到适合自己的工作。

4. 开展创业教育，培养创新精神

大学生就业指导中包括就业与创业两部分。创业教育主要培养学生的创业基本素养和能力，使之具备创业实践活动所需要的品质。首先，高校要改革人才培养模式，树立创业教育理念。在就业形势日益严峻的今天，高校要充分用好国家对大学生自主创业的支持和鼓励政策，通过实践教学来培养学生的自主创业能力。其次，要加强创业教育师资队伍建设。高校在用人方面要坚持灵活性，聘请一些具有创业实践经验的创业者来校任教，帮助学生树立创业的自信心，使学生了解创业流程及创业者必须具备的素质与能力。同时，学校也要加大对自身教师的培养、培训力度，鼓励教师创业。再次，要营造创业文化氛围。要激发大学生的创业创新意识，需要良好的文化氛围。在校园文化活动中可以通过开展创业主题活动来营造创业文化氛围，使创业创新观念渗入到学生的学习、生活中，并内化为学生的自觉行为。最后，高校要构建完善的创业教育保障体系，以此来扶持、鼓励、指导大学生创业。

5. 加强就业指导服务，培养健康的就业心理素质

就业指导服务是围绕就业进行的教育、咨询及服务等工作。高校要完善就业指导服务体系，建立相应的就业指导服务机构，全面开展就业指导服务。首先，高校要强化就业政策、法律、法规教育，让学生了解国家有关促进大学生就业的鼓励政策，有效地保护学生的合法权益。其次，要开展对毕业生求职简历制作、模拟应聘活动的训练，增强对学生面试技巧的指导，提高学生的面试技能。再次，构建就业信息交流平台，及时发布最新就业信息，提高学生搜集、获取就业信息的能力。同时，要建立毕业生就业信息资源库，跟踪了解毕业生就业动态，提高就业服务的针对性。最后，建立一支高素质的就业咨询教师队伍，关注学生心理咨询与信息咨询。要密切关注学生的就业心理，通过开展心理教育，帮助学生矫正不良就业心理，使其以最佳的心理状态投入到求职应聘活动中，并提高成功率。总之，大学生的就业能力对其就业有着重要的影响，各高校要积极采取各种有效措施，加强大学生就业指导工作，通过提高大学生的就业能力促使其顺利就业。

【参考文献】

[1] 代洪甫. 大学生就业能力的构成及提高对策 [J]. 人才资源开发，2009（1）.
[2] 董美娟. 论大学生就业能力及其提升 [J]. 教育与职业，2012（8）.
[3] 孙长缨. 提升大学生就业能力的思考 [J]. 中国高教研究，2007（11）.

（资料来源：《教育探索》，2012年第10期，略有删改）

[简评] 本文首先提出问题"大学生就业难的一个很重要的原因是大学生就业能力不足。"接着对大学生就业能力的内涵和制约大学生就业能力提升的因素进行了分析，最后有针对性地指出从"加强综合素质教育，提升就业竞争力"等五个方面提升大学生的就业能力。文章内容准确，思维缜密，分析透彻，解决问题的办法具体可行，是一篇较好的学术论文。

【知识聚焦】

毕业论文是大学生完成学业的标志性作业，也是检验学生掌握知识程度、学习成果和科研能力的一份综合答卷。撰写毕业论文对于培养大学生初步的科学研究能力，提高其综合运用所学知识分析问题、解决问题能力有着重要意义。

一、毕业论文的含义

毕业论文是大学生对专业领域中具有学术价值或亟待解决的问题进行探讨和研究后写出的阐述解决问题的办法、发表自己学术见解的论述性文章。

毕业论文具有议论文的一般属性，即论点、论据、论证是其构成的三个基本要素，文章要在事实基础上展开严谨的推理过程，得出令人信服的科学结论。

二、毕业论文的特点

第一，学术性。要求学生能对某一专业领域中的资料文献与研究状况进行分析、归纳，能够从中找出以往研究所存在的问题和不足，并能提出自己的想法与相应的对策。毕业论文要通过对事实的抽象、概括、说理、辨析和严密的论证，将一般现象上升到一定的理论高度。

第二，科学性。毕业论文是以科学性为前提的，论文的科学性要求写作者从探求科学真理的目标出发，研究内容准确，思维缜密，结构合乎逻辑，材料的收集、整理、分类、取舍科学，写法讲究，结论可信。

第三，创新性。创新性是衡量毕业论文学术价值的基本尺度，毕业论文要求在专业化的学术研究基础上有自己独到的研究成果。要做到不抄袭，不照搬，不人云亦云，有创见，在前人论述的基础上有所拓展和延伸。

第四，规范性。毕业论文在篇幅、格式、文献、内容等方面具有统一的书写标准和语言规范。

三、毕业论文的选题

"题好文一半"，即好的选题，是论文成功的一半。要选择有价值的、难易适中，而自己又比较有兴趣的论题来做。如何确定论文的选题呢？常见的选题方法有以下几种：

一是从疑问处选题，发现学习和工作中遇到的疑难问题，进行深入的探索研究，寻求解决问题的思路和办法。

二是从学术争论热点中选题。某个专业学科，常常会出现某些学术"热点"，大家都比较关注,讨论十分热烈,从这些"热点"中比较容易找到选题。

三是从学科渗透与交叉中选题。如果在本专业领域的研究中不容易突破,与其他学科专业交叉或贯通后研究就会有新的发现。

毕业论文的选题一般应具有如下特点:

一是开创性。就是说这个论题是前人所未涉足的领域或虽涉足但却没有解决的问题。这类问题带有填补空白、独辟蹊径的性质,是最有意义的。还有一种情况,即某些课题虽然前人已经作了大量的研究,但由于现代科学技术的发展,为我们提供了新的研究视角和方法,从而展示出全新的研究领域和空间。这类课题也是具有开创性的。

二是学术性。所谓学术性,就是在特定学术领域内,对于这个学科的发展具有理论层面的重要价值和意义。有的可能一时还看不出它的实际运用价值,但却可能具有远期的巨大潜在意义。有的论题虽然显得比较抽象,形而上色彩比较浓,但它对于某一领域或学科具有普遍的指导意义。比如陈景润研究的"哥德巴赫猜想"。

三是前沿性。就是说论题所涉及到的研究内容,属于某学科领域在发展过程中所面临的迫切问题、带有萌芽性质的新动向,以及学科本身可能出现的开放和转型。这种研究带有超前性、前瞻性的色彩,是极富生命力和远大前景的。

四是现实性。现实性是指论题的研究内容有着十分具体的应用领域和实际用途。它总结的规律和经验,可以在实际工作中被人们所借鉴和应用。

四、毕业论文的写作格式

1988年1月1日起实施的国家标准《GB 7713—87 科学技术报告、学位论文和学术论文的编写格式》对论文的撰写和编排格式作出了明确规定。

一般说来,毕业论文通常包括:标题、摘要、关键词、引言、本论、结论、注释及参考文献等。

视频6-1 毕业论文的写作格式

(一)标题

标题又叫题名、题目、文题,是论文的中心和总纲。论文标题要以最恰当、最简明概括的词语反映论文的主要内容,做到准确恰当、简明扼要、醒目规范、便于检索。如《试论信息安全问题》《科技进步与农业经济》,标题字数不宜超过20个字。有的论文标题分为正标题和副标题,副标题是对正标题的补充。如《如何看待现阶段劳动报酬的差别——也谈按劳分配中的资产阶级权利》。

(二)摘要

摘要是对论文的内容不加注释和评论的简短陈述,是文章内容的高度概括。其主要内容包括:研究目的、研究对象、研究方法、研究结果、所得结论、研究意义和应用范围等。摘要位于作者署名之后,正文之前,字数在200~400字之间。

(三)关键词

关键词是为了满足文献标引或检索工作的需要而从论文中提炼出来的,表示全文主题内容信息条目的单词、词组或术语,一般列出三至五个。

(四)引言

引言又称"前言""引论""绪论",是论文的开头部分,引言的内容一般是提出所论述的课题,交代选题背景、来源、意义,本课题在国内外的研究进展状况,已有的研究成果和存在的问题,简单介绍论证方法等。

（五）本论

本论是毕业论文的主体部分，占据论文的主要篇幅，是写好毕业论文的关键。本论是对论题展开分析，对观点进行论证，全面、详尽、集中地表述研究成果，阐述自己的观点，组织论据，展开论证。本论要求内容充实，论据充分可靠，论证有力。

本论部分的各个分论点或各个层次，一般都应用小标题或序号加以标示，也可采用空行形式，以示区别，突出论文的层次性和条理性。

（六）结论

一般用"结语""小结""余论"等标示。结论是毕业论文的收尾部分，是对本论所作分析、论证的归纳、综合或概括，也可以提出进一步研究的方向或建议。

（七）注释及参考文献

注释即作者对论文有关内容所作的解释，一般用脚注（放在本页末）。参考文献是作者对引用他人作品的有关内容所作的说明，所引用的文献应是本人真正阅读过的与论文内容直接有关的文献，所列参考文献应按文中参考或引证的先后顺序排列。在论文后注明参考文献，是作者严肃、科学态度的体现，表示作者对他人劳动成果的尊重，证明引用的论据是正式的，便于读者查找、阅读、理解引用文献的原文，反映作者对本课题的历史与现状的了解程度。

（八）致谢

简述自己撰写毕业论文的体会，并对指导老师以及有关人员表示感谢。也有的毕业论文不写"致谢"内容。

五、毕业论文的写作要求

第一，立论要科学。理论联系实际，运用科学的思维方法，确定既有理论意义又有现实意义且适合自己研究的选题。毕业论文立论的科学性是指文章的基本观点和内容能够反映事物发展的客观规律。毕业论文的科学性要求对客观事物进行周密而详尽的调查研究；其次要求作者观察、分析问题时能够坚持实事求是的科学态度；还取决于作者的理论基础和专业知识，必须准确地理解和掌握前人的理论，具有广博而坚实的知识基础。

第二，论据要翔实。一篇优秀的毕业论文仅有一个好的主题和观点是不够的，还需要有充分、翔实的论据材料作为支撑。要注意论据的新颖性、典型性、代表性，更重要的是考虑其能否有力地阐述观点。毕业论文中引用的材料和数据，必须正确可靠，经得起推敲和验证。

第三，论证要严密。论证是用论据证明论点的方法和过程，通过概念、判断、推理来反映事物的本质或规律。论证要严密、富有逻辑性，这样才能使文章具有说服力。

第四，观点要创新。毕业论文的创新是其价值所在。毕业论文的创新主要表现为：在前人没有探索过的新领域，前人没有做过的新题目上做出成果；在前人研究成果的基础上作进一步的研究，有新的发现或提出了新的看法，形成一家之言；也可以表现为从一个新的角度，把已有的材料或观点重新加以概括和表述。毕业论文观点的创新性要求对前人已有的结论不盲从，敢于提出自己独立的见解，敢于否定陈旧过时的结论，正确处理继承与创新的关系。

【写作实训】

一、简要回答问题

1. 常见的科技文书的种类有哪些？
2. 撰写毕业设计报告应该注意哪些问题？
3. 毕业论文应该如何选题？

4. 实验报告的写作一般包括哪些内容？
5. 实习报告的写作要求是什么？

二、多项选择

1. 实验报告必须写清的问题包括（   ）
   A. 影响实验的根本因素 B. 实验中发现的规律
   C. 观察到的实验现象及解释 D. 说明实验结果与理论结果异同的原因
2. 实习报告必须写清的问题包括（   ）
   A. 实习内容 B. 实习过程
   C. 实习收获 D. 实习体会
3. 毕业论文的封面内容包括（   ）
   A. 毕业论文完整的题目 B. 作者姓名、学校、系别、专业
   C. 指导教师姓名、单位、职称 D. 提交论文的日期
4. 毕业论文一般包括的部分有（   ）
   A. 论点、论据、论证 B. 引论、本论、结论
   C. 标题、正文、落款 D. 提出问题、分析问题、解决问题

三、请分析下列实验报告的不足之处并提出修改建议。

熔点的测定实验报告

一、实验目的

1. 了解玻璃温度计的种类和校正方法；
2. 掌握熔点测定的意义和操作。

二、实验原理

1. 熔点的定义：当固体物质加热到一定温度时，从液体转变为液体，此时的温度称为熔点。严格的说是指在 101.325kPa 下固-液间的平衡温度；
2. 纯净的固体化合物一般都有固定的熔点，固-液两相间的变化非常敏锐，从初溶到全溶的温度范围一般不超过 0.5～1℃（除液晶外）。当混有杂质后熔点降低，溶程增长。因此，通过测定熔点，可以鉴别未知的固态化合物的纯度。

三、实验仪器与药品

1. 仪器：b 形熔点测定管，玻璃棒，玻璃管，毛细管，酒精灯，温度计，缺口单孔软木塞，表面皿；
2. 药品：白矿油、纯的乙酰苯胺、不纯的乙酰苯胺。

四、实验装置（略）

五、实验步骤

1. 样品的制备：取 4 根毛细管，其中一根（1）装不纯的乙酰苯胺，另三根（2、3、4）纯的乙酰苯胺。
2. 向 b 形管中加入白矿油，其液面至上叉管处。用橡皮筋将毛细管套在温度计上，温度计通过开口塞插入其中，水银球位于上下叉管中间。使样品位于水银球的中部。
3. 加热：仪器和样品的安装好后，用火加热侧管。要调整好火焰，越接近熔点，升温要越缓慢。
4. 记录：密切观察样品的变化，当样品开始塌陷、部分透明时，即为始熔温度。当样品完全消失全部透明时，即为全熔温度。记录温度。始熔温度减去全熔温度即为熔程。
5. 让热溶液慢慢冷却到样品近似温度以下 30℃左右。在冷却的同时换一根新的装有样品的毛细熔点管。每一次都要用新的毛细管装样品。升温并记录过程同上。

六、数据处理（略）

七、实验心得

1．导热液不宜加得过多，以免受热膨胀溢出引起危险。

2．因热量的传导和读数需要时间，所以加热升温时一定要控制好温度的上升速度，不宜过快，否则最终的数据将不准确。

3．熔点不是初熔和全熔两个温度的平均值，而是它们的范围值。

4．温度计要位于 b 形管的交叉点，毛细管要用橡皮圈套在温度计上，橡皮圈要在液面之上，样品要位于水银球中部，才能保证温度一致。

四、单项写作

结合自己所学专业，选定一个研究课题，查阅相关资料，进行深入研究，写作一篇3000字左右的毕业论文。

模块七

经济文书

情境导入

王健民是武汉某职业学院汽车营销与服务专业 2017 届毕业生。在校期间积极参加国家级职业技能大赛，凭借较强的营销策划能力和团队协作能力，毕业后如愿竞聘到了东风本田汽车公司，任区域销售经理。为了拓展销售渠道，提升销售业绩，王健民到任的第一天就着手市场调查，通过查阅相关资料、发放调查问卷、与客户访谈等途径，深入了解武汉市居民的汽车消费需求。根据调研情况，他和另外两名助理共同起草了一份深度市场调查报告呈送公司总经理，同时呈交的，还有他依据调查结果制定的本区域年度汽车营销计划。10 月初，一公司需要购买 12 辆高级商务车，王健民第一时间在互联网上捕捉到了这则招标信息，获悉本公司经营的一款汽车符合招标要求后，他和同事们夜以继日，精心制作投标书，并在规定时间内送达招标单位。因产品质量过硬、业内信誉良好、价格优势明显，他们中标了。10 天内，两家公司签定了汽车销售合同，价值近 500 万元。王健民为自己的职业生涯赢得了开门红。

【知识聚焦】

经济文书是指用来沟通经济信息以处理经济事务、反映经济活动、研究经济问题的专用文书。经济文书有广义和狭义之分：广义的经济文书涵盖了所有以经济信息为主要内容的文书；狭义的经济文书特指仅在经济领域使用、专门用于处理经济事务、在内容和写法上有明显经济专业特征的文书，如调研报告类、契约协议类、促销解说类、招标投标类、商务函电类等。本书所指的经济文书是取其狭义概念。

任务一

说明书

任务驱动

肖莉是武汉某职业学院电子商务专业 2017 级学生，也是学校创业协会会员。2018 年

> 5月,肖莉所在的学校举办了第六届大学生职业生涯规划大赛,全校近5000名学生参加了比赛。经班级初赛、学校复赛、预赛、决赛等层层选拔,30名学生脱颖而出,获得奖项。学校设置了展厅,特展示创业大赛成果,供全校师生参观。另外,肖莉和其他几位同学受商学院推荐,共同设计了以武汉文化为核心的服装文化创意产品。请你和同班几位同学一道,尝试代肖莉完成相应文化产品说明书。

【范文赏析】

<h3 style="text-align:center">第七届世界军人运动会纪念币说明书</h3>

第七届世界军人运动会金银纪念币共6枚,其中金质纪念币1枚,银质纪念币5枚,均为中华人民共和国法定货币。纪念币正面图案均为第七届世界军人运动会会徽,并刊国名、年号,背面图案以射击、游泳、跳伞、军事五项障碍跑等军运会比赛项目的运动造型,军运会吉祥物"兵兵",武汉体育中心以及梅花、黄鹤楼等武汉元素为主,衬以会徽相关图形元素组合设计,并刊"第七届世界军人运动会"字样及面额。

该套金银纪念币由中国人民银行发行,中国金币总公司总经销。(资料来源:2019年第七届世界军人运动会官方网站 https://www.wuhan2019mwg.cn)

[简评] 第七届世界军人运动会将于2019年10月18日至27日在湖北武汉举行,届时,将有来自100多个国家的逾10000名现役军人同台竞技。第七届世界军人运动会纪念币是我国首套军事体育题材纪念币,造型精美,受到市场普遍关注。本文是对纪念币的说明,从规格、图案、文字、设计、发行等方面进行介绍,条理清晰,通俗易懂。本文对同学们完成文化创意类作品的说明书也有一定的借鉴意义。

【知识聚焦】

说明书具有解释说明、传播知识和广告宣传作用,其应用极其广泛。

一、说明书的含义

说明书是对各种产品或服务、工程设计、图书报刊、影视戏曲、文艺演出、风景名胜、工作岗位及各种活动等进行介绍、说明的应用文体。

二、说明书的类型

按照说明的对象和目的,说明书可分为产品(服务)说明、活动说明、单位简介、人物简介、图书报刊介绍、风景名胜介绍、影视戏曲介绍、岗位说明等,其中产品说明书(又称商品说明书)最为常见。按照表达方式分,说明书可分为文字条款式说明书和文字图表式说明书。按包装分,说明书可分为外包装说明书和内包装说明书,外包装说明书即将说明内容打印在产品或产品的包装物上,内包装说明书则指那些篇幅较长甚至成小册子的装入包装内的说明书,家用电器的说明书多属此类。

三、说明书的特点

第一,科学性。说明书必须客观、真实、准确反映说明对象的实际情况。

第二,实用性。说明书以说明为主要表达方式,目的是使读者了解说明对象,掌握使用方法等。

第三,通俗性。说明书力求通俗易懂,尽量不用或少用读者不易理解的专业术语,避免使用生僻词语,便于不同的读者准确把握说明对象。

四、说明书的写作格式

说明书通常由标题、正文和落款三部分构成。

(一)标题

标题通常由"说明对象+文种"构成,如《阿莫西林胶囊说明书》《总裁办公室机要岗位说明》《燃气热水器维修及使用保养手册》《中国合伙人剧情介绍》。有的说明书标题只有说明对象,位于说明书的封面,在目录中再介绍各部分的内容安排。

(二)正文

正文是说明书的主体部分,具体说明相关事宜。简单的说明书就是一篇说明文,正文只有一段或几段,比较复杂的说明书则介绍得全面详尽,篇幅较长,如操作使用和维修保养较为复杂的机动车辆、家用电器等产品。不同类型的说明书其正文内容有所不同,如产品说明书主要包括产品名称、产地、规格、用途、包装、使用方法、保养(贮藏)方法、注意事项、有效期等,其中药品说明书还要介绍不良反应、禁忌、执行标准、批准文号等;使用说明书则着重介绍功能用途、使用方法、操作步骤、注意事项等。

正文部分通常有三种结构方式:

一是概述式说明。即对说明对象作概括介绍和说明,一般只介绍基本情况或主要情况,根据说明对象的特性而有所侧重,不面面俱到,详略得当。

二是条款式说明。这种说明书就是逐条分项介绍说明对象的相关知识,条理清晰,层次分明。

三是综合式说明。这是概述式和条款式的结合,一般先总体概括介绍,后分项具体说明,能全面、详尽地介绍说明对象的整体情况。

(三)落款

落款一般写明单位名称、地址、邮编、联系电话、网址等。

五、说明书的写作要求

第一,内容真实准确。说明书的写作要实事求是,不能出现知识性错误或夸大说明对象,不得欺骗、误导读者或使用者。

第二,突出重点特色。要根据说明对象的特点和说明目的选择说明内容,采用恰当的、便于读者或使用者理解的说明顺序。

第三,巧用表达方法。很多说明书除了使用文字外,还使用图片、图表、数字、符号等进行说明。如果目标群体包括外国人，说明书往往需要中外文对照。

六、说明书与解说词的区别

第一，写作目的不同。说明书介绍有关物品的性能、规格、用途、使用方法，或者影视剧情、图书内容、特定人物、活动情况等，其目的是使读者对这些知识性内容有所了解，并能正确掌握使用。解说词是对具体事物、特定人物进行解释说明，使读者、观众或听众借助解说词获得对解说对象鲜明、深刻的印象。

第二，写作特点不同。说明书的显著特点是客观性强，要求内容确凿，表达准确，具有较强的科学性，极少使用修辞手法，语言平实简洁。解说词不仅是对事物的客观介绍，往往较多地揉入作者的感情色彩，常使用修辞手法，语言多形象生动。

任务二 可行性研究报告

任务驱动

2018年5月，肖莉所在的学校就业创业指导中心举办了第六届大学生创新创业大赛，比赛要求创业团队提交创业项目计划书和可行性研究报告。就读电子商务专业的肖莉对开网店情有独钟，也颇有研究，她和创业协会4名志同道合的同学组建了创业团队，选定了在淘宝网上开以大学生为目标消费对象的服装专卖店项目。经过一个多月的策划、调研与撰稿，他们的创业计划书和可行性研究报告新鲜出炉了。你有创业的梦想吗？你知道可行性研究报告如何撰写吗？请你和同寝室几位同学一道，尝试代肖莉完成这份可行性研究报告。

【范文赏析】

晨曦——休闲部落服装网店开设可行性分析报告（节选）

一、前言

随着科学技术的不断发展，网络深入到了人们生活中的每一个角落，支付方式也从以往的现金交易转到划款交易，再到网上银行、手机银行等多种支付方式并行。人们购物也从实体店交易转到了网络交易，这也就是我们经常说的网络购物。所谓的网络购物是指消费者通过网络实现购物的过程。简单来讲，就是把传统的"商店"直接搬回家，利用网络直接购买自己需要的商品或服务。

截至2018年12月，中国网民数量达8.29亿，中国互联网普及率达59.6%。在我国有17.9%的网民在半年内有过网络购物经历，在浏览过购物网站的网民中，有29.6%的人在半年内有过网络购物经历，有过网络购物经历的被访者中有超过90%的人今后会继续进行网络购物，有63.7%没有购物经历的网民表示今后会尝试网络购物。这些数据都表明了我国网上购物市场的巨大潜力。

二、论证

（一）网上服装店介绍

1. 网店性质：时尚休闲服装店

2. 服装店电子商务模式：CTOC
3. 服装店名称：晨曦——休闲部落
4. 服务宗旨：满足顾客的个性化需求，紧跟时代潮流前线，提供优质的服务，建立快速的物流体系。
5. 网上开店方式：在淘宝网站上注册会员，开设个人的网店会员型网上商店……

（二）网上服装店对于传统商店的优势

1. 开店成本极低
2. 经营方式灵活
3. 网上开店基本不受营业时间、营业地点、营业面积这些传统因素的限制
4. 消费者范围广泛

（三）商品策略

1. 商品定位
2. 品牌和商标
3. 质量和服务
4. 商品策略的调整

（四）目标消费群分析

1. 目标消费群构成
2. 目标消费群的规模
3. 目标消费者的特征分析
4. 消费者的购买准则

（五）竞争对手分析与营销策略分析

1. 竞争对手分析
2. 营销策略分析

（六）进货的渠道及选货

1. 进货渠道
2. 选货

（七）支付方式选择与送货方式选择

1. 支付方式选择
2. 送货方式选择

（八）经营损益分析

1. 启动经费投入预算
2. 月营业额估算
3. 成本、获利、风险分析

（九）网上服装店可行性分析报告问题及建议

1. 与实体店铺相比的缺点和可能出现的问题
2. 建议

（十）网上服装店可行性分析报告结论

经过以上分析，在网上开一家ＣＴＯＣ的服装店是前期投入少，风险低投资，是值得开发的项目，网上服装店也具有很大发展空间，为此应该尽快有效开发此项目。

（资料来源：第一文库网 http：//www.wenku1.com/news/079A90E8AE19E24E.html，略有改动）

[简评] 本文是一篇网络创意服装店项目可行性研究报告，报告从网络购物蓬勃发展体

现的商机入手,从服装店建设内容、商品选择、营销策略、优势分析、经营成本等几方面进行可行性分析,最终得出结论。文章材料论证充分,行文思路清晰,层次分明,希望能为同学们独立完成可行性研究报告提供有效参考。

【知识聚焦】

可行性研究是建设项目确定前具有决定意义的工作,是在投资决策之前,对拟建项目有关的自然、社会、经济、技术等进行调研、分析比较以及预测建成后的社会经济效益。在此基础上,综合论证项目建设的必要性、财务的盈利性、经济上的合理性、技术上的先进性和适应性以及建设条件的可能性和可行性,从而为投资决策提供科学依据。反映可行性研究内容和结果的书面报告就是可行性研究报告。

一、可行性研究报告的含义

可行性研究报告也称可行性分析报告,是在某一经济活动实施之前,对经济、技术、生产、供销直到社会环境、法律等各种因素进行深入的调查研究、分析综合、科学论证,考察有利和不利因素,确定项目是否可行,估算成功率大小、经济效益和社会效果如何,为决策者和主管机关审批提供参考的书面报告。

二、可行性研究报告的类型

按产业性质可分为工业项目可行性研究报告、非工业项目可行性研究报告。

按项目建设的性质可分为新建项目可行性研究报告、扩建项目可行性研究报告和改建项目可行性研究报告。

按用途可分为用于政府审批核准的可行性研究报告、用于融资的可行性研究报告、用于投资参考的可行性研究报告。审批核准用的可行性研究报告侧重关注项目的社会经济效益和影响;融资用的可行性研究报告侧重关注项目在经济上是否可行;投资参考用的可行性研究报告适用于项目投资决策参考(尤其适用于初涉该行业的投资者)。

三、可行性研究报告的特点

第一,预测性。可行性研究报告通过直接或间接的调查研究,收集充分的信息和数据资料,采用很多科学方法,分析预测可能存在的各种因果关系,推演可能的结果,并对项目实施或发展趋势作相应预测。

第二,论证性。科学技术项目需要耗费巨大的资金,在实施之前,往往需对预测到的可能结果进行相似或相同环境的局部实验,分析是否符合预测。但某些项目的实施较难实现局部实证,如房地产开发项目,这就要进行实事求是的调查、认真细致的分析、科学合理的推导,听取专家和民众意见,力求将失误或误差降到最低。

第三,专业性,可行性研究报告在论证项目的可行性时通常要涉及基本建设、环境保护、市场预测、人员培训等方面内容,需要各方面专业人员分别开展深入研究,再进行科学的综合分析。

第四,科学性。可行性研究报告内容要真实、完整、正确,研究目的要明确,研究过程要客观,要应用各种科学方法、科学推理,得出正确结论。

四、可行性研究报告的写作格式

可行性研究报告的写作格式由标题、正文、落款、附件四部分组成。很多可行性研究报告会设计封面，封面包括项目名称、编制单位、成文时间等。有的可行性研究报告还设有扉页，列出参与人员的姓名、职务、分工等。较长的报告还有目录。

（一）标题

可行性研究报告的标题一般有两种：一是完整式，即由"拟建项目单位名称＋项目名称＋文种"构成，如《××省新型建筑材料厂关于引进水磨石生产线的可行性研究报告》；二是省略式，或省略完整式中的拟建项目单位名称，如《建设××大型水泥厂的可行性研究报告》，或省略完整式中的拟建项目单位名称、项目名称，只写文种种类《可行性研究报告》。

有的可行性研究报告将论证得来的结论作为标题，如《推陈出新是保持品牌活力的必要手段》。还有的采用双标题：正题是论证的结论，副题则包括拟建项目单位名称、项目名称、文种等，如《提高产量才能抢占市场——××厂年产××万吨化肥项目的可行性研究报告》。

（二）正文

正文是可行性研究报告的核心部分，要对项目所涉及的所有基本成分和影响因素进行科学细致的论证说明，提出实施目标的具体步骤和切实可行的措施，为确定项目是否可行提供科学依据。

现实生活中，可行性研究报告有的长达十几万字，有的则只有几千字。其内容的繁简和篇幅长短取决于项目的大小或问题的难易，规模大、投资多、周期长的项目，报告的篇幅一般较长，反之篇幅较短。不同类型的可行性研究报告的结构和内容并不完全相同，往往也会采用不同的表述方式。

正文又可分为前言、论证和结论三部分。

1. 前言

前言即可行性研究报告的开头部分，有的也称总论，对拟建项目作概括性介绍，一般包括项目名称、项目立项的原因、目的、依据、范围、实施单位、承担者及报告人的简况，研究工作的依据和范围、研究结论等。前言要简洁明了。

2. 论证

论证是可行性研究报告的核心，是结论和建议赖以产生的基础。要求使用系统分析的方法，以经济效益为核心，围绕影响项目的各种因素，运用大量的数据资料，全面论证拟建项目是否可行。

对于企业上马项目可行性论证来说，其目的无非是为能否立项提供科学依据。企业上马项目的论证，一般从九个方面展开：（1）需要预测和拟建的规模；（2）资源、原材料、燃料及公用设施情况；（3）建厂条件和厂址方案；（4）设计方案；（5）环境保护、劳动保护与安全防护；（6）企业组织、劳动定员和人员培训；（7）工程实施进度；（8）投资估算和资金筹措；（9）经济效益与社会效益。对于企业不同项目的可行性研究报告，以上内容将有所侧重或增减，如有的报告还有项目风险评估及风险防控。

3. 结论

对拟立项的项目完成了各方面的分析研究之后，便可以对其提出综合性评价或结论，指出其优缺点，提出可行或不可行的建议。结论切忌模棱两可，含糊其词。

（三）落款

落款标明完成可行性报告的报告者、报告日期。如在前面已经注明，这里可以省略。

（四）附件

附件即必须附上的有关资料或证明文件，主要有相关政策文件、调查资料、统计图表、设计图纸等，以增强其说服力。

五、可行性研究报告的写作要求

第一，实事求是，讲究科学。可行性研究报告事关具体实施项目的兴废成败，确保内容的科学性是首要原则。项目实施之前，必须从研究对象的实际出发，在实事求是的原则指导下，通过深入细致的调查研究，最终形成科学的结论。同时，要明确项目的目的和范围，明确委托者和投资者的意图，广泛征求意见，尊重客观事实，做到客观公正。

第二，论证充分，结论明确。可行性研究报告来源于客观实际，又关联着项目的具体实施，深刻的分析、充分的论证和明确的结论是撰写的重要前提。如对三峡工程项目的论证，除了工程本身复杂的内容外，还关系生态环境、文化传承、百万大移民等国计民生大事，其结论不能含糊，论证不容疏漏，必须做到资料翔实、事实准确、论据充分、有说服力，对研究对象的"可行"或"不可行"作出明确判断，不能模棱两可。

第三，语言准确，格式规范。可行性研究报告是针对具体项目的研究和论证，其写作质量直接影响到项目命运。这就要求撰写可行性研究报告的单位和个人，除了具备一定的政策水平、较强的专业素养以及丰富的实践经验之外，还须注重写作方法与技巧的运用，注意格式的规范化和语言的准确性。

任务三
招投标文书

任务驱动

2018年6月，学校创新创业计划大赛圆满落幕，肖莉负责的创业项目脱颖而出，获得大赛一等奖。为了鼓励、支持大学生创业，学校设立了创业基金，在校内开辟了创业园区，决定扶持若干创业项目，圆大学生创业梦。学校发布了创业项目招标信息，对中标项目将免费提供办公室、给予经费资助。这对创业欲望高涨却囊中羞涩的肖莉恰如天降甘霖，和团队成员反复磋商后，她郑重提交了投标书。你知道这份投标书应该如何撰写吗？

【范文赏析】

某职业学院食堂抽排烟系统改造工程招标公告

一、项目概况

（一）项目编号：HBZZ-20190187-G190187

（二）项目名称：食堂抽排烟系统改造工程项目

（三）采购预算：127.71 万元（含财政资金 127.71 万元，其他资金 0 万元）

（四）项目内容及需求：

1. 本次竞争性磋商采购共分 1 个项目包，具体需求如下。详细技术规格、参数及要求见本项目磋商文件。

第 1 包：

(1) 项目包编号：1

(2) 项目包名称：某职业学院食堂抽排烟系统改造工程项目

(3) 类别：工程

(4) 用途：食堂抽排烟系统改造工程，详见竞争性磋商公告

(5) 数量：（略）

(6) 简要技术要求：食堂抽排烟系统改造工程，详见竞争性磋商公告

(7) 采购预算：127.71 万元

(8) 期限（工期）：于 2019 年 8 月 24 日前竣工验收完毕

(9) 质保期：二（年）

(10) 其他：无

2. 供应商参加磋商的报价超过该包采购预算金额的，其该包磋商报价无效。

3. 参加多包磋商的相关规定：详见公告。

4. 供应商如需查询技术要求可将您的联系方式发送至我处，也可直接到我处查阅磋商文件。

5. 采购项目需要落实的政府采购政策：详见公告

二、供应商资格要求

（一）供应商必须符合《政府采购法》第二十二条规定的条件。

（二）各包特定资格要求：供应商资格要求为本次项目磋商供应商应具备的基本条件，参加本项目竞标的供应商必须满足资格要求中的所有条款，并按相关规定递交资格证明文件。未按要求递交的供应商，其投标将被拒绝。

1. 供应商应具备《政府采购法》第二十二条规定的以下条件：

(1) 具有独立承担民事责任的能力；

(2) 具有良好的商业信誉和健全的财务会计制度；

(3) 具有履行合同所必需的设备和专业技术能力；

(4) 有依法缴纳税收良好记录；

(5) 参加政府采购活动前三年内，在经营活动中没有重大违法记录；

(6) 法律、行政法规规定的其他条件。

2. 投标人须按照 IB/TE-315：9002 国际信用管理体系标准 GB/TCC9002 企业信用评估标准评定为 A 级及以上信用企业。（信用评定专线：131＊＊＊＊7007 黄老师）

（三）如国家法律法规对市场准入有要求的还应符合相关规定。

以上资格要求为本次招标供应商应具备的基本条件，参加各包投标的供应商必须满足资格要求中的对应各包的所有条款，并按照相关规定递交资格证明文件。

三、磋商文件的获取：

本项目须获取招标文件并登记备案，未获取招标文件并登记备案的潜在供应商均无资格

参加本次投标。

招标文件获取：登记备案

联系人：郑洁

手机：132＊＊＊＊6872

在线QQ：267＊＊＊＊174

邮箱：267＊＊＊＊174@qq.com

××××××职业学院

2019年7月24日

（资料来源：中国采购招标网http：//www.chinabidding.cc，引用时略有改动。）

学校食堂食品原材料（肉类）定点采购项目投标文件（目录）

一、投标函

二、资格证明文件

1. 经年检合格的营业执照复印件

2. 税务登记证复印件

3. 经年检合格的食品流通许可证或食品卫生许可证复印件

4. 法定代表人的身份证明或法定代表人授权书

（1）法定代表人资格证明书

（2）法定代表人授权书

5. 投标人资格声明

6. 投标人的资信证明

7. 上一年度法定财务年表复印件（包括资产负债表、损益表等）

8. 注册地税务部门出具的上一年度完税情况证明或完税凭证复印件

9. 近三年投标人所获得的荣誉复印件

10. 由市级食品药品或质监或工商部门出具的投标人近两年无违规违纪情况证明复印件

11. 动物防疫合格证和生猪定点屠宰证等

12. 投标货物本年度的同批号《质量检验报告》复印件

13. 投标人认为需要提供的其他资格资质证明材料复印件

14. 商务偏离表

（资料来源：百度文库https：//wenku.baidu.com/view/45647f75c4da50e2524de518964bcf84b9d52dcc.html）

［简评］ 以上招标书和投标文件是经济活动中经常出现和使用的文件。招标书首先介绍招标工程概况，接着从谁具备投标资格、如何参加投标（时间、地点、联系方式等）两个大的方面进行分项说明，层次分明，言简意赅，重点突出。投标文件包含投标函和资质证明两大部分，重点聚焦于投标企业经营资质、经历和报价，符合投标文件的制作要求。

【知识聚焦】

招标和投标是一种商品交易行为，是交易过程的两个方面。招投标是国际惯例，是商品经济高度发展的产物，是运用技术、经济的方法和市场经济的竞争机制的作用，有组织开展的一种择优成交的方式。这种方式是在货物、工程和服务的采购行为中，招标人通过事先公布的采购和要求，吸引众多投标人按照同等条件进行平等竞争，按照规定程序并组织相关专家对众多投标人进行综合评审，从中择优选定项目中标人的行为过程。

一、招标书、投标书的含义

招标书有广义和狭义之分，广义的招标书是指招标方在购买大宗货物、对外承包工程建设项目、引进某项科技成果或进行其他交易时，通过特定媒体发布的一系列说明己方需求的文件，包括招标公告（向所有潜在投标人告知招标信息）、招标邀请函（只针对己方中意的潜在合作者单独发出的邀请对方投标的信函文件）、招标章程（内容最详细的招标文件，是对招标公告和招标邀请书的补充）。狭义的招标书特指招标公告。

投标书是指投标单位按照招标书的条件和要求，向招标单位提交的报价并填具标单的文书。它要求密封后邮寄或派专人送到招标单位，故又称标函。

二、招标书、投标书的类型

按照标的划分，招标书、投标书通常有以下四类：一是货物类，即大宗商品交易类；二是工程类，即工程项目建设类；三是技术类，如技术引进、开发或转让，科研课题等；四是服务类，如劳动服务。

三、招标书、投标书的特点

第一，真实性。招标书一般通过媒体发布，涉及内容必须真实可靠；投标书也应如此，不能为了中标而夸大自己的实力。

第二，针对性。招标书要针对招标项目、目的写作；投标书要针对招标书的条件和要求，以及投标单位的实际情况写作。

第三，竞争性。招标的目的是为了吸引更多投标人竞标，以择优选择合作者；竞标人为了中标，其投标书的内容和语言都富于竞争性，争取以较低的标价、较优的质量和效益中标。

第四，保密性。招标人的标底和投标人的投标书在开标前都要保密，投标书在开标前要密封，未密封、未盖印章及过期的投标书无效。

四、招标书、投标书的写作格式

（一）招标公告的写作格式

狭义的招标书，即招标公告一般由标题、正文、落款三个部分构成。

1. 标题

标题是对文书内容的概括和提炼。招标书的标题有两种写法：

一是完整式，即由"招标单位＋招标项目＋文种"构成，如《中国科学院化学研究所仪器设备采购项目招标公告》。

二是省略式：或省略招标单位，《建筑安装工程招标公告》；或省略招标项目，如《上海石油化工总厂招标公告》；或二者皆省略，只保留文种。

2. 正文

正文由前言和主体构成。

（1）前言。前言简介招标单位基本情况、招标的缘由或目的，招标项目名称等，并用"现邀请合格的投标人参加投标"或"欢迎合格投标人的参与"等承上启下。

(2) 主体。主体部分是招标公告的核心，详细写明招标内容、条件、要求及联系方式等有关事项。不同类型的招标公告，其主体写法不同。

工程建设项目招标书要写明工程的内容，如工程名称、施工地点、建筑面积、工程结构、承包方式、投标资格（要求建筑企业具有的级别）、投标日期（包括领取招标文件和送递投标书的时间）、地点、应交费用、开标日期、对投标者的要求、联系方式等。

采购大宗商品招标书要写明商品名称、规格、型号、数量、检验方法、交货日期、结算方式、投标日期和地点、开标日期、对投标者的要求、联系方式等。

承包或承租企业招标书要写清楚企业概况、投标者的条件、承包或承租后经济指标要求、中标者责任与权益、投标和开标日期及地点、联系方式等。

3. 落款

在正文右下方注明招标单位和招标公告发布日期。

（二）招标邀请函的写作格式

招标邀请函是信函的一种，由标题、主送单位、正文和落款构成，其写法不赘述，只举一例。

招标邀请函

北京大学出版社有限公司拟对仓储运输设备进行招标，欢迎贵公司参加投标。

1. 招标内容：仓储运输设备

招标数量：见清单。具体规格、技术要求见货物需求一览表及技术要求。货物的技术、质量标准按国家现行规定。

2. 投标企业应具备的资格：投标企业应是在中国国内注册并经营期限满两年以上，注册资本100万元以上（含100万元），具有相应的资质和履约能力，资金财务状况良好的制造商或经销商（提供营业执照、税务登记证、组织机构代码证副本复印件并加盖公章）。

3. 报名截止时间：2017年3月29日（星期三）15:00（北京时间）

4. 发售标书时间：2017年3月29日（星期三）9:00—15:00（北京时间）

5. 报名及发售标书地点：北京大学出版社有限公司储运部，地址：北京市大兴区黄村镇孙村组团盛吉街11号院，联系人：郭志鹏，电话：010-61261831。

6. 投标截止时间：2017年4月6日（星期四）15:00（北京时间），逾期或不符合规定的投标文件恕不接受。

7. 递交投标文件地点：北京大学出版社有限公司储运部，地址：北京市大兴区黄村镇孙村组团盛吉街11号院，联系人：郭志鹏，电话：010-61261831。

8. 开标时间：2017年4月7日（星期五）9:00（北京时间）开标，逾期或不符合规定的投标文件恕不接受。

9. 开标地点：北京大学出版社有限公司三楼会议室，地址：北京市海淀区成府路205号。

北京大学出版社有限公司
2017年3月23日

（资料来源：北京大学出版社有限公司 http://www.pup.cn/main/newsdetail.cfm?iCntno=20482，引用时略有改动）

（三）投标书的写作格式

投标书一般由标题、主送单位、正文、落款和附件五部分构成。

1. 标题

投标书的完整标题一般由"投标单位＋投标项目＋文种"构成，如《××后勤集团承包××食堂投标书》，也可采取省略式，或省略投标单位，或省略投标项目，或二者皆省略，只保留文种"投标书"或"投标申请书"。

2. 主送单位

即招标单位，一般主送招标单位的招标办公室，顶格写全称。

3. 正文

投标书的正文包括前言和主体。

（1）前言。简要说明投标的依据、目的和己方基本情况，表明愿意参加投标的态度。

（2）主体。这是投标书的关键部分，是招标法评标的重要依据。由于投标项目不同，主体写法有别，但整体而言，都应结合投标书来写，且必须说明投标项目的具体指标。写作时宜采取分条列项式，列举工程、货物标价、工期、交货日期、完成任务的具体措施、质量保证、意见和建议、联系方式等，每一条都只概述，具体内容写入附件中，附于文后。

4. 落款

落款包括投标单位名称（或个人姓名）和成文日期，书写于正文右下方。

5. 附件

附件主要包括：（1）投标报价表；（2）货物清单；（3）技术差异修订表；（4）资格审查文件；（5）开户银行开具的投标保证金函；（6）开户银行开具的履约保证金函等。

投 标 书

××政府采购中心：

根据贵方为××工程项目招标采购货物及服务的投标邀请（投标文件编号：××××），签字代表×××经正式授权并代表投标人××××公司提交下述文件正本一份及副本×份：

1. 投标一览表
2. 投标分项报价表
3. 货物说明一览表
4. 技术规格偏离表
5. 商务条款偏离表
6. 资格证明文件
7. 遵守国家有关法律、法规和规章，按招标文件中投标人须知和技术规格要求提供的有关文件
8. 以支票形式出具的投标保证金，金额为人民币×××元。

据此，签字代表宣布同意如下：

（1）附投标价格表中规定的应提交和交付的货物投标总价为人民币×××万元（￥×，×××，×××.00 元）。

（2）投标人将按投标文件的规定履行合同责任和义务。

（3）投标人已详细审查全部招标文件，包括第××××号。我们完全理解并同意放弃对这方面的不明及误解的权利。

（4）本投标有效期为自开标日起××个工作日。

（5）在规定的开标时间后，投标人保证遵守招标文件中有关保证金的规定。

（6）根据投标人须知第1条规定，我方承诺，与贵方聘请的为此项目提供咨询服务的公

司及任何附属机构均无关联，我方不是贵方的附属机构。

（7）投标人同意提供按照贵方可能要求的与其投标有关的一切数据或资料，完全理解贵方不一定接受最低价的投标或收到的任何投标。

9. 与本投标有关的一切正式往来信函请寄：

地址：××××××××××

电话：×××××××

传真：×××××××

电子函件：×××××××

投标人授权代表签字：×××

投标人名称（全称）：×××××××

投标人开户银行（全称）：××××××××××

投标人银行账号：×××××××××

投标人：（公章）
××××年×月×日

（资料来源：王治生，张劲松．应用文写作情境化实训教程．北京：北京理工大学出版社，2011）

（四）中标通知书的写作格式

中标通知书的写法和公务文书中"通知"的写法相似，一般由标题、主送单位、正文、落款构成，这里不赘述，列举一例。

中标通知书

××公司：

在我中心组织招标的救灾帐篷政府采购国内公开招标（招标编号：TC990078）中，经评标委员会评议，你公司被确定为中标厂商，特此通知，并据此与使用单位办理订供货合同事宜。

××机电设备招标中心
××年×月×日

五、招标书、投标书的写作要求

第一，平等协商。招投标涉及贸易活动，要遵守自由平等、诚恳礼貌的原则，既不可盛气凌人，也不可低声下气。

第二，周密严谨。招投标书是签订合同的依据，是具有法律效应的文书，必须写得全面、具体、周密，以免中标后发生法律纠纷。

六、招标、投标的程序

（一）招标单位编制和报审招标文件，发布招标公告，出售（发放）标书；

（二）投标者购买或领取标书；

（三）招标单位组织投标者勘察设计现场，解答招标书中的疑问；

（四）投标者填写投标书并报送招标单位；

（五）招标单位对投标者的资格（质）及信誉进行审查；

（六）招标单位开标，公布标底标价，评定中标单位；

（七）招标单位发出中标通知书并公示中标单位相关信息；

（八）招标和中标单位签订合同。

任务四
合同

任务驱动

肖莉负责的项目中标了，团队成员欢欣雀跃。学校创业学院通知她，10日内与学校签订创业扶持基金使用协议及办公室免费租赁合同。办完这两项手续，她们又联系了易安居装饰公司，决定对这间20平方米的办公室进行简单装修。同时，她们利用业余时间调研服装市场，精心选购上架商品，而且很快在淘宝网上注册了网店。请你搜集相关资料，完成这三份合同与协议的起草。

【范文赏析】

服装订购合同

甲方：_____
乙方：_____

_____管理有限公司（以下简称甲方）与_____服装服饰有限公司（以下简称乙方）就工服制作业务签订以下合同，共同遵守。

第一条 产品名称、价格、数量。

后附详细报价单。此价格经双方认可，作为本合同的附件。

第二条 交货地点及时间

1. 地点：_____
2. 时间：自本合同签订且乙方收到预付款后_____日内。

第三条 加工形式

1. 乙方根据甲方要求提供服装款式及面料样品，经双方确认后，再进行批量生产。
2. 采取乙方包工包料并提供全部辅料的方式。
3. 货物到达甲方指定地点后，甲乙双方依据订货清单进行清点验收，并办理交接签字手续。

第四条 甲方责任

1. 甲方通过服装款式及面料后，在合同生效及执行过程中不得擅自更改。
2. 甲方定好量体时间，保证人员齐全。
3. 按此合同付款日期，按时付款。

第五条 乙方责任

1. 乙方须保证产品质量，如有制作问题，乙方须负责修改。
2. 按此合同交货日期，按时交货。如未按时交货，甲方将扣除乙方_____的货款作为违约金。

第六条 结算方式

1. 支票结算。此合同签订后____日内,甲方须预付_____的货款给乙方。
2. 终结付款额,依据实际制衣件数,经双方认可后的款额支付。
3. 甲方收到乙方全部货物并验收合格后,须在_____内付清乙方全部货款。如有延误,每日须加付_____的滞纳金。

第七条 本合同有效期自签订之日起生效,到全部货款结清之日为止。

第八条 此合同经双方签字盖章后生效。如有一方在有效期内欲终止合同,需赔偿对方_____的货款作为违约金。本合同一式两份,双方各执一份。

甲方业务代表:_____ 乙方业务代表:_____

甲方盖章:_____ 乙方盖章:_____

日   期:_____ 日   期:_____

(资料来源:应用文写作网 http://www.yywxz.com/shu/hetongshu/75.html)

[简评] 这份服装订购合同采用条款式,围绕标的,约定了数量、质量、价款、履行责任的时间、地点、方式等事项,结尾标注双方基本信息,责任明确,可操作性强。合同条款完备,内容合法,格式规范,语言准确。

【知识聚焦】

合同也称合约或契约,具有法律约束力,既是顺利履行约定的保障,也是解决纠纷的依据。

一、合同的含义

《中华人民共和国合同法》指出:"合同是平等主体的自然人、法人、其他组织之间设立、变更、终止民事权利义务关系的协议。"

二、合同的类型

根据《中华人民共和国合同法》,常用合同按业务性质和内容分为15种:买卖合同;供用电、水、气、热力合同;赠与合同;借款合同;租赁合同;融资租赁合同;承揽合同;建设工程合同;运输合同;技术合同;保管合同;仓储合同;委托合同;行纪合同(行纪人以自己的名义为委托人从事贸易活动,委托人支付报酬的合同)、居间合同(居间合同是居间人向委托人报告订立合同的机会或者提供订立合同的媒介服务,委托人支付报酬的合同)。

按形式划分,合同则分为条款式合同、表格式合同和复合式合同。

三、合同订立的原则

签订合同必须遵守五项原则:

第一,合法原则。签订合同是一种法律行为,只有合法才具有法律约束力,依法订立的合同受法律保护。

第二,平等原则。合同当事人的法律地位平等,一方不得将自己的意志强加给另一方。

第三,自愿原则。当事人依法享有自愿订立合同的权利,任何单位和个人不得非法干预。

第四,公平原则。合同当事人应当遵循公平原则确定各方的权利和义务。

第五,诚信原则。合同当事人行使权利、履行义务应当诚实、守信,以善意的态度签订和履行合同。

四、合同的写作格式

合同一般包括标题、约首、正文、约尾、附件五部分。

(一)标题

标题即合同的名称,它提示合同的性质和种类,通常有两种写法:一是"合同性质+文种",如《融资租赁合同》;二是"合同标的(经营范围)+合同性质+文种",如《汽车买卖合同》《农副产品购销合同》。也有的合同标题里添加合同期限、签约单位名称等,如《2012年委托货物运输合同》《××公司××港务局水路货物运输合同》。

(二)约首

约首包括合同当事人的名称或姓名、签约时间、地点等。签约时间、地点可以写在约首中,也可在约尾中注明。合同签约当事人的名称应写全称,为便于正文表述,一般在全称前面或后面注明代称,如"甲方、乙方""供方、需方""买方、卖方"等,不能用"你方、我方"代替,这样易造成歧义。如有中介方也需写明。

如果是表格式合同,直接在相应位置填写当事人名称或姓名。如签订大批量合同或经常签订合同,为了方便查阅和管理,可以给合同统一编号。编号一般放在标题右下方。

(三)正文

正文部分是合同的主要内容,一般包括开头和主体。

1. 开头

开头通常简要说明签订合同的依据或目的,引起下文。如"根据……为明确双方权利与义务,经甲乙双方充分协商,特订立本合同,以资共同遵守。"

2. 主体

主体即合同的具体内容和条款。《中华人民共和国合同法》规定,合同一般包括以下条款:

(1)标的。它是合同当事人权利和义务共同指向的对象,包括产品、劳务、工程项目或智力成果等。任何合同都有标的,没有标的或标的不明确,双方的权利和义务也就缺乏依据,合同就无法履行。

(2)数量。它是标的的计量,是衡量标的的指标。合同必须明确规定标的的数量、计量单位和计量方法。不同性质的合同,应根据标的不同采取相应的计量单位,并按国家相关规定和方法计量。

(3)质量。它是标的的特征,反映标的的优劣程度,是标的内在质量和外观质量的综合指标。质量标准必须具体,有国家标准、部颁标准、省(市)标准的,要按标准约定;没有规定标准的,则由当事人协商确定。技术要求、验收标准也应规定清楚,有的甚至要封样备验。

(4)价款或者酬金。这是指当事人获取标的所应支付的货币。价款在买卖合同中是指产品的价格款,在租赁合同中是指租金,在借款合同中指本金和利息;酬金在承揽合同中是指加工费,在保管合同中是指保管费,在运输合同中是指运输费等。

(5)履行期限、地点和方式。期限是指履行合同的时间要求,是享有标的的一方要求对方履行合同义务的时间规定。一切经济活动都是有时间期限的,一方违背了期限要求,必然会给对方造成经济损失,因此,期限必须写明确。地点是指履行合同规定义务的地点,即交付、提取标的的地点。凡是合同履行与地点密切相关的,必须注明履行的确切地点。履行方式是指采取什么方法来实现合同所规定的权利和义务。一般说来,履行方式包括标的的交付方式、价款或酬金的结算方式。履行期限、地点和方式是合同中容易引起纠纷的要素,签订合同应将这三点规定得明确、具体。

(6)违约责任。违约责任又称"罚则",指合同当事人因过错造成合同不能履行或不能完全履行时所承担的经济和法律责任。它是合同不可缺少的重要部分,是出现矛盾分歧时解决合同纠纷时的可靠依据。要写明制裁措施及违约金、赔偿金的数额等。

(7)解决争议的方法。这是指合同当事人约定的、解决合同履行中发生争议的方法。常见方法有协商、调解、仲裁、诉讼四种。

不同类型的合同条款内容会有所不同,如仓储保管合同涉及损耗,有的产品按照国家规定需要包装和检疫,当事人可以参照各类合同的示范文本订立合同。合同主体部分除了以上条款外,一般还要注明合同的份数和保存方式、有效期、未尽事宜的处理办法等,也被称为合同的附则。

(四)约尾

约尾包括署名、日期和附则。署名包括合同当事人单位的全称、法人代表签名,有的还有委托代理人签名,并加盖公章或合同专用章;日期就是签订合同的年月日;附则是指当事人单位地址、邮编、电话、电传、开户银行、账号等。有鉴(公)证机关的,鉴(公)证的机关要签署意见并盖章,注明日期。署名和用印要端正、清晰。

(五)附件

附件与正文相呼应,包括表格、图纸、样品等的名称、数量和保管等。例如一份住房装修合同,其附件可能包括施工图纸或做法说明、工程项目一览表、工程预算书、甲方提供货物清单等。附件和正文条款具有同等法律效力。

五、合同的写作要求

第一,准备要充分。订立合同之前,首先要了解国家有关法律、法令、政策、规定,避免订立无效合同;其次要展开市场调查和可行性研究,以确定该不该订立合同以及与谁订立更好;此外,还要对签订方进行资格审查和信誉审查,以防上当受骗。

第二,条款要具体。合同条款越具体、明确、周密,就越有利于合同的履行。合同不能漏项,不能含混不清。否则,履行过程中就可能发生争议,甚至难以执行。

第三,用词要准确。合同文字表达要准确、简洁,要精心琢磨,字斟句酌,甚至标点符号都要仔细推敲,防止出现歧义和争议。

第四,文面要整洁。合同一旦成文就不得随意涂改,确有必要修改,需征得签订双方同意,并在修改处加盖双方(多方)印章。如需添加条款,则经双方同意后可作为合同附件备案并加盖印章。擅自涂改过的合同无效,不受法律保护。

六、合同与协议书的区别

协议书有广义和狭义之分。广义的协议书是指各种契约类文书,包括合同、议定书、条约、公约、联合宣言、联合声明、条据等。狭义的协议书指国家、政党、企业、团体或个人就某个问题经过谈判或共同协商,取得一致意见后,订立的一种具有经济或其他关系的契约性文书。这里的协议书取其狭义。协议书与合同区别明显:

第一,使用范围不同。合同主要适用于经济领域;协议书则不仅适用于经济领域,而且适用于政治、科技、文化、军事等众多领域。

第二,文体功能不同。协议书可以作为合同的前奏,为合同提供纲要性内容,也可作为已订合同的修订或补充,成为合同的组成部分。

第三，表述要求不同。合同明确当事人权利义务关系，必须明确、具体、详细；协议书主要表达当事人的一致意见，较少详述具体细节，内容比较简略。

【写作实训】

一、判断分析

1. 合同只要一经签订就具有法律效力。
2. 合同双方或多方当事人的法律地位可以不平等。
3. 可行性研究报告要对研究对象的"可行"或"不可行"作出明确判断。
4. 投标书不具有法律效力。
5. 招标人的标底和投标人的投标书在开标前都要保密。
6. 为了起到更好的宣传效果，说明书的内容可以适当夸张。

二、病例评改

1. 请指出下列招标公告存在的问题并予以修改。

招 标 公 告

我厂是一家老牌电冰箱生产企业，成立于改革开放初期的1980年，现有职工1300人，其中工程技术人员300余人。我厂年产××牌电冰箱50万台，其中BCD-248WP3BD型电冰箱先后获得安徽省及原国家轻工业部优质产品奖、中国国际工业博览会金奖。为了提高质量，降低成本，决定公开招标。

（1）招标项目：电容器、插头电源线、橡胶件、塑料件及镀锌件等。
（2）招标时间：2018年5月20日。
（3）开标时间和地点：2018年6月20日上午在本厂公开开标。
（4）招标文件发售：全套招标文件将于近期发售，价格面议。

以上招标欢迎国内外客户积极投标。未尽事宜，欢迎垂询。

特此公告。

××股份有限公司
2018年3月30日

2. 请指出下列合同存在的问题并予以修改。

合　　同

合同单位：甲方：×××职业技术学院

乙方：×××建筑集团××分公司

为修建教学楼，经双方协商，订立本合同。

（1）甲方委托乙方修建教学楼，由乙方负责全面建造。
（2）全部建筑费1200万元。
（3）甲方在合同签订后先交部分费用，余款在教学楼建好后归还。
（4）工期在乙方准备好后马上开始，争取8月左右开工。
（5）合同一式两份，各单位一份。

×××职业技术学院
×××建筑集团××分公司

三、单项写作

1. 某科技有限公司位于武汉市，是一家集手机专业生产和销售于一体的高科技企业，公司自主研发和生产热门主流机型在大学生中非常普及。公司经研究决定开发一款以大学生为目标消费者的手机，需要开展相关可行性调研。请以小组为单位，合作设计市场调查问卷，并在本校开展抽样调查，经过分析后撰写一份市场调查报告。

2. 重庆商业规划商学院营销学院毕业生王琪自主创业开办寿司小店。经营初期，小店铺并不出名，销量也不尽如人意。为了增加知名度，王琪想使用宣传单、QQ、微博等渠道进行宣传。请你帮王琪撰写产品说明书，充分说明寿司的原材料健康、营养均衡、食用方便等特点，帮助店主打开销路。

四、综合写作

某学院为改善教学办公条件，拟订购50台电脑。由于该项目属政府采购项目，由武汉市政府采购办公室在"湖北武汉政府采购网"和武汉市公共资源交易中心门户网站上发布了这一招标信息。武汉市三联电脑有限责任公司是一家主要销售代理联想家用电脑系列产品和联想商用电脑产品的连锁公司，捕捉到这一信息后，及时制作了投标文件。开标后，三联公司凭借质优价廉一举中标。一个月内，学校和公司签署了电脑销售合同。

请你根据上述材料，采集相关信息，完成三种文书写作。

模块八 法律文书

情境导入

李建国经营一家超市，2010年10月18日，上海××公司到其超市定购了10箱五粮液，价值6万元。李建国于19日将10箱五粮液送至该公司，公司财务主管立即开出6万元的转账支票交付李建国。李建国在收到支票的第二天去银行转账时，××公司开户银行告知他，该公司账户上存款只有3万余元，不足以清偿货款，支票被银行退回。当李建国再次找××公司索要货款时，该公司无理拒付。后来李建国多次找该公司进行交涉，均被其以经理不在拒之门外。根据《中华人民共和国民法通则》第106条第一款和第134条第一款第七项的规定，××公司应当承担民事责任，李建国有权要求该公司偿付货款，并赔偿由于该公司拖欠货款而给自己造成的一切经济损失。李建国一纸诉状将××公司告上了法庭，并提供了下列证据：××公司收到货后签收的收条1份；银行退回的××公司开的支票1张；法院的收费收据×张等。

（资料来源：王治生，张劲松．应用写作情境化实训教程．北京：北京理工大学出版社，2011）

【知识聚焦】

法律文书是指我国公安机关（含国家安全机关）、检察院、法院、监狱或劳改机关以及公证机关、仲裁机关依法制作的处理各类诉讼案件和非诉讼案件的法律文书和案件当事人、律师及律师事务所自书或代书的具有法律效力或法律意义的文书的总称。

法律文书包括五类：一是专业诉讼文书，由国家司法机关制作，主要包括公安机关、国家安全机关、监狱制作的侦查文书，检察机关制作的检察文书，人民法院制作的裁判文书等；二是民用诉讼书状，即由诉讼当事人书写或委托律师代写的各类诉状，主要包括起诉状、上诉状、申诉状、答辩状；三是律师业务文书，即律师在各项业务活动中，根据事实和法律制作的具有法律意义的文书，包括辩护词、委托书、合同等；四是国家公证机关依法制作的具有法律效力的公证文书；五是仲裁机构依法制作的具有法律效力的文书，如仲裁通知书、调解书、裁决书等。

任务一
起诉状

> **任务驱动**
>
> 　　胡浩（化名）是湖北××学院2018级法律专业的学生。2019年6月15日，全国大学英语四级考试，胡浩使用手机欲查看答案时被监考老师查获。当天，学院在校内张贴通报，主要内容为胡浩的行为已构成严重考试作弊，该课程考试成绩无效，根据《××学院学生违纪处分规定》第二十五条规定，给予开除学籍处分。2019年6月，学院向胡浩送达了《××学院学生违规处理告知书》和《关于给予胡浩开除学籍处分的决定》（校教〔2019〕18号），给予胡浩开除学籍处分。同年7月，胡浩一纸诉状向学校所在的××市××区人民法院提起了行政诉讼。你知道这份行政起诉状如何写作吗？

【范文赏析】

民事起诉状

　　原告：苏某，男，汉族，19××年×月×日出生，住武汉市××区××村×号×楼×号，身份证号：×××××××××××，电话：×××××××××

　　被告：胡某，男，汉族，19××年×月×日出生，住武汉市黄陂区××街××湾，身份证号：×××××××××××，电话：×××××××××

　　被告：武汉×××物流有限公司黄陂分公司，住所地：武汉市黄陂区××××，电话：×××××××××

　　被告：武汉×××物流有限公司，住所地：武汉市青山区××街××门××室，电话：×××××××××

　　被告：中国人民财产保险股份有限公司×××分公司

　　诉讼请求：

　　1. 判令第一被告向原告赔偿医疗费、后期治疗费、鉴定费、误工费、住院伙食补助费、护理费、交通费、营养费、残疾赔偿金、被抚养人生活费、精神抚慰费、残疾辅助器具费、康复费等共计×××万元；

　　2. 判令第二被告、第三被告在上述×××万元赔偿范围内承担连带责任；

　　3. 判令第四被告在交强险责任限额范围内向原告承担赔偿责任；

　　4. 本案诉讼费用由被告承担。

　　事实与理由：

　　原告苏某于2018年10月23日驾驶鄂A××××金龙大客车前往黄陂木兰天池。上午8点半左右，当金龙客车正常行驶在黄陂区木兰大道时，被告胡某驾驶着鄂AL××××斯太尔牌大货车突然转弯驶入客车车道撞向原告正常驾驶的金龙大客车，原告被撞变形的驾驶台紧紧压住，经黄陂区消防大队紧急救援而获救，后紧急送往华中科技大学同济医学院附属协和医院抢救住院至今。

　　经查，被告胡某驾驶的鄂AL××××斯太尔牌货车车主为武汉×××物流有限公司黄陂分公司，该车已向中国人民财产保险股份有限公司×××分公司投保，保险期自 2017 年 12 月 8 日至 2018 年 12 月 7 日。

截止到 2018 年 11 月 3 日，原告共花医疗费 84293.99 元，而第一被告仅向原告支付 15000 元。目前由于差欠医院巨额医疗费而导致原告的第二次手术被延误，原告现正面临病情加重及生命危险！无奈之下，原告为维护自己的生命权和健康权，特具状起诉，望法院尽速判决，满足原告的全部诉请。

此致
武汉市黄陂区人民法院

具状人：苏某
二〇一八年十一月五日

附：1. 起诉状副本 4 份；
2. 身份证复印件 1 份；
3. 交通事故认定书复印件 1 份。

[简析] 这是一起因道路交通事故所导致的人身损害赔偿案件。该民事起诉状首部包括标题和当事人的基本情况两项内容，正文写明诉讼请求、事实和理由，尾部则包括结尾和附项。本诉状要素齐全，结构完整，层次清晰，事实及理由阐述充分，用语准确，言简意赅，符合写作规范。

【知识聚焦】

诉讼是指纠纷当事人通过向具有管辖权的法院起诉另一方当事人的形式解决纠纷。"诉"即为控告，"讼"意为争辩是非，即通过控告以明辨是非，俗称"打官司"。要提起诉讼，当事人就要向人民法院提交起诉状。

一、起诉状的含义

起诉状亦称"诉状"，是指公民、法人或其他组织因自身合法权益遭受侵害而向人民法院提起诉讼请求的文书。

起诉状的制作要慎重，因为它不只是引起诉讼程序的必要手续，而且对于案件审理过程有着实质性影响，当事人通过起诉状提出自己的诉讼请求并充分说明事实和理由，人民法院则以起诉状作为审查、立案和处理凭据之一。起诉状易与起诉书混淆，起诉书是检察院因刑事案件向法院提起公诉的诉讼文书，由检察长签署。

二、起诉状的类型

根据当事人的身份和诉讼目的的不同，起诉状分为民事起诉状、刑事起诉状和行政起诉状三种。

民事起诉状也称民事诉状，是民事案件的原告人或其法定代理人，在自己的民事权益受到侵害或者与他人发生争议时，为维护自身民事权益，依据事实和法律，向人民法院提起诉讼，要求依法裁判时所提出的书面请求。

刑事案件的起诉分公诉和自诉，因为我国刑事犯罪采用检察机关公诉为主，公民自诉为辅的形式，公诉权属于检察机关，绝大部分刑事案件由公安机关侦查，由检察机关提起公诉。刑事自诉状的制作主体则是公民个人，是法律规定的自诉案件中，由受害人或者他们的代理人，直接向人民法院控告刑事被告人，要求法院追究其刑事责任所递交的书面请求。刑事自诉状适用范围是：告诉才处理的案件、被害人有证据证明的轻微刑事案件和被害人有证据证明对被告人侵犯自己人身、财产权利的行为应当依法追究刑事责任而公安机关或者人民检察院不予追究被告人刑事责任的案件（如情节轻微的侮辱罪、诽谤罪、暴力干涉婚姻自由罪、虐待罪和轻伤害罪等）。

行政起诉状俗称"民告官"的诉状，是公民、法人或者其他组织不服行政机关的具体行政行为，而向人民法院提起诉讼的书面请求。行政起诉状的原告可以是公民、法人或者其他组织，而被告只能是作出具体行政行为的国家行政机关，它不以行政机关工作人员为被告。

三、民事起诉的条件

根据《中华人民共和国民事诉讼法》第一百零八条的规定，起诉必须符合下列条件：
（一）原告是与本案有直接利害关系的公民、法人和其他组织；
（二）有明确的被告；
（三）有具体的诉讼请求和事实、理由；
（四）属于人民法院受理民事诉讼的范围和受诉人民法院管辖。

四、起诉状的写作格式

民事、刑事、行政起诉状格式基本相同，主要包括首部、正文、尾部三部分。

（一）首部

1. 标题

注明文书名称，在首页正上方标明"民事起诉状""刑事起诉状""刑事自诉状""行政起诉状""刑事附带民事起诉状"等。

2. 当事人基本情况

当事人为自然人的，写明其姓名、性别、出生日期（年龄）、民族、职业或工作单位和职务、住址、联系方式，如果当事人不具有诉讼行为能力，应写明法定代理人的基本情况，并写明其与当事人的关系。法定代理人的身份事项包括姓名、性别、年龄、职业或工作单位、住址和联系方式。在法定代理人的姓名后面用小括号注明其与当事人的关系，如"法定代理人×××（原告之父）"。

当事人是法人或其他组织的，应写明其全称、地址、法定代表人姓名、职务、联系方式。

当事人应分原告、被告依次写明，如果有数个原告、被告，则依据他们在案件中的地位和作用，按照享受权利和应尽义务的大小多少，从重到轻分别依次排列。

当事人委托了诉讼代理人，应在当事人的基本情况之后，另起一行写明其诉讼代理人的身份事项。委托代理人身份事项的写法有两种：如果以律师为委托代理人，应写明其姓名和所在律师事务所；如果以非律师为委托代理人，写法上则与法定代理人身份事项写法相同。在司法实践中，委托代理人的身份有时不在诉状中载明，而是另行提供授权委托书和律师事务所的相关函件加以证明。

（二）正文

正文包括诉讼请求、事实和理由、证据三部分。

1. 诉讼请求

诉讼请求是起诉人请求人民法院解决的具体问题，是起诉人诉讼目的和意图的体现。如要求与被告离婚，要求继承遗产，追索赡养费，损害赔偿，解除合同或清偿债务等。诉讼请求应根据事实和法律，慎重、周密地提出，应当明确、具体、合法，切忌含糊、笼统，更不可无视事实和法律提出无理或非法要求。

2. 事实和理由

这是民事起诉状的核心内容，是请求人民法院裁决当事人之间权益纠纷和争议的重要依据。

事实既是提起诉讼、实现诉讼请求的基础和依据，也是人民法院进行裁决的基础和依据。起诉状应针对诉讼请求，全面、客观、详细地阐明当事人双方争议的事实或被告侵权的事实。主要写清当事人之间的法律关系，双方纠纷的发生和发展情况，当事人之间争执的主要焦点和双方对权益争执的具体内容，与案件有直接关联的客观情况和实质性分歧意见等。叙述事实应实事求是，不可脱离实际任意歪曲。此外，还应具体、清晰、层次分明、详略得当，写清楚与争议有关的关键情节，以使法院迅速了解双方争议焦点所在，明确调查、审理的重点。

理由是对事实的概括和评说，包括依事论理和依法论理：依事论理是写明被告的侵权行为或者双方争议的性质、已经造成的后果以及被告应当承担的责任；依法论理则写明原告提起诉讼所依据的法律条款。阐明理由应以事实为依据，以法律为准绳，证明其诉讼请求的合理性和合法性，不可胡编乱造，强词夺理。

事实与理由相辅相成，没有事实做支撑，理由显得苍白无力，只陈述事实不谈理由则缺乏说服力。案情简单的，事实和理由可以合写，边叙述事实边阐述理由。事实、理由的陈述要与诉讼要求一致，不能相互矛盾。

3. 证据

这里写明证据和证据来源，证人姓名和地址：写明向人民法院提供的能够证明案情的证据的名称、件数或证据线索，并写明证据来源。有证人的，则应写明证人的姓名和住址。证据的名称要规范，要符合法律规定。如果证据较为简单，也可直接在附项中标明。在司法实践中，法院在立案中往往要求起诉人在递交诉状时同步要求提供证据目录和清单。

（三）尾部

尾部包括结尾和附项。

1. 结尾

（1）致送人民法院名称。应另起一行空两格写"此致"，然后往下一行顶格写"××人民法院"，要写明法院的全称。

（2）原告亲自签名，如果是法人或其他组织则应加盖公章。一般不允许受托代理人代替原告签字。

（3）起诉日期。在具状人签名下一行，写明起诉的年、月、日。

2. 附项

附项是指本起诉状副本、附送证据的名称和数量。副本份数应按被告（包括第三人）的人数提交，由人民法院转交对方当事人。

五、起诉状的写作要求

第一，当事人的具体信息需要写清楚。被告不能写成"被告人"，原告也不能写成"原告人"。

第二，诉讼请求应当具体和明确，表达要简练，诉讼请求要保证能够执行。

第三，事实应当清楚、证据应当详细标明证据来源。

任务二
答辩状

任务驱动

胡浩因考试作弊被学校开除学籍。他不满这一处分，遂向××市××区人民法院提起了行政诉讼。2019年8月14日，学校收到了区人民法院送来的起诉状副本，立即组织专班进行分析研究，并指派专人撰写答辩状及搜集相关材料应诉。你知道答辩状如何写作吗？答辩状应当于收到起诉状副本之日起多少日内提交？是提交给原告吗？你可以查阅相关资料回答这些问题，并代学校起草这份答辩状吗？

【范文赏析】

民事答辩状

答辩人：程某某，女，汉族，××年×月×日出生，现住武汉市××区××路××小区××栋×单元××号，联系方式：×××××××××××。

答辩人因王某发诉程某某、中国大地财产保险股份有限公司××分公司交通事故损害赔偿案，提出如下答辩意见。

答辩请求：

恳请人民法院驳回被答辩人起诉状中的所有的诉讼请求。

事实和理由：

一、被答辩人证据不足，应承担举证不能的后果

1. 被答辩人没有确实充分的证据证明侵权事实。

原告诉称"此事故是因为答辩人未注意安全驾驶所造成，应承担全部责任。"但被答辩人除交管部门出具的《交通事故证明》外，没有提供其他相关证据证明事故发生的真实情况。且《交通事故证明》中也未载明事故发生的现场真实情况，结论是"现有证据无法查清交通事故成因"。

2. 被答辩人认为答辩人应负全责没有事实和法律上的依据。

被答辩人提供的交管部门出具的《交通事故证明》中未对本次事故责任进行认定。而除此以外，被答辩人无证明答辩人应承担事故全部责任的其他证据。

因此，依据《最高人民法院关于民事诉讼证据的若干规定》第二条之规定，当事人对自己提出的诉讼请求所依据的事实有责任提供证据加以证明。没有证据或者证据不足以证明当事人的事实主张的，由负有举证责任的当事人承担不利后果。被答辩人并没有充分证据证明事故发生的原始经过，及其关于答辩人应承担事故全部责任的主张，法院应当驳回其诉讼请求。

二、即使依据现有证据，本次事故责任也不应由答辩人承担

答辩人认为，本次事故发生的原因系因被答辩人驾驶的电动车从后方高速驶向答辩人驾驶的小轿车导致碰撞，且电动车在碰撞前未采取有效制动措施。理由如下：

首先，答辩人认为现有证据可以证明以下两个基本事实：

1. 依交管部门提供的事故发生时"两车碰撞形态"照片可以证明，事故发生时是电动

车在后，小轿车在前。

2. 碰撞后，被答辩人向前飞跃电动车方向把，一定距离后坠地摔伤，当场昏迷，事后失忆，医院确诊的伤势严重。

其次，依据以上事实，可以对事故发生的真实情况进行分析，有以下三种可能：

A. 电动车静止，小轿车倒车碰撞电动车。在这种假设情况下，除非小轿车倒车时以极高的速度撞向静止的电动车才能导致电动车驾驶者向前飞跃方向把，摔倒如此重伤，因此这一种可能应当被排除。

B. 电动车与小轿车都在移动，相对而行导致碰撞。这种情况下，会因更高的相对速度产生更高的动能，使碰撞面有严重破损。且汽车的质量大，碰撞后仍会有小段移动距离，要么会撞飞电动车；要么使电动车卡在小轿车车尾与地面之间滑行，但我们从照片中可以看出，碰撞面并不严重，且电动车也没有倒地摩擦的痕迹或其他严重碰撞。因此，这种情况也应当被排除。

C. 小轿车静止，电动车高速从后方碰撞小轿车车尾。在这种情况下，会出现电动车突然由高速运动到静止，电动车驾驶员因惯性飞跃方向把；由于只有电动车在移动，小轿车静止，所以不会像第二种情况那样产生较高的相对速度，另外电动车本身质量轻，势能小而不会造成严重损坏的碰撞面；因汽车是静止的，所以不会出现电动车被汽车挤压而导致向后腾空坠地的损伤或卡在汽车与地面间滑行而导致的擦伤。因此这种情况是最有可能的碰撞过程。

依据《道路交通安全法》第五十八条之规定，电动自行车最高时速不得超过十五公里。被答辩人事发时的行驶速度肯定超过法定限速。

因此，被答辩人驾驶电动车违法高速行驶、追尾是造成本次事故的唯一符合逻辑的原因。本案不应由答辩人承担责任，而应当由被答辩人承担全部责任。

三、关于赔偿款金额，答辩人同意中国大地财产保险股份有限公司××分公司的意见

此致
武汉市××区人民法院

答辩人：程某某
二〇一九年九月二十一日

附：1. 答辩状副本1份；
    2. 身份证复印件1份。

[简析] 这是一起针对因道路交通事故所导致的人身损害赔偿案件的答辩状，该民事答辩状首部包括标题、答辩人的基本情况和案由三项内容，正文写明答辩请求、事实和理由，尾部则包括结尾和附项。本答辩状要素齐全，结构完整，层次清晰，事实及理由阐述充分，用语准确，言简意赅，符合写作规范。

【知识聚焦】

答辩是一种应诉行为，是法律赋予被告一方或被上诉一方的诉讼权利。答辩状是答辩的主要形式，被告或被上诉人通过答辩状，对原告或上诉人提出的起诉或上诉的事实、理由及请求事项进行针锋相对的答复和辩解，阐明自己的态度和理由，维护当事人的合法权益，也利于法院了解诉讼双方的意见、要求和主张，查明案件真相，恰当行使审判权。

一、答辩状的含义

答辩状是被告、被反诉人、被上诉人、被申请（诉）人针对起诉状、反诉状、上诉状、再审申请（诉）书的内容，在法定期限内根据事实和法律进行回答和辩驳的文书。

二、答辩状的类型

根据针对的对象性质不同，答辩状分为民事答辩状、刑事答辩状和行政答辩状三种。

民事答辩状是民事诉讼中的被告人或被上诉人根据民事起诉状或民事上诉状单方面的内容，针对原告人提出的诉讼请求或上诉人提出的上诉请求作出复答，并依据事实与理由进行辩驳的法律文书。

刑事答辩状是相对于刑事自诉状而言的。刑事答辩状是刑事自诉案件中被告人对于自诉人提出的诉讼请求，依据事实与理由进行辩驳的法律文书。须注意的是，只有自诉的部分案件如侮辱、诽谤、虐待、遗弃家庭成员等才可以对自诉人提出答辩，其他严重的刑事犯罪由公安与检察机关负责追究，被告人不能提出答辩但可以进行辩护。

行政答辩状是行政诉讼中的被告（或被上诉人）针对原告（或上诉人）在行政起诉状（或上诉状）中提出的诉讼请求、事实与理由，向人民法院作出的书面答复。

三、民事答辩的条件

根据新《中华人民共和国民事诉讼法》第一百二十五条的规定，人民法院应当在立案之日起五日内将起诉状副本发送被告，被告应当在收到之日起十五日内提出答辩状。答辩状应当记明被告的姓名、性别、年龄、民族、职业、工作单位、住处、联系方式；法人或者其他组织的名称、住处和法定代表人或者主要负责人的姓名、职务、联系方式。人民法院应当在收到答辩状之日起五日内将答辩状副本发送原告。被告不提出答辩状的，不影响人民法院审理。

四、答辩状的写作格式

民事、刑事、行政答辩状格式基本相同，主要包括首部、正文、尾部三部分。

（一）首部

1. 标题

注明文书名称，在首页正上方标明"民事答辩状""刑事答辩状"或者"行政答辩状"。

2. 答辩人的基本情况

写明答辩人的姓名、性别、出生年月日、民族、职业、工作单位和职务、住址、联系方式。如答辩人系无诉讼行为能力人，应在其项后写明其法定代理人的姓名、性别、出生年月日、民族、职业、工作单位和职务、住址、联系方式，及其与答辩人的关系。

答辩人是法人或其他组织的，应写明其全称和所在地址、联系方式，法定代表人（或主要负责人）的姓名、职务。

3. 答辩缘由

写明答辩人因××一案进行答辩。

（二）正文

正文包括答辩理由、答辩请求和证据三部分。

1. 答辩理由

应针对原告或上诉人的诉讼请求及其所依据的事实与理由进行反驳与辩解。被上诉人的答辩主要从实体方面针对上诉人的事实、理由、证据和请求事项进行答辩，全面否定或部分否定其所依据的事实和证据，从而否定其理由和诉讼请求。一审被告的答辩还可以从程序方面进行答辩，例如提出原告不是正当的原告，或原告起诉的案件不属于受诉法院管辖，或原告的起诉不符合法定的起诉条件,说明原告无权起诉或起诉不合法,从而否定案件。无论一审被告,还是二审被上诉人提出答辩理由,要实事求是,要有证据。

2. 答辩请求

答辩请求是答辩人在阐明答辩理由的基础上针对原告的诉讼请求向人民法院提出应根据有关法律规定保护答辩人的合法权益的请求。一审民事答辩状中的答辩请求主要有:①要求人民法院驳回起诉,不予受理;②要求人民法院否定原告请求事项的全部或一部分;③提出新的主张和要求,如追加第三人;④提出反诉请求。如果民事答辩状中的请求事项为两项以上,在写请求事项时应逐项写明。对上诉状的答辩请求应为支持原判决或原裁定,反驳上诉人的要求。

3. 证据

这里写明证据和证据来源,证人姓名和地址:写明向人民法院提供的能够证明案情的证据的名称、件数或证据线索,并写明证据来源。有证人的,则应写明证人的姓名和住址。证据的名称要规范,要符合法律规定。如果证据较为简单,也可直接在附项中标明。

(三)尾部

尾部包括结尾和附项。

1. 结尾

(1)致送人民法院名称。应另起一行空两格写"此致",然后往下一行顶格写"××人民法院",要写明法院的全称。

(2)答辩人签名。如果是法人或其他组织则应写全称,加盖公章。

(3)答辩日期。在答辩人签名下一行,写明起诉的年、月、日。

2. 附项

附项主要应当写明答辩状副本份数和有关证据情况。

五、答辩状的写作要求

第一,答辩人的信息应当清楚和完备。

第二,答辩理由应当充分、合理。

第三,答辩请求应当明确、具体。

任务三

上诉状

任务驱动

2019年8月底,××市××区人民法院审理了胡浩状告学校的案件,作出一审判决,认为学校根据校规处分学生,合理合法,不支持原告的诉讼请求。胡浩不服这一裁判,决定提起上诉。你是否知道上诉状应该提交哪一级法院?应于一审判决书下达之日起多少日内提交?你知道行政上诉状如何写作吗?请你学习任务三内容后代胡浩起草这份上诉状。

【范文赏析】

民事上诉状

上诉人（原审被告）：湖北××传媒集团
　　住所地：湖北省武汉市××路××号，联系电话：×××××××
　　法定代表人：江××，　职务：董事长，联系电话：×××××××
　　被上诉人（原审原告）：骆××，男，19××年××月×日生，身份证号：××××××××××，汉族，住湖北省××市××镇××村××组，联系电话：×××××××
　　原审被告：湖北××传媒集团××报刊发行总公司宜昌发行总站
　　住所地：湖北省宜昌市××大道××号，联系电话：×××××××
　　负责人（代表人）：张××，职务：站长，联系电话：×××××××

　　上诉人因不服湖北省宜昌市西陵区人民法院（2019）西民初字第××号民事判决书，特向贵院提起上诉。

　　上诉请求：

　　1. 依法改判（2019）西民初字第××号民事判决第一项为：被上诉人返还上诉人已在工资中支付的社会保险费12320元；

　　2. 依法撤销（2019）西民初字第××号民事判决第二项判决；

　　3. 依法改判（2019）西民初字第××号民事判决第三项判决为：上诉人补偿被上诉人一个月工资830元；

　　4. 依法改判（2019）西民初字第××号民事判决第四项判决为：上诉人支付被上诉人未签订书面劳动合同的二倍工资7055元。

　　事实和理由：

　　一、原判决对部分事实认定不清或认定错误

　　1. 原判决对被上诉人与上诉人之间劳动关系究竟由谁解除未予认定。

　　被上诉人称其2018年9月上诉人要求解除劳动关系，被上诉人不同意，遂于2018年10月13日以上诉人未办社保而通知上诉人解除劳动关系，同日，上诉人也向被上诉人寄出解除劳动合同通知。在双方均提出解除劳动关系的情况下，原判决并未对本案劳动争议究竟由谁提出解除而终止。

　　2. 原判决对被上诉人与上诉人解除劳动关系后是否失业未予查清。

　　被上诉人称其与2018年10月16日与上诉人办理离职手续，正式解除劳动关系，之后，被上诉人是否失业，原审判决对此也未予查清，被告未提供证据予以证明其处于失业状态。

　　3. 原判决对上诉人为被上诉人已经支付的社会保险费用金额认定错误。

　　上诉人提供的证据表明，自2012年5月至2018年10月，上诉人在为被上诉人等招聘人员发放的工资中包含了160元社会保险费，金额共计为12320元，而并非原审判决认定的260元。

　　4. 原判决对被上诉人的月平均工资金额认定错误。

　　上诉人提供证据证明被上诉人在劳动关系解除前一年的月平均工资为830元，而非原审判决认定的833.78元。

　　二、原判决判定上诉人支付被上诉人失业救济金缺乏事实和法律依据

　　1. 被上诉人没有证据证明其与上诉人解除劳动关系后处于失业状态；

　　2. 被上诉人不具备享受失业保险待遇的条件。根据《失业保险条例》第十四条的规定，可以领取失业保险金的失业人员，必须是"非因本人意愿中断就业"，而本案中，被上诉人与上诉人劳动关系解除系由被上诉人认为上诉人未办理社会保险而提出，而且，上诉人此前

已经提供岗位，但被上诉人不同意与新单位签订劳动合同，即使其此后失业，也系因被上诉人个人原因所致。

因此，被上诉人不具备享受失业保险待遇的法定条件，上诉人不应支付其失业救济金。

三、原判决判定上诉人支付其8个月经济补偿金适用法律错误

《劳动合同法》第九十七条第三款规定，本法施行之日存续的劳动合同在本法施行后解除或者终止，依照本法第四十六条规定应当支付经济补偿的，经济补偿年限自本法施行之日起计算；本法施行前按照当时有关规定，用人单位应当向劳动者支付经济补偿的，按照当时有关规定执行，即上诉人对被上诉人2018年以前的工作年限是否需要支付经济补偿应适用《劳动法》的规定。

如本案劳动关系被认定为被上诉人所称，其因上诉人未办理社会保险而依据《劳动合同法》第三十八条而提出解除劳动关系，由于在《劳动合同法》生效之前，《劳动法》并未规定劳动者因为用人单位未缴纳社会保险而提出解除合同的，用人单位应当向劳动者支付经济补偿金。因此，根据《劳动合同法》的上述规定，即使上诉人应当支付被上诉人解除劳动合同的经济补偿，依法也只应对其2018年这一年补偿一个月工资。

因此，原判决判定上诉人对被上诉人支付全部工作年限（即8个月工资）的经济补偿系适用法律错误。

综上所述，上诉人恳请二审人民法院依法查明事实，纠正原审人民法院的错误判决，支持上诉人的上诉请求。

此致
宜昌市中级人民法院

上诉人：湖北××传媒集团
二〇一九年五月十四日

附：上诉书副本2份

[简析] 这是一起因劳动纠纷而引起的上诉案件。该上诉状首部包括标题、上诉人、被上诉人的基本情况、案由，正文写明诉讼请求、事实和理由，尾部则包括结尾和附项。本上诉状要素齐全，结构完整，层次清晰，事实及理由阐述充分，用语准确，言简意赅，符合写作规范。

【知识聚焦】

我国法律规定，人民法院实行四级两审终审制度。我国法院共有四级，即最高人民法院（设立在首都北京）；高级人民法院（设立在省、自治区、直辖市）；中级人民法院（设立在地、市、自治州）；区、县人民法院（设立在县、自治县、不设区的市、市辖区）。作为案件当事人，如果对一审法院的裁判结果不满意，可以在法定期限内向上一级法院提出上诉。

一、上诉状的含义

上诉状，是民事、行政或刑事案件的上诉人对地方各级人民法院作出的第一审民事、行政或刑事判决或裁定不服，按照法定的程序和期限，向上一级人民法院提起上诉时使用的司法文书。

二、上诉状的类型

上诉状分为刑事上诉状、民事上诉状和行政上诉状：

刑事上诉状是刑事诉讼上诉人或其法定代理人对人民法院第一审案件判决或裁定不服，在法定上诉期限内依照法定程序，向上一级人民法院请求撤销或变更原审裁决或重新审理而

提出的诉讼书状。

民事上诉状是民事诉讼上诉人不服人民法院一审判决或裁定，依法定程序和期限，向上级人民法院提出上诉，请求撤销、变更原审判决或裁定，或重新审理的书状。

行政上诉状是行政诉讼上诉人不服一审法院对行政案件做出的裁定或判决，在法定期限内依法向上一级法院提出上诉，要求撤销、变更原裁判的一种法律文书。

三、民事上诉的条件

根据《中华人民共和国民事诉讼法》的相关规定，民事上诉的条件如下：

当事人不服地方人民法院第一审判决的，有权在判决书送达之日起十五日内向上一级人民法院提起上诉。当事人不服地方人民法院第一审裁定的，有权在裁定书送达之日起十日内向上一级人民法院提起上诉。

上诉应当递交上诉状。上诉状的内容，应当包括当事人的姓名，法人的名称及其法定代表人的姓名或者其他组织的名称及其主要负责人的姓名；原审人民法院名称、案件的编号和案由；上诉的请求和理由。

上诉状应当通过原审人民法院提出，并按照对方当事人或者代表人的人数提出副本。当事人直接向第二审人民法院上诉的，第二审人民法院应当在五日内将上诉状移交原审人民法院。

四、上诉状的写作格式

民事、刑事、行政上诉状格式基本相同，主要包括首部、正文、尾部三部分。

（一）首部

1. 标题

注明文书名称，在首页正上方标明"民事上诉状""刑事上诉状""行政上诉状"等。

2. 上诉人基本情况

上诉人为自然人的，写明其姓名、性别、出生日期（年龄）、民族、职业或工作单位和职务、住址和联系方式。如果上诉人不具有诉讼行为能力，应写明法定代理人的基本情况，并写明其与上诉人的关系。法定代理人的身份事项包括姓名、性别、年龄、职业、工作单位和住址。在法定代理人的姓名后面用小括号注明其与上诉人的关系，如"法定代理人×××（原告之父）"。

上诉人是法人或其他组织的，应写明其全称、地址、联系方式、法定代表人姓名和职务等项内容。

上诉人委托了诉讼代理人（刑事上诉状为辩护人），应在上诉人的基本情况之后，另起一行写明其诉讼代理人的身份事项。委托代理人（刑事上诉状为辩护人）身份事项的写法有两种：如果以律师为委托代理人，应写明其姓名和所在律师事务所；如果以非律师为委托代理人，写法上则与法定代理人身份事项写法相同。在司法实践中，委托代理人的身份有时不在诉状中载明，而是另行提供授权委托书和律师事务所的相关函件加以证明。

3. 案由

上诉人因××一案，不服××人民法院×年×月×日（×）字第×号判决或者裁定，现提出上诉。

（二）正文

正文包括上诉请求、上诉理由两部分。

1. 上诉请求

首先要综合叙述案情全貌，接着写明原审裁判结果。其次指明是对原判全部或哪一部分不服。最后写明具体诉讼请求，是要撤销原判、全部改变原判还是部分变更原判。

2. 上诉理由

主要是针对原审裁判而言，而不是针对对方当事人。针对原审判决、裁定论证不服的理由，主要是以下方面：（1）认定事实不清，主要证据不足；（2）原审确定性质不当；（3）适用实体法不当；（4）违反了法定程序。

（三）尾部

尾部包括结尾和附项。

1. 结尾

（1）致送人民法院名称。应另起一行空两格写"此致"，然后往下一行顶格写"××人民法院"，要写明法院的全称。

（2）上诉人签名。如果是法人或其他组织则应写全称，加盖公章。

（3）上诉日期。在上诉人签名下一行，写明起诉的年、月、日。

2. 附项

附项是指本上诉状副本的名称和数量。副本份数应按对方的人数提交，由人民法院转交对方。

五、上诉状的写作要求

第一，上诉人的具体信息需要写清楚，可以在上诉人和被上诉人后标明其一审诉讼地位。注意上诉状的当事人名称为上诉人和被上诉人而不是原告和被告，对上诉人和被上诉人之外的原一审当事人，按一审诉讼地位列明。刑事上诉状无被上诉人。

第二，上诉请求应当具体、明确。

第三，事实和理由要充分、层次清晰、合法合理。

任务四

申诉状

任务驱动

　　××市中级人民法院受理了胡浩状告学校的上诉状。经审理，法院作出终审判决，认为学校校规不合理，处分胡浩过重，支持上诉人的诉讼请求，判决学校撤销开除胡浩学籍的处分。学校收到判决书后，决定申诉。你知道申诉状如何写作吗？申诉状应该提交哪一级人民法院？申诉是否有时间限制？请你查阅相关资料回答这些问题，并代学校起草这份申诉状。

【范文赏析】

民事申诉状

　　申请人（一审被告、二审上诉人）：湖北省××公司武汉市××电话局，住所地：武汉

市××区××路××号，联系电话：××××××××。法定代表人：××，局长

被申请人（一审原告、二审被上诉人）：蔡某某，女，19××年×月××日出生，汉族，住武汉市××区××家湾××号，联系电话：×××××××

被申请人（一审被告、二审被上诉人）：张某某，男，19××年×月××日出生，汉族，住武汉市××区××街××村×组，联系电话：×××××××

被申请人（一审被告、二审被上诉人）：武汉××出租汽车有限公司，住所地：武汉市××区××路××号，法定代表人：××，联系电话：×××××××

被申请人（一审被告、二审被上诉人）：张某某，男，19××年××月××日出生，汉族，住武汉市××区××街××村××组××号，联系电话：×××××××

二审被上诉人（一审被告）：××财产保险股份有限公司武汉市江汉支公司，住所地：武汉市××区××路××号，联系电话：××××××××，法定代表人：××

申请再审事由：

1. 原一审、二审判决认定的基本事实缺乏证据证明。

2. 原一审、二审判决认定事实的主要证据未经质证。

3. 原一审、二审判决适用法律确有错误。

再审诉讼请求：

请求上级人民法院依法再审，撤销武汉市××区人民法院（2009）××民一初字第××号及武汉市中级人民法院（2011）武民二终字第××号民事判决，驳回被申请人对申请人的诉讼请求。

事实和理由：

申请人湖北省××公司武汉市××电话局（以下简称电话局）因与被申请人蔡某某、被申请人张某某、武汉××出租车有限公司（以下简称出租车公司）、张某某、二审被上诉人×××财产保险股份有限公司武汉江汉支公司（以下简称保险公司）生命权、健康权、身体权纠纷一案，不服武汉市××区人民法院（2009）××民一初字第××号及武汉市中级人民法院（2011）武民二终字第××号民事判决，特向贵院申请再审。

一、案件基本事实

2009年8月13日晚，被申请人蔡某某在武汉××区民院路农业银行门前公用电话亭打电话时，被申请人张某某驾驶的出租车将电话亭撞倒，电话亭倒下时砸伤被申请人蔡某某。经武汉市公安局交通管理局××区大队认定，被申请人张某某对此事故负全部责任。

2009年9月18日，被申请人蔡某某向武汉市××区人民法院提起诉讼，要求申请人电信局及其他被申请人、二审被上诉人保险公司共同赔偿其医疗费损失。

武汉市××区人民法院审理后，于2010年11月10日作出（2009）××民一初字第××号民事判决，该判决认为："电话亭的地上部分连同地下水泥基座一起倒地，而立柱无明显凹陷，未弯曲变形。上述事实表明：电话亭被鄂AY××××号出租车撞击后，因地基浅，无力支撑地面100公斤的地上部分而一起倒地。因此，地基浅，重心不稳是电话亭倒地的原因之一。电话亭自身存在一定的安全隐患。被告电话局安装电话亭后，未对电话亭进行管理和维护，导致电话亭在事发前就处于不稳定状态。因此，被告电话局在本案中有过错，应承担相应的责任。"因此，一审判决依据《最高人民法院关于审理人身损害赔偿案件适用法律若干问题的解释》第三条第二款，判决申请人对被申请人蔡某某医疗费损失的40%承担赔偿责任。

申请人电话局不服，向武汉市中级人民法院上诉，但武汉市中级人民法院作出了驳回上诉，维持原判的判决。申请人对武汉市中级人民法院的终审判决仍不服，遂向上级人民法院依法申请再审。

二、再审理由

我国《民事诉讼法》第一百七十九条规定，当事人的申请符合下列情形之一的，人民法院应当再审：（一）有新的证据，足以推翻原判决、裁定的；（二）原判决、裁定认定的基本事实缺乏证据证明的；（三）原判决、裁定认定事实的主要证据是伪造的；（四）原判决、裁定认定事实的主要证据未经质证的；（五）对审理案件需要的证据，当事人因客观原因不能自行收集，书面申请人民法院调查收集，人民法院未调查收集的；（六）原判决、裁定适用法律确有错误的；……（十三）据以作出原判决、裁定的法律文书被撤销或者变更的。

本案中，武汉市××区人民法院的（2009）东开民一初字第372号民事判决至少存在上述情形中的三种应当再审的情形，即：一、该判决认定的基础事实缺乏证据证明；二、该判决认定事实的主要证据未经质证；三、该判决适用法律确有错误。现申请人电话局将围绕该三点法定情形进行阐述。

该判决认定申请人电话局的电话亭存在安全隐患、未进行管理和维护，在案件中有过错这一事实缺乏证据证明。

申请人在一审中提交了四份证据，用以证明电话亭设置地点、安装质量的合理合法性，根本不存在安全隐患：

证据一（公用电话亭装亭项目、完工资料）系案外人本电话亭施工单位武汉固网通信有限公司提供的本电话施工、竣工资料，用以证明该电话亭安装及质量符合安全要求，经项目验收合格，而且在事发前两天还给该电话亭做了维护；

证据二（公用IC卡电话工程建设规范电话亭原址修复后的照片）系在国家对公用电话亭设置安装没有强制性的法律规定和规范标准情况下的现行有效的行业规范标准，用以证明该电话亭是完全符合安装和质量要求的，对正常使用人员和周围的行人不会存在任何安全隐患。

证据三（武汉市人民政府办公厅文件）系政府部门出具的文件，并结合证据四一起证明建设该公用电话亭的合法合规性。

证据四（城市道路临时占用许可证）系武汉市城市管理局对该区域公用电话亭颁发的"城市道路临时占用许可证"，证明该公用电话亭设置地点和安装的合法性。

上述四份证据足以证明，电话亭根本不存在安全隐患及未进行维护的情况。而且，电话亭安装质量是否符合是否存在安全隐患属于专业性问题，根据民事诉讼法的规定，对专门性问题存在争议的情况下，应当进行鉴定，但一审法院对此专门性问题并未进行鉴定，却以"电话亭的地上部分连同地下水泥基座一起倒地，而立柱无明显凹陷，未弯曲变形"来推定："电话亭被鄂AY××××号出租车撞击后，因地基浅，无力支撑地面100公斤的地上部分而一起倒地。因此，地基浅，重心不稳是电话亭倒地的原因之一。电话亭自身存在一定的安全隐患。被告电话局安装电话亭后，未对电话亭进行管理和维护，导致电话亭在事发前就处于不稳定状态"。

因此，申请人认为，一审判决认定电话亭存在安全隐患及未进行维护这一事实缺乏证据证明。

该判决认定电话亭处于不稳定状态，存在安全隐患这一事实的主要证据未经质证。

一审法院认定上述事实的主要证据是汪某某的证人证言和一审法院在实地勘验现场群众的陈述。但一审法院实地勘验现场周边群众的陈述根本没有经过当事人的质证，依据《最高人民法院关于民事诉讼证据的若干规定》第四十七条"证据应当在法庭上出示，并由当事人互相质证。未经质证的证据，不能作为认定案件事实的依据"的规定，该陈述不能作为认定上述事实结论的证据。

而且汪某某的证人证言也存在明显的瑕疵：根据我国《民事诉讼法》的有关规定，证人是指了解案件情况并向法院或当事人提供证词的人。证人应当客观陈述其亲身感知的事实，在作证时不得使用猜测、推定或者评论性的语言。而本案中汪某某不是现场目击证人，且他自己也表述是在事故发生后的次日上午才所见，并不能证明事故发生时电话亭是否连同地基一同倒塌的状态。在质证时，汪某某也不能表述或确定该电话亭的摇晃程度和部位，同时也无法断定电话公司是否有过维修行为。申请人电话局认为，汪某某的陈述不符合证人证言法定要件，不具备相应的证明力。

因此，一审法院以汪某某的证人证言和一审法院在实地勘验现场群众的陈述推定认定"电话局安装电话后，未对电话亭进行管理和维护，导致电话亭在事发前就处于不稳定状态"明显缺乏事实依据。

该判决适用《最高人民法院关于审理人身损害赔偿案件适用法律若干问题的解释》第三条第二款判决申请人承担赔偿责任系适用法律错误。

综观本案，实际上是一起因交通事故引发的人身损害纠纷案件，但一审法院却以申请人电话局的电话亭存在安全隐患为由，认定电话局存在过错，并以《最高人民法院关于审理人身损害赔偿案件适用法律若干问题的解释》第三条第二款判决申请人电话局承担赔偿责任。申请人电话局认为，一审判决适用法律错误。

《最高人民法院关于审理人身损害赔偿案件适用法律若干问题的解释》第三条第二款规定："二人以上没有共同故意或者共同过失，但其分别实施的数个行为间接结合发生同一损害后果的，应当根据过失大小或者原因力比例各自承担相应的赔偿责任。"这是关于共同侵权责任分配的法律依据，且针对一般侵权而言。但本案中一审法院并未明确申请人电话局是构成侵权的法律依据。首先，申请人电话局并未实施侵权行为，不具备一般侵权的构成要件；其次，如果是特殊侵权，究竟是哪一类特殊侵权呢？一审法院亦并未明确。

申请人电话局认为，由于电话亭是申请人电话局的经营设施，而被申请人蔡某某是在接受电话局服务活动中因第三人的直接侵权行为而遭受侵害，那么理应适用《最高人民法院关于审理人身损害赔偿案件适用法律若干问题的解释》第六条第一款即"从事住宿、餐饮、娱乐等经营活动或者其他社会活动的自然人、法人、其他组织，未尽合理限度范围内的安全保障义务致使他人遭受人身损害，赔偿权利人请求其承担相应赔偿责任的，人民法院应予支持"这一规定作为认定申请人电话局是否构成侵权。但一审法院却回避了这一法律依据，或者有意扩大了申请人电话局"合理限度范围内的安全保障义务"的范围：即一审法院以电话亭被机动车撞倒来衡量电话亭的稳定牢固程度，并以此来推定申请人的安全保障义务范围。申请人电话局认为，公用电话亭的作用是为市民提供便捷的通讯工具，申请人电话局合理的安全保障义务范围仅限于电话亭在正常使用中不存在危害他人的安全隐患，比如不被大风吹倒，不被正常人力推倒，但没有义务保证在汽车推力这样重大的外力作用下不倒塌。因此，以电话亭被车撞倒时连地基拔出来认定不牢固，有安全隐患显然是不合理的。

而且，《最高人民法院关于审理人身损害赔偿案件适用法律若干问题的解释》第六条第二款亦规定，"因第三人侵权导致损害结果发生的，由实施侵权行为的第三人承担赔偿责任。安全保障义务人有过错的，应当在其能够防止或者制止损害的范围内承担相应的补充赔偿责任。安全保障义务人承担责任后，可以向第三人追偿。赔偿权利人起诉安全保障义务人的，应当将第三人作为共同被告，但第三人不能确定的除外。"因此，由于本案系因被申请人张某某的直接侵权行为发生，依法应当由实施侵权行为的被申请人张某某承担赔偿责任。

即使申请人电话局未尽安全保障义务具有一定的过错，根据该规定，也仅应当在能够防止或制止损害的范围内承担相应的补充赔偿责任，并且在承担责任后可以向第三人即直接侵权人追偿。

因此，一审法院认定申请人电话局构成侵权没有法律依据的前提下，直接适用《最高人民法院关于审理人身损害赔偿案件适用法律若干问题的解释》第三条第二款判令申请人电话局承担赔偿责任系适用法律错误。

综上所述，申请人电话局认为一审判决认定事实缺乏证据证明，且部分事实的主要证据未经质证，更重要的是适用法律错误，从而做出了错误的判决结果，具备再审的法定情形，而二审判决仍然维持了该错误的一审判决，因此，为了维护各方当事人的合法权益，根据《民事诉讼法》第一百七十九条的规定，遂恳请上级人民法院依法再审，驳回被申请人张某某对申请人电话局的诉讼请求。

此致
湖北省高级人民法院

申请人：湖北省××公司武汉市××电话局
二〇一一年八月二十九日

附：申诉状副本5份

[简析] 这是一起因道路交通事故所引起的民事申诉状。该民事申诉状首部包括标题、当事人的基本情况、案由三项内容，正文写明申诉请求、事实和理由，尾部则包括结尾和附项。本申诉状要素齐全，结构完整，层次清晰，事实及理由阐述充分，用语准确，言简意赅，符合写作规范。

【知识聚焦】

申诉是法律赋予诉讼当事人、法定代理人、受害人的合法权利。它体现了我国司法工作发扬民主，实事求是，有法必依，违法必究，有错必纠的原则。使用申诉状既维护了申诉人的合法权益，促使司法机关重新审判，减少冤假错案，又维护了法律尊严，促使司法机关坚持真理，修正错误。

一、申诉状的含义

申诉状也称为再审申请书，是诉讼申诉人对已生效的裁定、判决、调解书，认为有错误，请求原审人民法院或上级法院给予复查纠正而写的司法文书。

二、申诉状的类型

申诉状可分为：刑事申诉状、民事申诉状、刑事附带民事申诉状、行政申诉状、行政附带民事申诉状。

三、申诉状的特点

第一，必须是与本身权益有关的公民（行政申诉和民事申诉，也可以是法人或其他组织）提出的，针对的是对已发生法律效力的判决、裁定和调解协议。

第二，民事、行政申诉状由当事人及其法定代理人向原审人民法院或其上一级人民法院提出，刑事申诉状则由当事人及其法定代理人、被害人及其家属向人民法院或人民检察院提出。

第三，申诉状人不论有关的裁判是否经过上诉，也不论这些裁判是否已经执行完毕，都可以不受时间限制而提交申诉状，但是提出申诉状并不能停止判决、裁定的执行。

四、民事申诉的条件

根据《中华人民共和国民事诉讼法》的规定，申请再审要符合下列条件：

（一）有新的证据，足以推翻原判决、裁定的。
（二）原判决、裁定认定事实的主要证据不足的。
（三）原判决、裁定适用法律确有错误的。
（四）人民法院违反法定程序，可能影响案件正确判决、裁定的。
（五）审判人员在审理该案件时有贪污受贿、营私舞弊、枉法裁判行为的。

此外，当事人对违反自愿原则的调解协议和调解协议内容违法的，也可申请再审。

五、申诉状的写作格式

民事、刑事、行政申诉状格式基本相同，主要包括首部、正文、尾部三部分。

（一）首部

1. 标题

注明文书名称，在首页正上方标明"民事申诉状""刑事申诉状""行政申诉状""刑事附带民事申诉状"。

2. 申诉人的基本情况

申诉人为自然人的，写明其姓名、性别、出生日期（年龄）、民族、职业或工作单位和职务、住址和联系方式。如果申诉人不具有诉讼行为能力，应写明法定代理人的基本情况，并写明其与申诉人的关系。

申诉人是法人或其他组织的，应写明其全称、地址、法定代表人姓名、职务、联系方式等项内容。

3. 被申诉人的基本情况

被申诉人为自然人的，写明其姓名、性别、出生年月、民族、工作单位、职业、住址和联系方式。

被申诉人如为法人或者其他组织的，应写明其全称、法定代表人姓名及职务、单位地址和联系方式。

4. 申诉案由

申诉人因××××（写明案由，即纠纷的性质）一案不服××××人民法院（写明原终审法院名称）×××××第×××号××判决或者裁定，现提出申诉。

（二）正文

正文包括申诉请求、事实和理由、证据三部分。

1. 申诉请求

写明提出申诉所要达到的目的。申诉请求主要有：第一，要求人民法院撤销原判，发回重审；第二，要求人民法院变更事项的全部或一部分。

2. 事实和理由

写明申诉的事实依据和法律依据，应针对原终审判决认定事实、适用法律或审判程序上存在的问题和错误陈述理由。

3. 证据

并不是所有的证据都可以申请再审，只有符合《民事诉讼法》规定的几类证据才能申请再审。应当写明向人民法院提供的能够证明案情的证据的名称、件数或证据线索，并写明证据来源。有证人的，则应写明证人的姓名和住址。

（三）尾部

尾部包括结尾和附项。

1. 结尾

（1）致送人民法院名称。应另起一行空两格写"此致"，然后往下一行顶格写"××人民法院"，要写明法院的全称。

（2）申诉人签名。如果是法人或其他组织则应写全称并加盖公章。

（3）申诉日期。在申诉人签名下一行，写明申诉的年、月、日。

2. 附项

附项是指本申诉状副本、附送证据的名称和数量。副本份数应按对方的人数提交，由人民法院转交对方。

六、申诉状与上诉状的异同

上诉状与申诉状的性质、目的相同，写作格式相似，都是对原审法院的判决或裁定不服，要求纠正错误。但二者又有明显的区别：

一是对象不同。提出申诉的是对已经发生法律效力的判决或者裁定，包括二审终结的甚至已经执行完毕的判决或者裁定；而上诉只限于尚未发生法律效力的一审判决或者裁定。

二是期限不同。申诉不受时间限制；而上诉应在法定期限内提出，如无正当理由耽误期限的，逾期不能上诉。

三是接受书状的机关不同。接受申诉的可以是原审法院，也可以是上级法院，还可以向人民检察院提出申诉；而接受上诉的只能是作出第一审判决、裁定的上一级人民法院。

四是处理程序不同。接受申诉的机关对申诉案件经过审查，认为原裁判正确的，通知驳回申诉，原裁判确有错误的，按照审判监督程序提起再审；而上诉案件必须由上诉人民法院按照第二审程序进行审理，依法作出终审判决或者裁定。

【写作实训】

一、判断分析

1. 上诉可以采取口头方式进行。
2. 上诉只限于尚未发生法律效力的一审判决或者裁定。
3. 法律文书中的"被告"和"被上诉人"意思相同。
4. "判决"和"裁定"没有任何区别。
5. 申诉只能向原审人民法院或其上一级人民法院提出。

二、病文评改

1. 请分析下列起诉状存在的问题并提出修改建议。

离婚起诉状

原告：吕某，女，住武汉市××区××路2号

被告：吴某，男，住武汉市××区××路38号

诉讼请求：请求离婚

事实和理由：

我与被告是夫妻，婚后两人感情一直不好，经常吵架，我和被告生活在一起，实在忍无可忍，我恨透了他。特提出上诉，请法院判决我俩离婚。

此致

法院

起诉人：吕某

2019年6月

2. 请分析下列答辩状存在的问题并提出修改建议。

民事答辩状

答辩人：美亚灯饰有限公司，地址：××市××区××路16号，联系电话：1898×××××

法定代表人：王某，职务：经理

委托代理人：冯某，××律师事务所律师

答辩人因与佳艺灯饰制造厂（以下简称佳艺）诉新光灯饰有限公司（以下简称新光公司）还款一案，现提出如下答辩意见：

佳艺与新光公司曾签订5万元的灯饰购销合同，由答辩人对款项进行担保，答辩人也在合同上确认了这一点。但是，这种担保只是一般担保，而不是连带担保，按照我国担保法的规定，被告新光公司有还款能力的，不应由答辩人承担担保责任。而且原、被告曾就还款事项修改过合同内容，又没有通知答辩人，因此答辩人不应承担担保责任。请法院考虑上述原因，做出公正的判决。

此致

××区人民法院

答辩人：美亚灯饰有限公司

2019年8月16日

三、单项写作

1. 2016年9月，刚刚开始攻读博士学位的梁××和公务员祝××领取了结婚证书。10月，俩人首付15万元，向亲戚借款15万，又贷款30万，购买了一套三居室住房。由于梁××没有经济收入，贷款一直由祝××按月偿还。2018年11月，尚未毕业的梁××突发疾病身亡。梁××的父亲要求获得儿子住房四分之一的继承权，被祝××断然拒绝。2019年3月，他一纸诉状将祝××告上法庭。现请你代梁××的父亲撰写这份起诉状。

2. 武汉市民李××与妻子胡××结婚7年，育有一女现年5岁。胡××从事销售工作，因工作关系经常出差，且与很多异性接触频繁，李××怀疑妻子不忠，且不能忍受妻子经常不能照顾家庭，经常与妻子发生口角，双方矛盾日深。2019年4月13日，李××一纸诉状递交到武汉市××区人民法院，请求判决离婚。收到起诉状副本后，胡××咨询了一位资深律师，自拟了答辩状，坚决不同意离婚。现请你代胡××起草这份答辩状。

四、综合写作

王××将自己在××市的一套68平方米房屋出租给熊××居住，双方签订了租房合同，约定租期为2017年2月1日至2019年1月31日，月租金1800元。2019年1月，熊××提出继续承租该房屋。因该市房屋租赁价格跳涨，王××要求月租金提升至2800元，熊××认为2200元方可接受，双方协商无果。合同到期后，王××要求熊××搬离，但其以没有落实住处为由迟迟不搬，而王××一直不愿接受2200元的月租金。2019年5月，王××将熊××告上法庭。同年7月，该市××区人民法院判决熊××搬离，并按每月2800元补交自2019年2月以来的房屋租金。王××不服这一判决，于15日内上诉至该市中级人民法院。当年8月，市中级人民法院维持一审判决。不久，熊××再次向该院提起申诉。

该案中王××和熊××分别要起草哪些法律文书？应该如何写作？你认为市中级人民法院再审会如何判决，为什么？

附录一

党政机关公文处理工作条例

(中办发〔2012〕14号)

第一章 总 则

第一条 为了适应中国共产党机关和国家行政机关(以下简称党政机关)工作需要,推进党政机关公文处理工作科学化、制度化、规范化,制定本条例。

第二条 本条例适用于各级党政机关公文处理工作。

第三条 党政机关公文是党政机关实施领导、履行职能、处理公务的具有特定效力和规范体式的文书,是传达贯彻党和国家方针政策,公布法规和规章,指导、布置和商洽工作,请示和答复问题,报告、通报和交流情况等的重要工具。

第四条 公文处理工作是指公文拟制、办理、管理等一系列相互关联、衔接有序的工作。

第五条 公文处理工作应当坚持实事求是、准确规范、精简高效、安全保密的原则。

第六条 各级党政机关应当高度重视公文处理工作,加强组织领导,强化队伍建设,设立文秘部门或者由专人负责公文处理工作。

第七条 各级党政机关办公厅(室)主管本机关的公文处理工作,并对下级机关的公文处理工作进行业务指导和督促检查。

第二章 公文种类

第八条 公文种类主要有:

(一)决议。适用于会议讨论通过的重大决策事项。

(二)决定。适用于对重要事项作出决策和部署、奖惩有关单位和人员、变更或者撤销下级机关不适当的决定事项。

(三)命令(令)。适用于公布行政法规和规章、宣布施行重大强制性措施、批准授予和晋升衔级、嘉奖有关单位和人员。

(四)公报。适用于公布重要决定或者重大事项。

(五)公告。适用于向国内外宣布重要事项或者法定事项。

(六)通告。适用于在一定范围内公布应当遵守或者周知的事项。

(七)意见。适用于对重要问题提出见解和处理办法。

（八）通知。适用于发布、传达要求下级机关执行和有关单位周知或者执行的事项，批转、转发公文。

（九）通报。适用于表彰先进、批评错误、传达重要精神和告知重要情况。

（十）报告。适用于向上级机关汇报工作、反映情况，回复上级机关的询问。

（十一）请示。适用于向上级机关请求指示、批准。

（十二）批复。适用于答复下级机关请示事项。

（十三）议案。适用于各级人民政府按照法律程序向同级人民代表大会或者人民代表大会常务委员会提请审议事项。

（十四）函。适用于不相隶属机关之间商洽工作、询问和答复问题、请求批准和答复审批事项。

（十五）纪要。适用于记载会议主要情况和议定事项。

第三章 公文格式

第九条 公文一般由份号、密级和保密期限、紧急程度、发文机关标志、发文字号、签发人、标题、主送机关、正文、附件说明、发文机关署名、成文日期、印章、附注、附件、抄送机关、印发机关和印发日期、页码等组成。

（一）份号。公文印制份数的顺序号。涉密公文应当标注份号。

（二）密级和保密期限。公文的秘密等级和保密的期限。涉密公文应当根据涉密程度分别标注"绝密""机密""秘密"和保密期限。

（三）紧急程度。公文送达和办理的时限要求。根据紧急程度，紧急公文应当分别标注"特急""加急"，电报应当分别标注"特提""特急""加急""平急"。

（四）发文机关标志。由发文机关全称或者规范化简称加"文件"二字组成，也可以使用发文机关全称或者规范化简称。联合行文时，发文机关标志可以并用联合发文机关名称，也可以单独用主办机关名称。

（五）发文字号。由发文机关代字、年份、发文顺序号组成。联合行文时，使用主办机关的发文字号。

（六）签发人。上行文应当标注签发人姓名。

（七）标题。由发文机关名称、事由和文种组成。

（八）主送机关。公文的主要受理机关，应当使用机关全称、规范化简称或者同类型机关统称。

（九）正文。公文的主体，用来表述公文的内容。

（十）附件说明。公文附件的顺序号和名称。

（十一）发文机关署名。署发文机关全称或者规范化简称。

（十二）成文日期。署会议通过或者发文机关负责人签发的日期。联合行文时，署最后签发机关负责人签发的日期。

（十三）印章。公文中有发文机关署名的，应当加盖发文机关印章，并与署名机关相符。有特定发文机关标志的普发性公文和电报可以不加盖印章。

（十四）附注。公文印发传达范围等需要说明的事项。

（十五）附件。公文正文的说明、补充或者参考资料。

（十六）抄送机关。除主送机关外需要执行或者知晓公文内容的其他机关，应当使用机关全称、规范化简称或者同类型机关统称。

（十七）印发机关和印发日期。公文的送印机关和送印日期。

（十八）页码。公文页数顺序号。

第十条　公文的版式按照《党政机关公文格式》国家标准执行。

第十一条　公文使用的汉字、数字、外文字符、计量单位和标点符号等，按照有关国家标准和规定执行。民族自治地方的公文，可以并用汉字和当地通用的少数民族文字。

第十二条　公文用纸幅面采用国际标准A4型。特殊形式的公文用纸幅面，根据实际需要确定。

第四章　行文规则

第十三条　行文应当确有必要，讲求实效，注重针对性和可操作性。

第十四条　行文关系根据隶属关系和职权范围确定。一般不得越级行文，特殊情况需要越级行文的，应当同时抄送被越过的机关。

第十五条　向上级机关行文，应当遵循以下规则：

（一）原则上主送一个上级机关，根据需要同时抄送相关上级机关和同级机关，不抄送下级机关。

（二）党委、政府的部门向上级主管部门请示、报告重大事项，应当经本级党委、政府同意或者授权；属于部门职权范围内的事项应当直接报送上级主管部门。

（三）下级机关的请示事项，如需以本机关名义向上级机关请示，应当提出倾向性意见后上报，不得原文转报上级机关。

（四）请示应当一文一事。不得在报告等非请示性公文中夹带请示事项。

（五）除上级机关负责人直接交办事项外，不得以本机关名义向上级机关负责人报送公文，不得以本机关负责人名义向上级机关报送公文。

（六）受双重领导的机关向一个上级机关行文，必要时抄送另一个上级机关。

第十六条　向下级机关行文，应当遵循以下规则：

（一）主送受理机关，根据需要抄送相关机关。重要行文应当同时抄送发文机关的直接上级机关。

（二）党委、政府的办公厅（室）根据本级党委、政府授权，可以向下级党委、政府行文，其他部门和单位不得向下级党委、政府发布指令性公文或者在公文中向下级党委、政府提出指令性要求。需经政府审批的具体事项，经政府同意后可以由政府职能部门行文，文中须注明已经政府同意。

（三）党委、政府的部门在各自职权范围内可以向下级党委、政府的相关部门行文。

（四）涉及多个部门职权范围内的事务，部门之间未协商一致的，不得向下行文；擅自行文的，上级机关应当责令其纠正或者撤销。

（五）上级机关向受双重领导的下级机关行文，必要时抄送该下级机关的另一个上级机关。

第十七条　同级党政机关、党政机关与其他同级机关必要时可以联合行文。属于党委、政府各自职权范围内的工作，不得联合行文。

党委、政府的部门依据职权可以相互行文。部门内设机构除办公厅（室）外不得对外正式行文。

第五章　公文拟制

第十八条　公文拟制包括公文的起草、审核、签发等程序。

第十九条　公文起草应当做到：

（一）符合国家法律法规和党的路线方针政策，完整准确体现发文机关意图，并同现行有关公文相衔接。

（二）一切从实际出发，分析问题实事求是，所提政策措施和办法切实可行。

（三）内容简洁，主题突出，观点鲜明，结构严谨，表述准确，文字精练。

（四）文种正确，格式规范。

（五）深入调查研究，充分进行论证，广泛听取意见。

（六）公文涉及其他地区或者部门职权范围内的事项，起草单位必须征求相关地区或者部门意见，力求达成一致。

（七）机关负责人应当主持、指导重要公文起草工作。

第二十条 公文文稿签发前，应当由发文机关办公厅（室）进行审核。审核的重点是：

（一）行文理由是否充分，行文依据是否准确。

（二）内容是否符合国家法律法规和党的路线方针政策；是否完整准确体现发文机关意图；是否同现行有关公文相衔接；所提政策措施和办法是否切实可行。

（三）涉及有关地区或者部门职权范围内的事项是否经过充分协商并达成一致意见。

（四）文种是否正确，格式是否规范；人名、地名、时间、数字、段落顺序、引文等是否准确；文字、数字、计量单位和标点符号等用法是否规范。

（五）其他内容是否符合公文起草的有关要求。

需要发文机关审议的重要公文文稿，审议前由发文机关办公厅（室）进行初核。

第二十一条 经审核不宜发文的公文文稿，应当退回起草单位并说明理由；符合发文条件但内容需作进一步研究和修改的，由起草单位修改后重新报送。

第二十二条 公文应当经本机关负责人审批签发。重要公文和上行文由机关主要负责人签发。党委、政府的办公厅（室）根据党委、政府授权制发的公文，由受权机关主要负责人签发或者按照有关规定签发。签发人签发公文，应当签署意见、姓名和完整日期；圈阅或者签名的，视为同意。联合发文由所有联署机关的负责人会签。

第六章 公文办理

第二十三条 公文办理包括收文办理、发文办理和整理归档。

第二十四条 收文办理主要程序是：

（一）签收。对收到的公文应当逐件清点，核对无误后签字或者盖章，并注明签收时间。

（二）登记。对公文的主要信息和办理情况应当详细记载。

（三）初审。对收到的公文应当进行初审。初审的重点是：是否应当由本机关办理，是否符合行文规则，文种、格式是否符合要求，涉及其他地区或者部门职权范围内的事项是否已经协商、会签，是否符合公文起草的其他要求。经初审不符合规定的公文，应当及时退回来文单位并说明理由。

（四）承办。阅知性公文应当根据公文内容、要求和工作需要确定范围后分送。批办性公文应当提出拟办意见报本机关负责人批示或者转有关部门办理；需要两个以上部门办理的，应当明确主办部门。紧急公文应当明确办理时限。承办部门对交办的公文应当及时办理，有明确办理时限要求的应当在规定时限内办理完毕。

（五）传阅。根据领导批示和工作需要将公文及时送传阅对象阅知或者批示。办理公文传阅应当随时掌握公文去向，不得漏传、误传、延误。

（六）催办。及时了解掌握公文的办理进展情况，督促承办部门按期办结。紧急公文或者重要公文应当由专人负责催办。

（七）答复。公文的办理结果应当及时答复来文单位，并根据需要告知相关单位。

第二十五条 发文办理主要程序是：

（一）复核。已经发文机关负责人签批的公文，印发前应当对公文的审批手续、内容、文种、格式等进行复核；需作实质性修改的，应当报原签批人复审。

（二）登记。对复核后的公文，应当确定发文字号、分送范围和印制份数并详细记载。

（三）印制。公文印制必须确保质量和时效。涉密公文应当在符合保密要求的场所印制。

（四）核发。公文印制完毕，应当对公文的文字、格式和印刷质量进行检查后分发。

第二十六条　涉密公文应当通过机要交通、邮政机要通信、城市机要文件交换站或者收发件机关机要收发人员进行传递，通过密码电报或者符合国家保密规定的计算机信息系统进行传输。

第二十七条　需要归档的公文及有关材料，应当根据有关档案法律法规以及机关档案管理规定，及时收集齐全、整理归档。两个以上机关联合办理的公文，原件由主办机关归档，相关机关保存复制件。机关负责人兼任其他机关职务的，在履行所兼职务过程中形成的公文，由其兼职机关归档。

第七章　公文管理

第二十八条　各级党政机关应当建立健全本机关公文管理制度，确保管理严格规范，充分发挥公文效用。

第二十九条　党政机关公文由文秘部门或者专人统一管理。设立党委（党组）的县级以上单位应当建立机要保密室和机要阅文室，并按照有关保密规定配备工作人员和必要的安全保密设施设备。

第三十条　公文确定密级前，应当按照拟定的密级先行采取保密措施。确定密级后，应当按照所定密级严格管理。绝密级公文应当由专人管理。

公文的密级需要变更或者解除的，由原确定密级的机关或者其上级机关决定。

第三十一条　公文的印发传达范围应当按照发文机关的要求执行；需要变更的，应当经发文机关批准。

涉密公文公开发布前应当履行解密程序。公开发布的时间、形式和渠道，由发文机关确定。

经批准公开发布的公文，同发文机关正式印发的公文具有同等效力。

第三十二条　复制、汇编机密级、秘密级公文，应当符合有关规定并经本机关负责人批准。绝密级公文一般不得复制、汇编，确有工作需要的，应当经发文机关或者其上级机关批准。

复制、汇编的公文视同原件管理。复制件应当加盖复制机关戳记。翻印件应当注明翻印的机关名称、日期。汇编本的密级按照编入公文的最高密级标注。

第三十三条　公文的撤销和废止，由发文机关、上级机关或者权力机关根据职权范围和有关法律法规决定。公文被撤销的，视为自始无效；公文被废止的，视为自废止之日起失效。

第三十四条　涉密公文应当按照发文机关的要求和有关规定进行清退或者销毁。

第三十五条　不具备归档和保存价值的公文，经批准后可以销毁。销毁涉密公文必须严格按照有关规定履行审批登记手续，确保不丢失、不漏销。个人不得私自销毁、留存涉密公文。

第三十六条　机关合并时，全部公文应当随之合并管理；机关撤销时，需要归档的公文经整理后按照有关规定移交档案管理部门。

工作人员离岗离职时，所在机关应当督促其将暂存、借用的公文按照有关规定移交、清退。

第三十七条　新设立的机关应当向本级党委、政府的办公厅（室）提出发文立户申请。

经审查符合条件的，列为发文单位，机关合并或者撤销时，相应进行调整。

第八章　附　　则

第三十八条　党政机关公文含电子公文。电子公文处理工作的具体办法另行制定。

第三十九条　法规、规章方面的公文，依照有关规定处理。外事方面的公文，依照外事主管部门的有关规定处理。

第四十条　其他机关和单位的公文处理工作，可以参照本条例执行。

第四十一条　本条例由中共中央办公厅、国务院办公厅负责解释。

第四十二条　本条例自2012年7月1日起施行。1996年5月3日中共中央办公厅发布的《中国共产党机关公文处理条例》和2000年8月24日国务院发布的《国家行政机关公文处理办法》停止执行。

附录二

公文常用特定用语简表

类别	用语名称	作用	常用特定用语
1	开端用语	主要用于文章开头,表示发语、引据	为、为了、为着、查、接、顷接、根据、据、遵照、依照、按照、按、鉴于、关于、兹、兹定于、今、随着、由于。
2	称谓用语	用于表示人称或对单位的称谓	第一人称:我、我单位、本人、本公司、我们、敝单位。 第二人称:你、你局、贵公司、贵方。 第三人称:他、该公司、该项目。
3	递送用语	用于表示文、物递送方向	上行:报、呈。 平行:送。 下行:发、颁发、颁布、发布、印发、下达。
4	引叙用语	用于复文引据	悉、接、顷接、据、收悉。
5	拟办用语	用于审批、拟办	拟办:责成、交办、试办、办理、执行。
6	经办用语	用于表明进程	经、业经、已经、兹经。
7	过渡用语	用于承上启下	鉴于、为此、对此、为使、对于、关于、如下。
8	期请用语	用于表示期望请求	上行:请、恳请、拟请、特请、报请。 平行:请、拟请、特请、务请、如蒙、即请、切盼。 下行:希、望、尚望、切望、请、希予、勿误。
9	结尾用语	用于结尾表示收束	上行:当否,请批示;可否,请指示;如无不当,请批转;如无不妥,请批准;特此报告;以上报告,请批转;以上报告,请审核。 平行:此致敬礼;为盼;为荷;特此函达;特此证明;尚望函复。 下行:为要;为宜;为妥;希遵照执行;特此通知;此复;为……而努力;……现予公布。
10	谦敬用语	用于表示谦敬	承蒙惠允、不胜感激、鼎力相助、蒙、承蒙。
11	批转用语	用于上级对下级来文的批转处理	批转、转发。
12	征询用语	用于征请、询问对有关事项的意见、态度	当否、妥否、可否、是否妥当、是否同意、如无不当、如无不妥、如果可行等。

附录三

公文常用词语汇释表

A
[按期] 依照规定或预定的期限。
[按时] 依照规定或预定的时间。
B
[颁布]（郑重地）发布。颁：发下；布：公布。一般用于党政领导机关及领导人公布法令、条例及其他重要的法规性文件。
[颁发] ①发布（命令、指示、政策等）。②授予。一般用于上级机关发给下级机关或个人奖章、奖状、奖品、奖金及其他奖励物品。
[报经]（向上级）报告并经由（上级处理）。
[报批]（向上级）报告并请求予以批准。
[报请]（向上级机关或有关部门）报告并请示。
[报送]（将有关材料向上级机关）呈报并发送。
[比照] 按照已有的（法规、制度、标准、方法、格式等）相比拟对照着行事。
[必需] 一定要有的，不可缺少的。
[必须] 表示事理上和情理上的必要，一定要。
[不贷] 不予宽恕。贷：饶恕。
[不尽] 不完全是；未必。如：不尽如此。
[不胜] 非常；十分（用于感情方面）。如：不胜感激。
[不至于] 表示不会达到某种程度。
[不致] 不会引起某种后果。
C
[参考] 利用有关材料帮助了解情况。
[参照] 参考并仿照或依照（方法、经验等）。
[查办] ①检查办理情况并加以督促。②查明犯罪事实或错误情况加以处理。
[查处] ①调查处理。②检查处罚。
[查复] 调查了解后作出答复。
[查收] 检查或清点后收下。
[查照] 示意对方注意文件内容，并按照文件内容办事。
[此布] 就这些内容予以公布。用在布告类公文正文的后面，另起一行，不加标点。

［此复］就此答复。用于复函、批复等公文的后面，另起一行，不加标点。
［此令］就此命令。用于命令性文件正文的后面，另起一行，不加标点。
［此致］在此致以（祝愿性的话语）。一般用于信函正文的后面，另起一行，不加标点。

D

［大概］不十分精确或不十分详尽；大致的内容或情况。
［大体］大致；就多数情形或主要方面说。

E

［额外］超出规定的数量或范围。

F

［发布］发布（命令、指示、新闻等）。
［反应］某种事物所引起的意见、态度或行动。
［反映］①反照，比喻把客观事物的实质表现出来。②把客观情况或别人的意见等告诉上级或有关部门。
［奉告］告诉。奉：敬辞，用于自己的举动涉及对方时。如：无可奉告（常用于外交辞令）。
［付诸］"把它用在……"或"用它来……"。付：交给；授予。诸：文言词，是"之于"的合音词。如应用文中常用的"付诸实施"，"付诸行动"。

G

［给以］"给之以……"的省略，后面必须带宾语，其宾语多为抽象事物。如奖励、帮助等。
［公布］（政府机关的法律、命令、文告，团体的通知事项）公开发布，使大家知道。
［贵］敬辞，对对方的地域、单位及其他与之有关事物的尊称。在与平行机关或不相隶属单位之间公文往来时，常以"贵"代替"你的"、"你们的"，表示对对方的尊重。常见于信函中。

H

［函复］通过信件（公函或便函）进行答复。常用作结束语。也有写作"函答"的。
［函告］用书信告知有关情况。

J

［鉴于］觉察到；考虑到。
［届时］到时候。
［谨启］恭敬地陈述。用于信函下款末尾的敬辞。

K

［考查］用一定的标准来检查衡量（行为、活动）。
［考核］考查审核。

L

［滥用］胡乱地、过度地使用。
［莅临］来到；来临（多用于贵宾）。
［屡次］多次；一次又一次。

M

［明文］用文字表达出来的；见于文字的（规定），明文规定一般指见于文字，业已公布的法律、规章等。

N

［拟定］起草制定。参见［制定］。

［拟订］起草制订。参见［制订］。
［拟用］准备采用；打算使用。

P
［批示］（上级对下级的公文）以书面形式表示意见。
［批转］上级机关在下级机关的公文上写上向其他有关下级单位转发的批语。

Q
［签订］订立合同或条约并签字。
［签发］由主管人审核同意后，签名正式发出（公文、证件等）。
［签署］在重要文件上正式签字。

R
［如期］按照规定的日期或期限。
［如实］按照客观实际的本来面目。

S
［擅自］超越权限，自作主张。
［收悉］收到并已了解。

T
［台鉴］即请您审阅。台：旧时对别人的敬称，鉴：审阅的意思。一般见于信函。
［推行］普遍实行；推广（经验、办法等）。

W
［为荷］表示感谢。荷：承受别人的恩惠。常见于公函祈请语末尾，不单独使用。如：请接洽为荷。

X
［下达］向下级发布或传达（命令、指示等）。
［现行］现在正在执行的；现在正在发生效力的。

Y
［业经］已经。同"业已"。
［逾期］超过所规定的期限。
［预期］预先所期望的。

Z
［暂行］暂时实行的。
［制定］定出（法律、章程、计划等）。
［制订］创制拟订（方案）。
［兹］现在。
［遵行］遵照实行。

附录四

文章编辑修改符号

1. 删除号：用来删除字、标点符号、词、短语及长句或段落。
2. 恢复号：又称保留号，用于恢复被删除的文字或符号。如果恢复多个文字，最好每个要恢复的字下面标上恢复号。
3. 对调号：用于相邻的字、词或短句调换位置。
4. 改正号：把错误的文字或符号更正为正确的。
5. 增添号：在文字或句、段间增添新的文字或符号。
6. 重点号：专用于赞美写得好的词、句。
7. 提示号：专用于有问题的字、词、句、段，提示作者自行分析错误并改正。
8. 调遣号：用于远距离调移字、标点符号、词、句、段。
9. 起段号：把一段文字分成两段，表示另起一段。
10. 并段号：把下段文字接在上文后，表示不应该分段。
11. 缩位号：把一行的顶格文字缩两格，表示另起段，文字顺延后移。
12. 前移号：文字前移或顶格。

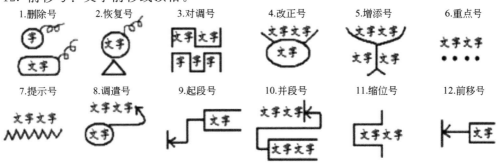

参 考 文 献

[1] 张建. 应用写作. 北京：高等教育出版社，2010.
[2] 杨文丰. 高职应用写作. 北京：高等教育出版社，2010.
[3] 曾辉等. 应用文写作. 北京：高等教育出版社，2011.
[4] 张德实. 应用写作. 北京：高等教育出版社，2003.
[5] 王首程. 应用文写作. 北京：高等教育出版社，2012.
[6] 邓玉萍. 应用文书写作. 北京：高等教育出版社，2012.
[7] 甘敏军. 应用文写作教程. 北京：高等教育出版社，2011.
[8] 董小玉. 现代应用写作教程. 北京：高等教育出版社，2011.
[9] 孙宝水. 应用写作练习册. 北京：高等教育出版社，2009.
[10] 毛燕敏，李永宏. 应用文写作. 北京：高等教育出版社，2012.
[11] 钱立静，郑晓明. 新概念高职应用写作. 北京：高等教育出版社，2011.
[12] 岳海翔. 机关公文写作. 北京：人民日报出版社，2006.
[13] 任遂虎. 大学写作训练. 北京：中国人民大学出版社，2012.
[14] 肖斌，史菊梅. 应用文写作. 北京：化学工业出版社，2011.
[15] 刘瑞林. 应用文写作. 北京：化学工业出版社，2010.
[16] 程学兰. 大学实用写作. 武汉：武汉大学出版社，2005.
[17] 张波. 应用文案. 北京：机械工业出版社，2011.
[18] 方有林. 商务应用文写作. 上海：同济大学出版社，2007.
[19] 黄泽才. 新编应用写作. 北京：北京理工大学出版社，2007.
[20] 梅松华. 现代应用文写作. 北京：北京交通大学出版社，2006.
[21] 孟虹，张忍华. 应用文情境写作. 北京：电子工业出版社，2011.
[22] 任鹰. 实用文体写作教程. 北京：中央广播电视大学出版社，2010.
[23] 张江艳. 应用写作案例与训练. 北京：北京师范大学出版社，2011.
[24] 朱悦雄. 应用写作病文评析与修改. 广州：广东高等教育出版社，2010.
[25] 孟虹，王若霞. 应用文情境写作练习册. 北京：电子工业出版社，2011.
[26] 韦志国. 实践技能训练应用写作. 北京：清华大学出版社有限公司，2010.
[27] 万国邦，王秋梅，戴五焕. 大学生应用写作教程. 武汉：武汉大学出版社，2012.
[28] 王治生，张劲松. 应用文写作情境化实训教程. 北京：北京理工大学出版社，2011.
[29] 申明清，刘桂华. 实用应用文写作训练100题. 上海：上海科学技术文献出版社，2009.
[30] 胡占国，最新应用文写作技法与范例. 北京：中国文史出版社，2012.